竹簡学入門

楚簡冊を中心として

陳偉［著］
湯浅邦弘［監訳］
草野友子／曹方向［訳］

東方書店

日本語版序文

『楚簡冊概論《そかんさつがいろん》』は、日本語版の出版を湯浅邦弘教授からご提案いただき、ご自身と草野友子博士・曹方向博士の共同翻訳で、東方書店から出版されることとなった。日本語版の序文の執筆を依頼されたので、湯浅教授と二人の翻訳者、ならびに東方書店に心から感謝し、この場を借りて楚簡に関するいくつかの新たな理解と考えについて述べてみたい。

現代科学の観点から言うと、中国古代簡牘《かんとく》の発見は二〇世紀初頭より始まる。ただ、長い間見ることができたのは比較的遅い時代のもの、すなわち漢晋時期の簡牘のみであった。一九二五年、王国維《おうこくい》氏は清華大学で行った有名な講演の中で、画期的な五大発見を列挙している。その中の第二項目「敦煌塞上と西域各地の簡牘」で述べられたものは、みな漢晋の遺物であった(1)。

一九五一年、中国科学院考古研究所は湖南省長沙市東郊の五里牌《ごりはい》四〇六号戦国墓葬の中で、三〇数枚の竹簡の残片を発掘し、人々はそこではじめて楚簡の真の姿を目の当たりにした。この後、隣接する湖南・湖北・河南の三つの省、すなわち戦国時期の楚国の故地では、楚簡の発見がますます多くなる。一九八七年と一九九三年には、包山《ほうざん》楚簡・郭店《かくてん》楚簡が湖北省荊門《けいもん》市において相次いで出土した。上海博物館が購入した楚簡、清華大学が受贈した楚簡は、それぞれ一九九四年・二〇〇八年に収蔵され、世界を驚愕させるニュースとなった。数量が多く内容も珍しかったことから、楚簡の整理と研究は秦簡牘・漢簡牘・呉晋簡牘をしのぎ、中国古典学の国際的な影響力をもつ領域となったのである。

『楚簡冊概論』は、二〇一一年秋に草稿ができた。その後、『上海博物館蔵戦国楚竹書《しゃんはいはくぶつかんぞうせんごくそちくしょ》』の第九分冊が出版され（上海古籍出版、二〇一二年）、また『清華大学蔵戦国竹簡《せいかだいがくぞうせんごくちっかん》』の第二分冊から第五分冊までが出版される（中西書局、二〇一一～二〇一五年）。ほぼ同時に、さらに多くの重要な資料が出土した。二〇一三年には、湖南省益陽市兎子山《としざん》遺址《いし》の一一個の古井戸の中から、一万三〇〇〇枚以上の簡牘が発見され、現在整理中である。そのうちの四号井と九号井からは、楚の文書簡が出土した。[2] 二〇一四年には、湖南省湘郷市三眼橋一号井から、楚国県衙《が》（役所）の文書簡冊七〇〇枚あまりが出土した。[3] 二〇一五年には、湖北省荊州郢城《えいじょう》遺址の南の夏家台《かかだい》一〇六号墓から、楚簡四〇〇枚あまりが出土し、その中には『詩経』邶風と『尚書』呂刑があり、『詩経』邶風・柏舟の「我心匪鑑、不可以茹。亦有兄弟、不可以拠（我が心鑑《かがみ》に匪《あら》ず、以て茹《い》るべからず。亦《ま》た兄弟有れども、以て拠《よ》るべからず）」などの語句がはっきりと読み取れる。[4] 傅斯年《ふしねん》氏は「いかなる学問も研究の材料が増えれば進歩するが、そうでなければ後退する」と指摘した。[5] この見解を踏まえると、楚簡という学問は今、材料が増え、考察が絶えず前進している段階にある。

　楚簡の定義については、実は、まだ一致した見解がない。邢文《けいぶん》氏は、楚簡は「戦国時代に楚国文字を用いて書写した竹木簡牘である」と述べるが、[6] 馮勝君《ふうしょうくん》氏は楚の地で出土した戦国簡（秦簡を含まず）あるいは楚人が抄写した竹簡をすべて「楚簡」と称することに反対し、楚人が抄写した竹書を「某系文字の特徴を備えた抄本」と言うべきであると主張している。[7] 清華大学蔵竹簡は、楚墓から出土したと考えられているが、[8] 公式には「清華大学蔵戦国竹簡」（出版時の書名）あるいは「清華簡」と称し、「楚簡」という言葉を使用することを避けている。本書の第一章の中で、私は試みに「楚簡」を「戦国時期に楚の支配下であった地区で出土した竹簡」であると説明し、おおよそ三つの層があると指摘した。第一は楚人が書いた文献、第二は楚の同盟国（たとえば曾国）の人々が書いた文献、第三は楚人が他国から伝来した文献を書き写したものである。今振り返ると、この定義は必ずしも十分であるとは言えないが、楚の地で出土した戦国簡冊の実際の状況を比較的よく概括できており、学界の慣用的な言い方とも合致し(9)、私自身の不必要な揺れも避けられる。

先秦の楚の地における典籍の流伝については、注目に値する資料が二つある。『国語』楚語上には、楚の荘王（前六一三～前五九一年在位）が士亹《しび》に太子《たいし》蔵《しん》（すなわち後の楚の恭王）を教え導くように命じたことが記されており、申《しん》叔時《しゅくじ》は提案して、

『春秋』を教えて、善を勧め悪をおさえて、その心を戒勧します。『世』（先王の系譜）を教えて、明徳の王を顕彰し、暗愚な王は廃されることを知らせて、その行動の善悪によって喜懼させます。『詩』を教えて、明徳を教導拡大して、その志を光り輝かせます。礼を教えて、上下の秩序を知らせます。楽を教えて、汚れた心を洗い清めて、浮薄な気持ちを鎮静させます。『令』（先王の法令）を教えて、百官の事業を相談させます。『語』（聖賢の話）を教えて、その徳を明らかにして、先王の職務とするところを知って、明徳を民に用いさせます。『故志』（昔の記録）を教えて、衰微したり繁栄したりする者を知って戒懼することを知らせます。『訓典』（帝王の書）を教えて、親族を知って比較研究させます。

と述べている。『左伝』昭公二十六年（前五一六年）には王子《おうじ》朝《ちょう》が権勢を失った後、

召氏の一族や、毛伯得《もうはくとく》・尹氏《いんし》固《こ》・南宮嚚《なんきゅうぎん》とともに周の典籍を持ち出して楚に逃げた。

と記されている。これは明らかに、春秋中晩期に伝統的な官学の典籍が楚国で収蔵・伝習されており、おそらく中原諸国と比べても見劣りしなかったことを示している。王子朝が身を寄せていたことから、優位を占めていた可能

性もある。

楚人の私家の著述にもしばしば歴史書が見られる。『漢書』芸文志〔図書目録〕には鐸椒《たくしょう》『鐸氏微《たくしび》』、鬻熊《いくゆう》を題名とする『鬻子《いくし》』、蜎淵《えんえん》『蜎子《えんし》』、『長盧子《ちょうろし》』『老萊子《ろうらいし》』『鶡冠子《かつかんし》』、および屈原賦《くつげんふ》・唐勒賦《とうろくふ》・宋玉賦《そうぎょくふ》などがある。

楚人と各国の学者には活発な交流があり、学術上のつながりも密接である。『史記』仲尼弟子列伝には「孔子の厳事する所」〔孔子が敬い事えた人物〕を記して、「楚においては、老萊子」と言い、易学の伝承を記して、

孔子は『易』を瞿《く》〔子《し》木《ぼく》〕に伝え、瞿は楚人の馯臂《かんぴ》子《し》弘《こう》に伝え、馯臂子弘は江東人の矯子《きょうし》庸疵《ようひ》に伝えた。

と言う。また、孔子の弟子の公孫龍《こうそんりゅう》・任不《じんふ》斉《せい》・秦商《しんしょう》のことを記し、『史記集解』は鄭玄《じょうげん》がこれらの人物を「楚人」と言っている説を引用する。『漢書』芸文志の「『蜎子十三篇』」の班固の自注には、「名は淵、楚の人で、老子の弟子である」とある。『春秋経伝集解』序の孔穎達の疏〔注をさらに詳しく解釈したもの〕は、劉向《りゅうきょう》『別録』を引いて『左伝』の伝受を述べ、

左《さ》丘明《きゅうめい》は曾申《そうしん》に授け、申は呉起《ごき》に授け、起はその子の期《き》に授け、期は楚人の鐸椒に授け、鐸椒は「抄撮」八巻を作成し、虞卿《ぐけい》に授け、虞卿は「抄撮」九巻を作成し、荀卿《じゅんけい》に授けた。

と言う。『史記』孟子荀卿列伝は、

斉の人で荀卿を誹謗する者がいた。荀卿はそこで楚に赴いた。そして、春申君《しゅんしんくん》は荀卿を蘭陵の令に任命した。

春申君が亡くなると、荀卿はその地位を廃され、それによって蘭陵に家をかまえた。李斯はかつて荀卿の弟子であり、すでに秦で宰相になっていた。荀卿は濁った世の政治を厭い、亡国・乱君が続き、大道を遂げずに巫《ふ》祝《しゅく》〔神につかえる者〕を営み、禨祥《きしょう》〔祟りと幸い〕を信じ、俗っぽい儒者はこだわりが少なく、荘周らのように滑稽な話をして俗を乱す者もいた。ここにおいて、儒家・墨家・道家の徳の行いの興りと廃れを推察し、順序立てて並べて数万字の書を著して亡くなった。そして、蘭陵に葬られた。

と記載する。『孟子』滕文公上には、

神農氏の教えを説きまわっている許行という者がいた。楚の国から滕の国へ行き、文公の門にやって来て、告げて言うには、「私は遠方の人間ではありますが、君が仁政を行っていらっしゃると聞きました。どうか住居をいただいて、滕国の民となりたいものです」と。そこで文公はその志を感じて、彼に住む所を与えた。その門弟数十人とともに、皆あらい毛布の着物を着て、わらぐつを編んで打ち固めたり、むしろを織ったりなどして、それを売って食料のもとにした。ところが、また別に、楚の儒者の陳良の門人で、陳相という者がその弟の陳辛とともに、すき・くわなどの農具を背負って宋の国から滕の国へやってきた。そして言うには、「君が今、聖人の遺された仁政を行っていらっしゃると聞きました。そのような聖人の遺された政を行われるのならば、君もまた聖人です。どうか私どももその聖人の治める仁政下に移住して集まり、帰服する民になりたいと思います」と。このようにして、陳相たちも移住したのであるが、その後、陳相は許行に面会し、その学説を聞いて大変に喜び、とうとう自分の今まで学んでいた儒者の道の学問を全部すててしまい、許行について神農氏の説を学んだ。

と記されている。孟子は陳良を批評する時に、

陳良は楚の国の生まれである。しかし、彼は周や孔子の教えを喜んで、北方の中国にやってきて、それを学んだ。ところが陳良は、北方の中国の学者でも、これより優れた者はいなかったくらいである。

と言っており、陳相が前後して師事した陳良・許行はみな楚人であり、他国に遊学していたことがわかる。

楚で出土した典籍簡冊の由来は、このような大きな歴史的背景の下で考察するならば、さらに多種多様な可能性が出てくるはずである。大まかに言うと、楚簡の書籍の来源は三種類に分けられる。

第一類は、（1）伝世文献と対応し、かつそれらの文献が早期の歴史に関する典籍の中に楚人によって著述されたと記録されているもの、あるいは（2）楚人の著述の特徴を備えており、楚人の作品と考えられるものである。上博楚簡の中の楚の君臣の故事を記述している篇章や、清華簡の中の『楚居《そきょ》』『繋年《けいねん》』は、（2）の例である。(10)（1）については、現時点で確認できるものがない。(11)

第二類は、伝世文献と対応し、かつそれらの文献が早期の歴史に関する典籍の中で他国の人によって著述されたとするもの、あるいは竹書に他国の人の著述の特徴が見られ、他国から伝来した作品と考えられるものである。たとえば郭店楚簡『老子』は、伝世本や漢代簡帛本とほぼ同じであり、『史記』老子韓非列伝などに記されている老子の著作であると考えられる。(12)最近出土した夏家台楚簡の『詩経』『尚書』の篇章は、伝世文献とほぼ同じであり、『史記』孔子世家などに記されている孔子の整理を経たテキストであると考えられる。郭店楚簡・上博楚簡の両方に見える『緇衣《しい》』は、『隋書』音楽志に記されている、沈約《しんやく》が子思子の著作であると言っているもののようである。

これら第一類・第二類に入れるには不都合なものは、ひとまずすべて第三類としておく。その中には楚人の作品

があり、また楚の地に伝来して間もない他国の人の作品と考えられるものもあり、さらに比較的早い時期に楚国に伝来した文献がある。

清華簡の『尚書』類文献については、李学勤《りがくきん》氏が見事な分析を行っている。彼は、

> 後世の分類に照らし合わせると、第一種は、真の『尚書』類文献であり、現在まで伝わっている『尚書』に見えるもの、あるいはその標題や内容から『尚書』であると推定できるものである。第二種は、『尚書』にはないが、現在伝わっている『逸周書』に見えるものである。第三種は、これまで知られていなかった文献であるが、その体裁から見ると『尚書』『逸周書』の類であると考えられるものである。この三つは全部で二〇篇以上あり、清華簡の主な内容である。

と述べ、また、「清華簡の中には伏生が伝える今文『尚書』と直接結びつけられるものが確かにあり、最も主要なものは『金縢《きんとう》』である」と述べている[13]。現行本（伝世本、今本）と比較すると、清華簡『金縢』は、かなり異なるところがある。その篇題は最終簡の背面に「周武王有疾周公所自以代王之志」と書かれており、伝世本『書序』（『尚書』序文）が述べる「金縢」ではない。周の武王が「既に殷に克《か》ちて三年（既克殷三年）」に病気になると記載されているが、今本では「二年」となっている。周公は東に居ること三年と記載されているが、今本では「二年」となっている。今本は関連する占卜《せんぼく》の語句が『史記』魯世家にも見られるが、竹書にはそれが見られない。これは、別の可能性を示唆している。すなわち清華簡『金縢』は楚の地に流伝した早期のテキストであり、まだ孔子の整理を経ていない段階のものであるという可能性である。もし夏家台楚簡『尚書』呂刑が孔子の整理本であるという推定が誤っていなければ、戦国時代の楚の地には、少なくとも『尚書』のテキストが流伝していたことになる。一種は、

孔子の整理本であり、伝来した時期は当然、孔子の後である。もう一種は、早期に伝来した可能性があり、たとえば王子朝によって持ち込まれたもので、孔子の整理本が伝来した後も、依然として楚の地に伝播していたと考えられる。このように考えると、『尚書』『逸周書』の発展のプロセス、およびそのプロセスの中に清華簡がどのように位置づけられるかについて、考察を進めるべきであろう。

先に筆者は、「竹書には他国の人の著述の特徴が見られる」と述べたが、これはテキストの内容に関する状況を指しているつもりである。たとえば本書で「作者の属する諸侯国」〔第四章第三節〕を検討した際には、二つの実例を分析した。上博楚簡『鮑叔牙《ほうしゅくが》与《よ》隰朋之《しゅうほうし》諫《かん》』では斉の桓公を「公」と称し、『姑成家父《こせいかふ》』では晋の厲公《れいこう》を「厲公」と称し、親密な立場から書かれていて、それぞれ斉人と晋人が著述したものであると区別することができる。学者がしばしば検討している字跡の問題について、作者の国別を判定する強い証明となるかどうかは、はっきりしない。なぜなら、一つには、学者が分析した晋人の風格あるいは斉人の風格の字跡については、完全に楚人が書写した可能性はないのかどうか、現在はまだ断定できる根拠がないからである。また、前に述べたように、戦国時代は各国の人々の移動が頻繁であり、他国の人が楚の地に来て抄写した可能性も排除すべきではないからである。

序文を執筆している最中、江西省南昌海昏侯劉賀《かいこんこうりゅうが》墓《ぼ》の発掘が最終段階にあり、墓の中から一万枚以上の簡牘が出土した。大部分は書籍であり、報告によれば、『易経』『礼記』『論語』などの重要な典籍が含まれているとのことである。『漢書』武五子伝などの文献の記載によると、劉賀が昌邑王《しょうゆうおう》である時、側近には多くの優れた学者がおり、たとえば郎中令の龔遂《きょうすい》は、「経術に明るかったことにより官位を得た」人物であり、劉賀に向かって「郎官のうち経術に通じ行義のある者を選び、王はこれとともに起居し、座っている時には『詩』『書』を誦し、立っている時には礼儀を習う」ことを提案している。中尉の王吉は、「学を好み儒教の経典に明らかか」であり、劉賀に尊敬された。劉賀の師の王式は、「大儒」として有名であり、「『詩』三百五篇をもって朝も夕方も王に授け、忠臣孝子の篇になれば、いまだかつて王のために繰り返し誦しなかったことはない」という人物であった。劉賀が多くの文献を収蔵していたことは、彼がこれらの学者の教育を受けたことと陰に陽に関係があるかもしれない。

これらの蔵書の年代は、劉向・劉歆《りゅうきん》父子が書籍を校訂する前であり、先秦の典籍と密接な関係がある。楚簡の典籍と漢代の簡帛典籍が次々と出現し、中国古代の文献史・学術史全体やその復原のために、多くの材料と大きな可能性を提供するに違いない。このような魅力ある展開については、各国の学者が期待し、また共同で努力する価値がある。

二〇一六年三月　陳　偉

【注】

（1）「最近二三十年中中国新発見之学問」、『王国維文集』第四巻、中国文史出版社、一九九七年。

（2）石月「楚国檔案属全国首次発現」、『長沙晩報』二〇一三年一一月二四日第一版。張興国・周創華・鄧建強・張春龍「湖南益陽兔子山遺址二〇一三年発掘収獲」、『二〇一三中国重要考古発現』、文物出版社、二〇一四年。

（3）李丹・明星「湖南考古発掘七〇〇多枚簡牘記録楚国衙署公文」、新華網、二〇一五年一月二三日。

（4）海冰・王夢親「荊州戦国楚墓出土竹簡『詩経』」、『湖北日報』、二〇一六年一月二八日第一五版。

（5）『歴史語言研究所工作之旨趣』、中央研究院『歴史語言研究所集刊』第一巻第一号、一九二八年一〇月。

（6）邢文『楚簡書法探論』、中西書局、二〇一五年、四頁。

（7）馮勝君『郭店簡与上博簡対比研究』、線装書局、二〇〇七年、二五〇～二五五頁。

（8）清華大学蔵竹簡の鑑定専門家の鑑定意見では、「竹簡の形制と文字から見て、鑑定組はこの竹簡を楚地で出土した戦国時代の簡冊であると見なしている」と指摘されている（劉国忠『走近清華簡』、高等教育出版社、二〇一一年、二頁）。李学勤氏も、「今までのところ、書籍を主な内容とする随葬竹簡は、すでにいくつも発見されている。最も早いものはたとえば信陽長台関簡、後に慈利石板村簡・荊門市郭店簡・上博簡であり、ここで議論している清華簡を加えると、内容の豊富さは、すでに我々が過去に想像していたものを遥かに超えている。これらの簡がすべて戦国楚墓から出土しているのは、当然、現地の埋葬制度と地下条件の特殊な原因によるのであるが、楚国の学術文化の到達点が高かったことを十分物語っている」と述べている（李学勤「清華簡対学術史研究的貢献」、『初識清華簡』、中西書局、二〇一三年、一四七頁）。

(9) 清華簡の整理者の一人である李守奎氏は、彼が編者である「清華簡《繫年》与古史新探研究叢書」の前言の冒頭で、「二〇〇八年七月、清華大学は一群の楚簡を入蔵した」と述べている（李守奎・肖攀『清華簡《繫年》文字考釈与構形研究』「叢書前言」一頁、中西書局、二〇一五年）。

(10) 本書第四章第三節「作者が属する諸侯国」、および拙稿「清華大学蔵竹書《繫年》的文献学考察」、『史林』二〇一三年第一期参照。

(11) 拙稿「清華大学蔵竹書《繫年》的文献学考察」において、筆者は、『繫年』は『鐸氏微』と関係があるかもしれないと推測している。もしそうならば、この篇の竹書は伝世文献の記述に見える楚人の著作であると言うことができる。

(12) 先秦典籍の作者や成立年代については、後世、多くの異説がある。ここでは逐一説明や分析はしない。

(13) 李学勤「清華簡与《尚書》《逸周書》的研究」、『初識清華簡』、中西書局、二〇一三年、九九～一〇〇頁。

目次

凡例

・本書『竹簡学入門――楚簡冊を中心として』は、陳偉『楚簡冊概論』（湖北教育出版社、二〇一二年）を抄訳したものである。原著との対照は以下の通り。

本書　第一章　楚簡の基礎知識　……　原著　緒論
本書　第二章　発見と研究　……　原著　第一章　発現与研究
本書　第三章　整理と解読　……　原著　第二章　整理与解読
本書　第四章　出土文献の研究　……　原著　第八章・第九章　典籍（上）・（下）

・各章のリード文は、訳者によるものである。また、分量が多い節には、訳者が適宜小見出しを補った。
・本書の第四章第四節については、原著には各文献の釈文や注釈などが掲載されているが、本書では概要部分のみを収録した。
・本書に収録されている図版は、訳者が補ったものである。
・本書の「用語一覧」および附録「用語解説」は、訳者が作成したものである。本文中の〔用語（数字）〕は、「用語解説」の項目番号と対応する。
・本文の（　）は原著者によるもの、〔　〕は訳者による補注である。また、【　】は欠けている文字を補った箇所、［　］内の算用数字は竹簡番号である。
・原著は簡体字を使用している。本書では、特殊な場合を除き、漢字は現行字体を使用する。
・原著における誤字・脱字等は、原著者の確認・了解を経た上で、直接修正を加えており、逐一注記していない。
・引用文の訓読は、訳者が作成したものである。
・各章末尾の注釈について、同じ文献・論文が注記されている場合、二回目以降は「前掲注（番号）同『（書名）』（あるいは「（論文名）」）」と略記している。

〈用語一覧〉

※図版および詳しい解説を記載した「用語解説」が一八九ページに収録されています。そちらもあわせてご覧ください。

衍文（えんぶん）　文章中に混入した余計な文。

椁棺（かくかん）「椁」は「棺」を入れる「外棺」、「棺」は遺体を入れる「内棺」。たとえば、「二椁二棺」の場合は、「棺」が「内棺」と「外棺」、「椁」が「外椁」と「内椁」の四重構造となる。

椁室（かくしつ）　棺や副葬品を収める外箱。

完簡（かんかん）　欠損がなく完全な形を保っている竹簡。

簡策・簡冊（かんさく・かんさつ）　竹簡を紐で綴じたもの。

棺室（かんしつ）　棺を置く場所。

簡書（かんしょ）　簡牘上に書かれた文書のこと。

完整簡（かんせいかん）「完簡」と「整簡」をあわせた総称。

簡牘（かんとく）　一般的に、一行の文字が書かれている竹片・木片を「簡」と呼び、二行以上の文字が書かれたものを「牘」と呼ぶ。

簡帛（かんぱく）　簡牘と帛書の総称。帛書とは、文字が書かれた絹の布。

簡文（かんぶん）　簡牘上に書かれた文章のこと。

形制（けいせい）　簡牘の形状と構造。

遣策・遣冊（けんさく・けんさつ）　副葬品の品名と件数を記録したリスト。

合文（ごうぶん）　異なる二つの漢字を一字に合わせて表記したもの。

冊書（さつしょ）　竹簡・木簡を紐で綴じたもの。

残簡（ざんかん）　欠損がある竹簡。

残欠（ざんけつ）　古文献・遺物などの一部が欠けて不完全なこと。

祠（し）　神霊を祭ること、またその場所。

諡号（しごう）　生前の徳や行いに基づいて死者に贈る称号、「おくりな」。

釈読（しゃくどく）　簡牘の文字を考証し、解釈すること。まず、文字の隷定（古文字を楷書で表記すること）を行い、次にその文字の意味と文意を解釈して、文字を確定する。

釈文（しゃくもん）　文字を考証・解釈し、発音や意味を確定して、現行文字で表記すること。簡牘の整理者による最初の釈文を「原釈文」と呼ぶ。文字の表記法は『説文解字』により、たとえば「和」の字は、「従口、禾声」（口に従い、禾の声）と、偏旁を分解して記される。

重文（じゅうぶん）　同一字を繰り返して読むこと。

祝冊（しゅくさつ）　祭文を記したもの。

章（しょう）　「篇」の中で一定の独立性を持った部分。

禳（じょう）　災いを祓うこと。

縄線（じょうせん）　竹簡を編むための紐。

整簡（せいかん）　断裂していたり多少の破損があっても、文字の欠損がない簡のこと。

占辞（せんじ）　占いの吉凶を判断することば。

籤牌（せんはい）　付け札、タグ。

属吏（ぞくり）　下級官吏の部下。

竹黄（ちくおう）　加工して青みを消した竹の内側部分。主にこちら側に文字が書写されるため、この側が「正面」（表面：おもてめん）となる。

竹笥（ちくし）　竹製の箱。竹簡が収められていることが多い。

竹書（ちくしょ）　書籍類の冊（簡冊）のこと。

竹青（ちくせい）　竹片の外皮部分。こちら側に文字が書写されていることもあり、この側が「反面」（背面、裏面）となる。

竹簽（ちくせん）　竹を細く削って一端をとがらせたもの。

地支（ちし）　十二支（子丑寅卯辰巳午未申酉戌亥）のこと。

竹簡（ちっかん）　紙が発明される前の主な書写素材で、竹の札を「竹簡」、木の札を「木簡」と言う。

通仮（つうか）　文字の通用と仮借。仮借とは、意味とは無関係に、音だけを借りて用いること。

貞（てい）　占うこと。卜占によって神意を問うことを貞問と言い、占いを行う人のことを「貞人《ていじん》」と言う。

綴合（てつごう）　（もとは一本の簡であった）残簡を接合して復原すること。

天干（てんかん）　十干（甲乙丙丁戊己庚辛壬癸）のこと。

禱祠（とうし）　神霊に向かって福を求め、福を得た後、神霊に報告し感謝を捧げる祭りを行うこと。楚簡には、卜筮禱祠記録（卜筮祭禱記録とも呼ばれる）が多く含まれている。

頭廂（とうしょう）　遺体の頭部側の槨室。これに対して、足部側の室を尾廂と言う。

日書（にっしょ）　日取りの吉凶に関する占いのマニュアル。

文書簡（ぶんしょかん）　公的文書と私的文書の簡。典籍類は含まない。

辺廂（へんしょう）　遺体の周囲の椁室。一般的に、方位によって東室・西室・南室・北室、あるいは遺体の位置によって頭廂・尾廂・左右辺廂に分かれている。また、中室（棺室）がある場合もある。

編縄（へんじょう）　竹簡を綴じる紐。粗い麻糸。

編線（へんせん）　竹簡を綴じる紐。細い絹糸。

篇題（へんだい）　文書・文献の題目のこと。

編綴（へんてつ）　綴じ紐を用いて、いくつかの竹簡を並べて綴じること。

篇・編（へん・へん）　一緒に編まれた竹書を「編」「冊」と称す。「篇」と「編」の意味は、本来同じであったと見られ、後に「篇」は主に内容が首尾完備している書写物を指すのに用いられるようになった。一編の竹書は複数の篇を含むこともある。竹書は巻いて収めるため、一編あるいは一冊は、つまり一「巻」である。

編連（聯）（へんれん）　竹簡を排列すること。発見当時、綴じ紐が朽ちて、排列がバラバラになっていることが多く、編連の作業が必要になる。

墓口（ぼこう）　墓坑の入口、最上部。

墓坑（ぼこう）　墓穴のこと。

墓葬（ぼそう）　考古学上の墓のこと。

墓底（ぼてい）　墓坑の底部。

墓道（ぼどう）　墓室に通じる道。墓の入口から棺を安置する部屋までの通路。先秦・秦漢には羨道《せんどう》とも呼ばれる。

命辞（めいじ）　占いの際に問われる事項。

木俑（もくよう）　中国で墓に副葬された木製の人形。

留白（りゅうはく）　簡牘上の、文字が筆写されていない空白部分。

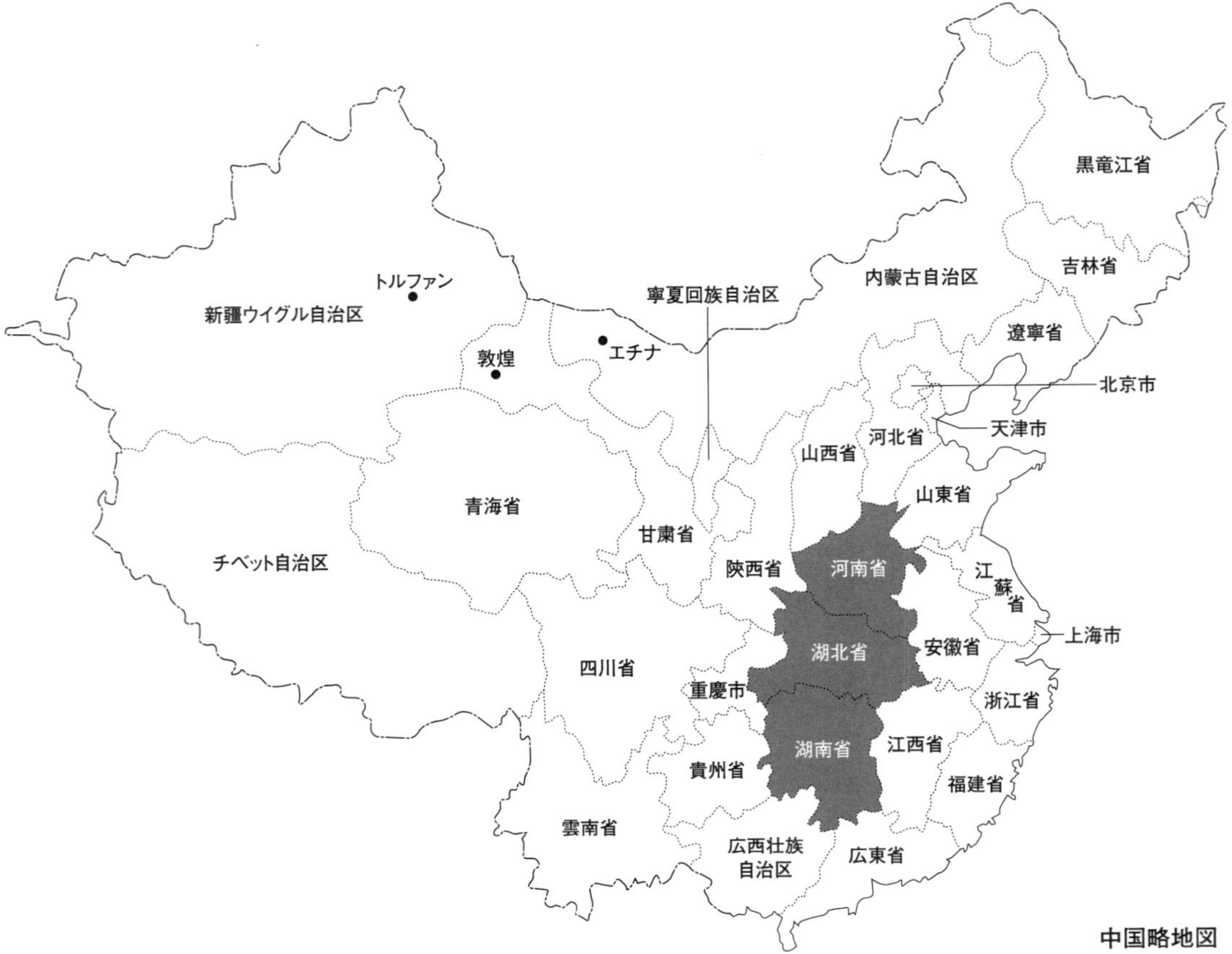

新疆ウイグル自治区
トルファン
敦煌
エチナ
寧夏回族自治区
内蒙古自治区
黒竜江省
吉林省
遼寧省
北京市
天津市
河北省
山西省
山東省
青海省
甘粛省
チベット自治区
陝西省
河南省
江蘇省
上海市
湖北省
安徽省
四川省
重慶市
浙江省
湖南省
江西省
貴州省
福建省
雲南省
広西壮族自治区
広東省

中国略地図

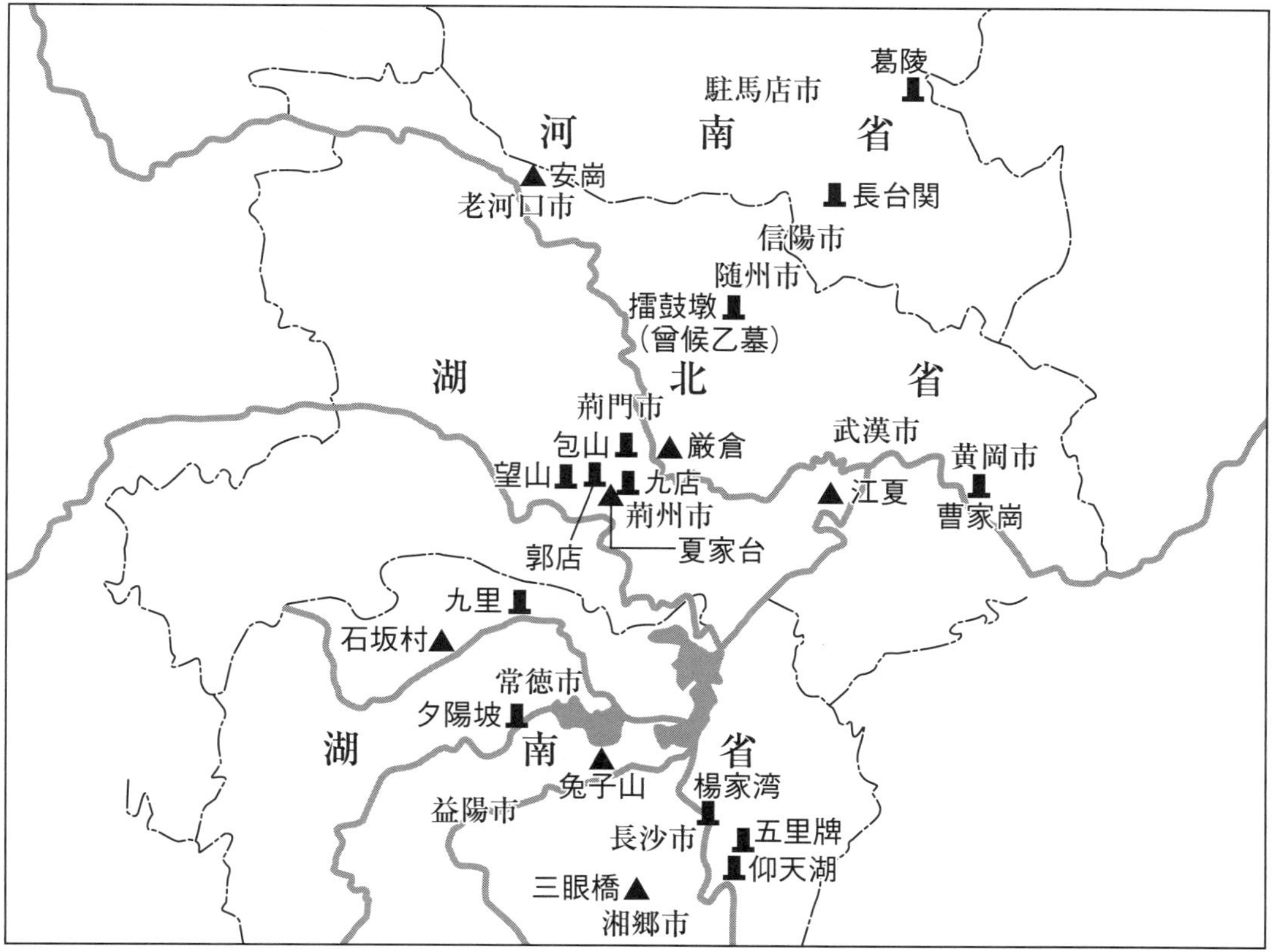

葛陵
駐馬店市
河
南
省
安崗
老河口市
長台関
信陽市
随州市
擂鼓墩
（曾候乙墓）
湖
北
省
荊門市
包山
厳倉
武漢市
黄岡市
望山
九店
荊州市
江夏
曹家崗
郭店
夏家台
九里
石坂村
常徳市
夕陽坡
湖
南
省
兎子山
楊家湾
益陽市
長沙市
五里牌
仰天湖
三眼橋
湘郷市

楚簡冊出土地点略地図

カバーの竹簡の図版は郭店楚簡『緇衣』。著者陳偉氏提供

第一章　楚簡の基礎知識

「楚簡」の発見が、世界に衝撃を与えた。今から二千年以上前の竹簡に記された古代の貴重資料がよみがえったのである。これにより、中国思想史・古代史・古文字学の研究は、大きな飛躍を遂げた。

　それでは、そもそも「楚簡」とは何だろうか。また、出土した竹簡の内容や形態によって、どのように分類されるのであろうか。竹簡の書写方法や符号にはどのようなものがあるのか。そうした基礎知識についてわかりやすく整理するのが、本章である。


「楚簡《そかん》」とは、戦国時代の楚の地の墓から出土した竹簡の総称であり、現在までに見られる中国古代簡牘資料の中で、最も早い時代のものである。楚簡は、二〇世紀の一九五〇年代から次々に出土し、これまでに知られている出土地は三〇箇所以上、書写された字数は一〇万字以上である。これらの資料の中で、行政・司法文書と卜筮《ぼくぜい》・喪《そう》葬《そう》〔葬儀と埋葬〕の記録は、前代未聞のまったく新しい発見である。思想文化の典籍は、二〇〇〇年以上を経て現れた古典籍の珍本であり、そのうちのいくつか、たとえば『金縢《きんとう》』『緇衣《しい》』『五行《ごこう》』『老子《ろうし》』『日書《にっしょ》』は、伝世文献や先に出土した秦漢簡帛《かんぱく》に見られるものであったが、テキストには多少の差違がある。その他の大部分の内容は、早くに失われて伝わらなかったものである。伝世の戦国文献は少なく、真偽がはっきりしないものもある。

　地下から出土した一次資料の科学的な整理と研究は、史料の空白を補い、また以前から議論になっていた文献の検証を可能にし、豊富で信頼できる学術資料を増加させた。これらは先秦史上の多くの難解な問題を明らかにするであろうし、また新たな研究領域を開拓し、戦国時代の生活習俗・社会制度・思想文化に対する認識を豊かにし、先秦の歴史文化の真の姿や秦漢以後の後世への影響について正確に把握できるようになるであろう。同時に、現代文化の構築のための参考・手本にもなると言える。楚簡の整理と研究については、多くの学者の関心を引き、多くの学科や国際的影響を持つ学問領域に波及し、社会が注目する文化の「熱点」〔ホットスポット〕の一つとなっている。

第一節　楚簡の定義

中国古代において、紙が一般的に使用される前は、竹簡が長期にわたって書写の主な材料であった。殷代以前にはすでに竹簡の書があったと推測する人もいる。西周晩期以降になると、簡冊を使用したことをうかがわせる資料が見られるようになる。

『詩経』小雅・出車《すいしゃ》は、西周晩期頃の軍隊の詩である。その中には、「王事 難多く、啓居《けいきょ》するに遑《いとま》あらず。豈《あに》帰るを懐《おも》わざらんや、此《こ》の簡書《かんしょ》を畏《おそ》るればなり」と書かれている。文意は、「国家は多難であり、安住できない。どうして故郷を思わないでいられようか、ただこの簡書を恐れるだけである」ということであり、ここで述べられている「簡書」とは、本来、竹片上に書かれた文書のことである。

紀元前五四八年、斉国で内乱が発生し、大夫の崔杼《さいちょ》は国君の荘公を殺害した。当時の史官は非常に責任感があり、この事件を記載するために、先人の屍を乗り越えて後に続いた。『左伝』襄公二十五年には、次のようにある。

大史 書して曰く、「崔杼 其の君を弑《しい》す」と。崔子 之を殺す。其の弟嗣《つ》ぎて書し、而して死する者二人。其の弟 又た書し、乃ち之を舍《ゆる》す。南史氏 大史 尽《ことごと》く死せりと聞き、簡を執《と》りて以て往《ゆ》く。既に書せりと聞き、乃ち還る。

（大史〔史官の大夫〕が「崔杼はその君を弑した」と直書すると、崔子はその大史を殺した。すると、その弟が兄の後を継いで同様に書き、死者は二人になった。さらにその弟がまた書いたので、崔子は殺しきれずに許した。南史氏は大史が残らず殺されたと聞いて、記録する竹を持って朝廷に赴いたが、記録されたということを聞いて、引き返した。）

と記されている。ここで言う「簡」とは、竹簡上に書写された史書あるいは書写する準備をした空白の竹簡であろう。南北朝時期になると、紙類が日常的に広く用いられ、竹簡はしだいに人々の生活から離れていった。

「簡牘」は横に並べて使用される。『芸文類聚《げいもんるいじゅう》』第五六巻は三国呉・謝承の『後漢書』を引用して、「王充 宅内の門戸墻柱に於《お》いて、各《おのおの》筆硯《ひっけん》簡牘を置き、事を見て作《な》し、『論衡《ろんこう》』八十五篇を著す」と言う。晋の杜預《どよ》は「春秋経伝集解序」において、「諸侯も亦《ま》た各《おのおの》国史有り、大事は之を策《さく》に書し、小事は簡牘にするのみ」と述べている。一般的に、「簡」は細長い形の竹片を使用し、「牘」は比較的幅が広い木板を使用する。現在発見されているものから見ると、楚人はおそらく地の利を活かして竹簡のみを使用し、木牘は使用していない。

楚簡は、これまで戦国時代の遺物のみが発見されているので、「戦国楚簡」とも称す。大まかに言うと、ここには三つの段階が含まれている。第一は楚人が書いた文献、第二は楚の同盟国（たとえば曾国）の人々が書いた文献、第三は楚人が他国から伝来した文献を書き写したものである。簡潔に言えば、「楚簡」とは戦国時期に楚が支配していた地区で出土した竹簡である。

第二節　簡冊の種類

簡牘文献の分類には、通常、二つの分け方がある。すなわち、文書と書籍である。李零『簡帛古書与学術源流』（生活・読書・新知三聯書店、二〇〇四年版）、趙超『簡牘簡帛発現与研究』（福建人民出版社、二〇〇四年版）、張顕成『簡帛文献学通論』（中華書局、二〇〇四年版）、駢宇騫・段書安『二十世紀出土簡帛綜述』（文物出版社、二〇〇六年版）は、いずれもそのように言っている。このうち趙超氏は、次のように指摘する。

紹介するのに便利なように、我々は古代の人々が日常的に使用していた文字材料を二大類型に区分する。また、一大類ごとの中でも多種の具体的な部門に分けることができる。第一大類は、社会で実用性がある各種文字材料であり、古代文書と総称する。その中で使用者の身分によって公的な文書と、私的な文書・書簡の二つの類型に分けられ、前者は官府往来文書・詔書・官府簿籍（名簿・戸籍など各種記録）・法律類・通行証件・契約、後者は私的な書簡・名刺・告地状・遣策・暦書などである。第二大類は、代々伝わって残ってきた文献著作で、主に古代の人々が学習・閲覧した文字材料であり、たとえば、『周易』『詩経』『孫子』などである。これらは古代経籍文献と総称する。その中には経史典籍・字書・医書・方術書および実用的な科学技術の書などが含まれる。(1)

この分類方法は、おおむね合理的である。文書には、特定の閲覧対象・適用時間があり、書籍にはこの種の制限がない。この点から、二大類文献はそのように区別できると言える。しかし、この区分も大まかであることは免れず、差違が大きい簡冊も混同して取り扱われていると考えられる。

楚簡について具体的に言うと、以下のように区分できる。

（一）文書

文書は、現実世界で使用されていたものであり、二種に分類できる。すなわち官（公）文書と私文書、あるいは公務文書と私人文書である。

公務文書は、現在、包山楚簡と葛陵《かつりょう》楚簡の中のみで発見されており、行政文書・司法文書といくつかの簿籍を含んでいる。運用の点から見ると、これらの文書には動態と静態の別がある。静態文書は官府存檔（保存された処理済みの公文書）であり、動態文書は異なる官府の間で移送・処理されたものである。後者は、官府の等級によって、上行文書（上級機関に出す公文書）と下行文書（下級官庁へ回す公文書）の区別がある。静態の存檔文書は、貸金記録・所属・疋獄《しょごく》（訴訟の記録、包山楚簡）・受幾《じゅき》（訴訟案件を受理した時間、審理の時間および初歩的結論の概要の記録、包山楚簡）などである。その他は基本的に動態文書に属す。

現在発見されている私人文書は、訴状と賵書《ふうしょ》である（原著、第七章参照）。前者は、江陵磚瓦廠《せんがしょう》三七〇号墓で出土したものがある。後者は、親戚や友人が喪主のために財物を贈った記録である。

（二）卜筮禱祠記録

戦国時代、人々は鬼神の存在を信じており、特に楚人は最も甚だしかった。『漢書』地理志は楚地の習俗について述べ、「巫鬼《ふき》を信じ、淫祀《いんし》を重んず」と言っている。

卜筮禱祠《ぼくぜいとうし》記録は、当事者が貞人《ていじん》〔占いを行う人〕に託して占卜《せんぼく》をした、その記録である。卜筮によって得られた結果は、禱祠によって応対する必要があることから、通常は禱祠方案〔禱祠を行うための計画〕が付いていて、時には実際の禱祠の記録もある。江陵望山《ぼうざん》一号墓竹簡・江陵天星観《てんせいかん》簡の一部分、荊門包山簡中の一部分、新蔡葛陵簡の大部分、および江陵秦家嘴《しんかし》の三つの墓から出土した竹簡は、この例である。これらの簡冊は、当時の楚人の宗教儀式の規定を反映していると同時に、神霊系統・家族制度などに関する資料を含むものでもある。

（三）遣策

遣策《けんさく》とは、喪主が死者のために提供した副葬品のリストである。仰天湖《ぎょうてんこ》簡・五里牌簡・信陽《しんよう》簡の一部分、望山二号墓簡・包山簡の一部分は、すべてこの類に属す。古代の人々には「死に事《つか》うること生の如《ごと》し」〔死者に対して生きているように手厚くつかえること〕という観念があり、遣策は葬儀を反映していると同時に、楚人の当時の生活実態を如実に示している。

遣策は賵書と混同されやすい。

もし二つの分類法を踏襲するならば、卜筮禱祠記録と遣策は「文書」の中に入れるべきであるが、（一）の文書を「世俗文書」、（二）（三）の文書を「通霊文書」と称し、その違いを際立たせる必要があるかもしれない。

（四）書籍類

書籍類文献は、楚簡の中に大量に見られ、内容も様々である。楚簡の古典籍の中で最も早いものは信陽長台関《ちょうだいかん》一号墓に見える。後に、九店《きゅうてん》楚墓や郭店楚墓でも集中的に発見された。上博楚簡や清華簡は、数量と種類がさらに多い。楚人の当時の写書〔書を書く〕・抄書〔書を写す〕・読書〔書を読む〕という気風は、かなり盛んであったと考えられる。儒家・道家の著述が比較的多く見られ、択吉〔吉を選ぶ〕の民間習俗を反映した「日書」も多い。

第三節　簡冊の形態

ここでは、楚簡の形態を説明するが、一枚の竹簡と簡のまとまりについて紹介する。

一枚の竹簡は細長い形をしている。その幅は通常、〇・六～一センチメートルの間であり、これまでの中で最も幅が広いものは、新蔡葛陵墓から出土した一部の竹簡に見え、その幅は一・二センチメートルである。最も狭いものは、郭店楚簡の一部の竹簡に見え、その幅は〇・四五センチメートルである。厚さは通常、〇・一～〇・一五センチメートルである。差が最も大きいのは、長さに関してである。報告によると、現在最も長いものは曾侯乙《そうこういつ》簡であり、長さは七五センチメートルに達する。最も短いものは黄州曹家《そうか》崗《こう》簡に見え、一二・八センチメートルしかない。

具体的に各々の種別を見てみよう。卜筮禱祠簡の中で、ほぼ一定の数値のものは二つあり、一つは天星観簡で、長さは六四～七一センチメートル、もう一つは包山簡で、長さは六七・一～六九・五センチメートルであり、両者は非常に近い。同様のものは卜筮禱祠類の望山一号墓竹簡であり、浅原達郎氏は通常の長さは六〇～七〇センチメートルと推測しており[2]、包山・天星観簡とほぼ同じであると見られる。

喪葬簡の長さは二種類ある。長いものは、たとえば長台関簡の六八・五～六九・五センチメートル、望山二号墓簡の六三・七～六四・一センチメートル、曾侯乙簡の七〇～七五センチメートル、天星観簡の六四～七一センチメートル、包山簡の六四・八～七二・六センチメートルなどである。もし六九センチメートルを基点とすれば、その差は六センチメートルを超えず、比較的近いと言える。短いものは、たとえば仰天湖簡の二〇・二～二一・六センチメートル、楊家湾《ようかわん》簡の一三・五～一三・七センチメートル、曹家崗簡の一二・八～一二・九センチメートルであり、その差は一〇センチメートル以内である。長短両種の喪葬簡は、墓主の身分や対応する副葬品の多さと関係があるようである。

文書簡は比較的長い。包山簡は、「貸金」簡の中の一組一二枚の簡（一〇三～一一四号簡）のみが長さ約五五センチメートルで、残りの一八四枚の簡は六二～六九・五センチメートルである。この他には、常徳徳山夕陽坡《とくざんせきようは》簡の長さ六七・五～六八センチメートル、江陵磚瓦廠三七〇号墓簡の長さ六二・四センチメートルがあり、包山文書簡の大部分とほぼ同じである。

比べてみると、書籍簡の長さにはさらに規定がないようである。現在見られる完簡の最長のものは上博楚簡『性《せい》情論《じょうろん》』であり、長さは五七センチメートルである。(3) 最も短いものは郭店楚簡の『語叢《ごそう》（二）』と『語叢（四）』であり、一五・一～一五・二センチメートルしかない。(4) おそらく書物を開くのに便利なように、書籍簡は太く長く作るべきではないと考えられたのが一つの原因であろう。また実際にどれくらいの長さに作るかは、任意であったようである。同じ『老子』でも、甲組は三二・三センチメートル、乙組は三〇・六センチメートル、丙組は二六・五センチメートルである。また、同じ『緇衣』でも、郭店本は三二・五センチメートル、上博本は五四・三センチメートルである。このほか、一篇がほぼ同じ内容の古典籍で、郭店本（名を『性自命出《せいじめいしゅつ》』という）は長さが三二・五センチメートル、上博本（すなわち『性情論』）は長さが五七センチメートルである。郭店楚簡『六徳《りくとく》』中では、『易』と『詩』『書』『礼』『楽』『春秋』とを並列させており、『語叢（一）』にも類似の内容が見られる。『易』が当時すでにきわめて尊崇されていたことがうかがえるのであるが、上博楚簡の『周易』は長さ四四センチメートルであり、『従政《じゅうせい》』『昔者君老《せきしゃくんろう》』『容成氏《ようせいし》』などの篇の長さとほぼ同じである。

漢代の人によれば、当時、簡冊の長短には一定の法則があったとされる。文書については、『漢書』杜周伝に客が杜周に「君は天下の為に平らかに決し、三尺法《さんせきほう》に循《したが》わず」と言っている部分がある。また、『後漢書』光武帝紀の注に『漢制度』を引用して、

帝の書を下すに四有り。一に曰く策書《さくしょ》、二に曰く制書《せいしょ》、三に曰く詔書《しょうしょ》、四に曰く誡敕《かいちょく》。策書は、簡を編するなり。其の制は長さ二尺、短き者は之を半にし、篆書《てんしょ》、年月日を起し、皇帝を称して、以て諸侯王に命ず。

と言う。典籍については、『論衡』謝短篇に、

二尺四寸は、聖人の文語なれば……漢の事は未だ経に載らざれば、名づけて尺籍短書《せきせきたんしょ》と為す。

と言う。『儀礼』聘礼は鄭玄の『論語序』を引いて、

『易』『詩』『書』『礼』『楽』『春秋』、策は皆二尺四寸、『孝経』は謙にして、之を半にし、『論語』の八寸策なる者は、三分にして一に居り、又《ま》た焉《これ》に謙にす。

と言う。[5] ある学者は、「郭店楚簡には経典と伝注の区分があるが、簡策が長いものを経とし、短いものを伝とする。具体的な尺寸は、両漢の学者が記す簡牘制度とやや食い違いがあるが、簡策の長短によって経・伝を区分するという原則は一致するものである」と推測した。[6] しかし、公開済みの上博楚簡を総合して見ると、このような可能性は実証しがたいようである。

竹簡の両端は、あるものは平斉《へいせい》〔角をもった方形状になっているもの〕、あるものは削られて梯形《ていけい》〔角を落とした台形状になっているもの〕や弧形《こけい》〔丸い円形状になっているもの、円端とも言う〕になっている〔用語6〕。

梯形や弧形になっているものは、書籍簡に見られるのみである。書籍は広げて読む必要があるため、梯形あるいは弧形に作っておくと比較的便利であると推測される。もし書嚢《しょのう》〔竹書を入れる袋〕を用いて収納するならば、平斉のものは容易に書嚢を突き破ってしまうのではなかろうか。

最も長い竹簡でも、一本に収まる字数には限りがある。長い文章を書写する際には、多くの竹簡を使用する必要がある。『儀礼』聘礼に「百名〔字〕以上は策に書し、百名〔字〕に及ばざるものは方〔牘〕に書す」と言い、また杜預『春秋左氏伝序』に「大事は之を策に書し、小事は簡牘にするのみ」と言う。これらはみなその意である。もし多くの竹簡を使用して書写するならば、通常、二本あるいはさらに多くの縄線《じょうせん》〔竹簡を編むための紐〕を用いて、竹簡を順序に基づいて編連《へんれん》〔竹簡を紐で編むこと。用語13〕する必要がある。このように編連した多くの竹簡は、「策」あるいは「冊」と呼ぶ。『説文解字』の解釈によると、「冊」は縄線を用いて竹簡を編連する様子を表している。文書簡の中では、包山「受幾」簡は六〇本近くが編まれて一冊となっている。(7) 喪葬記録の中では、曾侯乙墓の整理者による分類の第一類（A）は車馬と車上の兵器・装備の一種を記録したもので、約一二〇簡あり、もともとは一冊に編まれたものであった可能性もある。書籍簡の中では、郭店楚簡『性自命出』六七簡、上博楚簡『周易』残存五八簡、『容成氏』残存五三簡、『曹沫之陳《そうまつしじん》』六五簡などが長篇に属す。

一冊に編まれた竹書は、単に一篇のものもあれば、複数篇のものもある。たとえば、上博楚簡の第四分冊〔七七頁参照〕所収の『昭王毀室《しょうおうきしつ》』と『昭王与龔之脽《しょうおうよきょうしすい》』、第五分冊所収の『鬼神之明《きしんしめい》』と『融師有成氏《ゆうしゆうせいし》』、第六分冊所収の『荘王既成《そうおうきせい》』と『申公臣霊王《しんこうしんれいおう》』は、二つの篇が一冊になっているものである。また、『子羔《しこう》』『孔子詩論《こうししろん》』『魯《ろ》邦大旱《ほうたいかん》』の三篇は、竹簡の長さ、形制〔形状と構造〕、字体が同じであり、もとは一冊であった可能性もある。(8)

編連に用いる材料には麻縄と絹糸がある。荀勗《じゅんきょく》『穆天子伝序《ぼくてんしでんじょ》』においては、汲冢書《きゅうちょうしょ》は「皆竹簡は素糸もて編す」と言っている。『南斉書』文恵太子伝は、襄陽から出た『考工記』は「竹簡書は青糸もて編す」であったと記載する。「素糸」は白色の絹糸であり、「青糸」は黒色の絹糸である。楚簡が出土した時にはしばしば絹糸の残痕が付着しており、郭店楚簡には編線《へんせん》〔竹簡を綴じる紐。用語10〕に関する報告がないが、目測によると白色の絹糸であり、また長台関簡は黒色の絹糸を用いている。

編縄《へんじょう》〔竹簡を綴じる紐。用語10〕が移動しないようにするために、竹簡上には通常、契口《けいこう》〔竹簡を固定するための切れ込み。用語7〕がつけられている。すでに報告されている中では、多くは竹簡の右側にあり、仰天湖簡・望山簡・曹家崗簡・上博楚簡などに見られる。ただし、天星観簡の報告では契口は左側にあると言われている。[9] 契口と編縄の数は対応しており、あるものは二道《にどう》〔両道とも言う〕、あるものは三道《さんどう》である。

両道の場合は、契口から両端まで一定の距離がある。たとえば、楊家湾簡は、簡長一三・五～一三・七センチメートル、上端《じょうたん》から上の契口までの長さは四～四・一センチメートル、下の契口から下端《かたん》までの長さは三・五～三・六センチメートル。長台関喪葬簡は簡長六八・五～六九・五センチメートル、上端から上の契口までの長さは一八センチメートル、下の契口から下端までの長さは一五・五センチメートル。包山卜筮禱祠簡は簡長六七・一～六九・五センチメートル、上端から上の契口までの長さは一七～二〇・五センチメートル、下の契口から下端までの長さは一五～一七・五センチメートル。郭店楚簡『老子』甲組は簡長三二・三センチメートル、上端から上の契口までの長さと下の契口から下端までの長さは約九・五センチメートル。『語叢（四）』の簡長は約一五センチメートル、上端から上の契口までの長さは三・七センチメートル、下の契口から下端までの長さは五センチメートル。これらの数値を見ると、両道編縄の竹簡の中で、上下の契口の中間部分はおおよそ上下の契口の外側部分の和に相当する。おそらくこのような状態であると、巻いて収めても展開しても、編縄の上中下三部分の重量は比較的バランスが取れるのであろう。

三道の場合は、さらに二つの形状がある。一つは上下の契口から両端までにある程度の距離があり、もう一つは両端と接近している。前者については、たとえば上博楚簡『孔子詩論』は簡長五五・五センチメートルで、上下契口から両端までは約八センチメートル。上博楚簡『緇衣』は簡長五四・三センチメートル、上下契口から両端までは約九センチメートル。上博楚簡『彭祖《ほうそ》』は簡長五三センチメートル、上下契口から両端までは約一〇センチメートル。このような竹簡の契口の位置は、前述の両道の契口のものと近く、ただ中間部分の編縄が一道多いために、上下の契口の間の長さが上下の契口の外側部分の和よりも明らかに大きい。後者については、たとえば包山喪葬簡の大部分は簡長六四・八～七二・六センチメートル、上端から上契口までは一・五～一・七センチメートル、下契口から下端までは一・六～一・八センチメートル。郭店楚簡『語叢（一）』は簡長一七・二～一七・四センチメートル、上端から上契口までは約〇・八センチメートル、下契口から下端までは約二・三センチメートル。上博楚簡『民之父母』は簡長四五・八センチメートル、上端から上契口までは約二・二センチメートル、下契口から下端までは約二・五センチメートル。『容成氏』は簡長四四・八センチメートル、両端から上下契口まではそれぞれ約一センチメートル。『周易』は簡長四四センチメートル、両端から上下契口まではそれぞれ約一・二センチメートル。このような竹簡は主要部分〔天頭・地脚以外の部分、用語21参照〕を三道編縄で二分割するため、上下契口の外側部分はきわめて短いものが多い。

望山一号墓卜筮禱祠簡の契口の数には異論がある。発掘報告は、「これらの竹簡はみな残欠しているが、ただ竹簡上に残る痕跡から判断すると、竹簡上の小契口はすべて上・中・下の三つがあり、上部分の小契口の底辺〔切れ込みの上側〕は上端から一七・五～一八センチメートルのところにあり、下部分の小契口の底辺〔切れ込みの下側〕は下端から一六～一六・二センチメートルのところにあり、中部の小契口はほとんどが上・下の二つの契口と等距離である」と述べている。(10) 浅原達郎氏は、包山簡のような三道契口のものは、三つの契口をつける際、上下の契口が両端に非常に近い。ゆえに〔上下端から契口まで距たりがある〕望山一号墓簡は望山二号墓簡と同様に、両道であると見なしている。(11) 上博楚簡の資料の公開は、我々に三道契口のつけ方を教えてくれた。また、上下契口も両端からかなり離れていても良いことがわかった。たとえば、前述の上博楚簡『彭祖』は簡長五三センチメートルで、上下契口は両端からそれぞれ約一〇センチメートルである。もし望山一号墓簡の長さが六〇センチメートル以上に達するならば、上下契口がそのように大きく離れている〔すなわち三道契口である〕可能性もあろう。この問題を解決する方法は、実物を目で見て調査するしかない。

竹簡と類似するものとして、竹質の籤牌《せんはい》〔付け札、タグ〕がある。曾侯乙墓からは三枚出土し、包山二号墓からは三〇枚出土している。これらの籤牌の幅は竹簡とほぼ同じで、長さは数センチメートルから十数センチメートルほどである。一端に契口がつけられていたり、楔のような形に削られていたりするのは、物品の上に差し込んで標示するためである〔図1〕。

〔図１〕包山二号墓の籤牌（湖北省荊沙鉄路考古隊『包山楚墓』、文物出版社、1991年版、図版46）

古代の人々は一緒に編まれた竹書を「編」と称している。『漢書』張良伝に「傾有り、父も亦た来て、喜びて曰く、「当《まさ》に是《か》くの如くすべし」と。一編の書を出して曰く、「読めば是れ則ち王者の師と為る」と」とあり、顔師古注に「編は之を聯次《れんじ》するを謂うなり。簡牘を聯して以て書を為す、故に一編と云う」とある。「篇」と「編」の意味は、本来同じであろう。後に「篇」は主に内容が首尾完備している書写物を指すのに用い、そのため一編の竹書は複数の篇を含むこともある。竹書を用いない時は、巻いて収める。だから、一冊あるいは一「編」は、つまり一「巻」である。

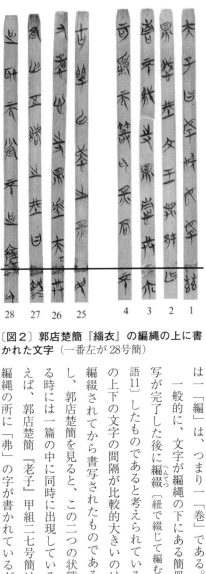

一般的に、文字が編縄の下にある簡冊は、書写が完了した後に編綴《へんてつ》〔紐で綴じて編むこと。用語11〕したものであると考えられている。編縄の上下の文字の間隔が比較的大きいのは、先に編綴されてから書写されたものである。しかし、郭店楚簡を見ると、この二つの状態が、ある時には一篇の中に同時に出現している。たとえば、郭店楚簡『老子』甲組二七号簡は上道の編縄の所に「弗」の字が書かれているが、同篇の五号簡・一九号簡の編縄の所には明らかに空白がある。また、『緇衣』二八号簡の「懽（勧）」の字は上道の編縄の所に書かれているが、四号簡の相応の位置には明らかに空白がある〔図2〕。これに照らして、李天虹氏は、「楚簡は先に書写され、後に編綴したとすべきである。契口は書写の際に〔編綴の位置を〕はっきり示すはたらきがある。契口に留意した時には空白があるはずであり、それを見落としていれば契口すなわち編縄の所にも文字が書かれることもある」と見なしている。[12] この推測は信用できる。

〔図２〕郭店楚簡『緇衣』の編縄の上に書かれた文字（一番左が28号簡）

竹簡の編連と閲読は、行ごとに右から左へと向かう。信陽長台関一号墓の二つの組の簡については、整理者は、「竹簡の出土時の状況をもとに観察すると、一部の竹簡の編連は四本ごとに一束であり、両両相対、字面朝里〔二つずつ相対しており、文字の面が内側に向いている〔上側の竹簡は文字が下向き、下側の竹簡は文字が上向き〕〕という状態である」と指摘している。[13] 劉国勝氏は、「これらの簡の原本はまさしく編連して冊を成したものである。竹簡の「両両相対、字面朝里」という状態は、巻状の簡冊に圧力がかかった際、上下の簡が重なってできたものである〈巻が円筒状になった簡冊の上半分の簡の文字は下側を向いており、下半分の簡の文字は上側を向いている〉。この現象は、墓葬竹簡の発掘整理の際にしばしば見られる」と述べる。[14] この分析は理にかなっている。

第四節　書写と形式

竹簡は一般的に竹黄《ちくおう》〈竹の内側部分〉を書写面とするが、竹青《ちくせい》〈竹の外皮部分〉の面に書写されているものもある〈用語4〉。また、包山竹牘のように、竹青の面を主とするものもわずかにある。毛筆は、長沙左家公山一五号墓〈新編号一八五〉、信陽一号墓、九店一三号墓、包山二号墓などから出土したものがあり、墨は九店五六号墓から竹簡とともに出土している。書写とは一種の個性が表れる行為であるが、当時の習慣や風習の影響も受けており、それゆえ規律性や書式と言えるものが現れる。

（一）天頭・地脚

天頭《てんとう》・地脚《ちきゃく》とは竹簡の上下端に残っている書写されていない空白を指す〈用語21〉。その有無は、契口あるいは編縄の位置と密接に関係する。楚簡の中で、普通、両道契口のものは、おおむね天頭・地脚がなく、冒頭から末尾まで一貫して書写されている。また、三道契口の簡の中では、上下の契口が両端から離れている場合には〈そこに文字が書かれているので〉、天頭・地脚はない。ただそれらの上下契口が両端と非常に近い場合にはじめて契口の外側

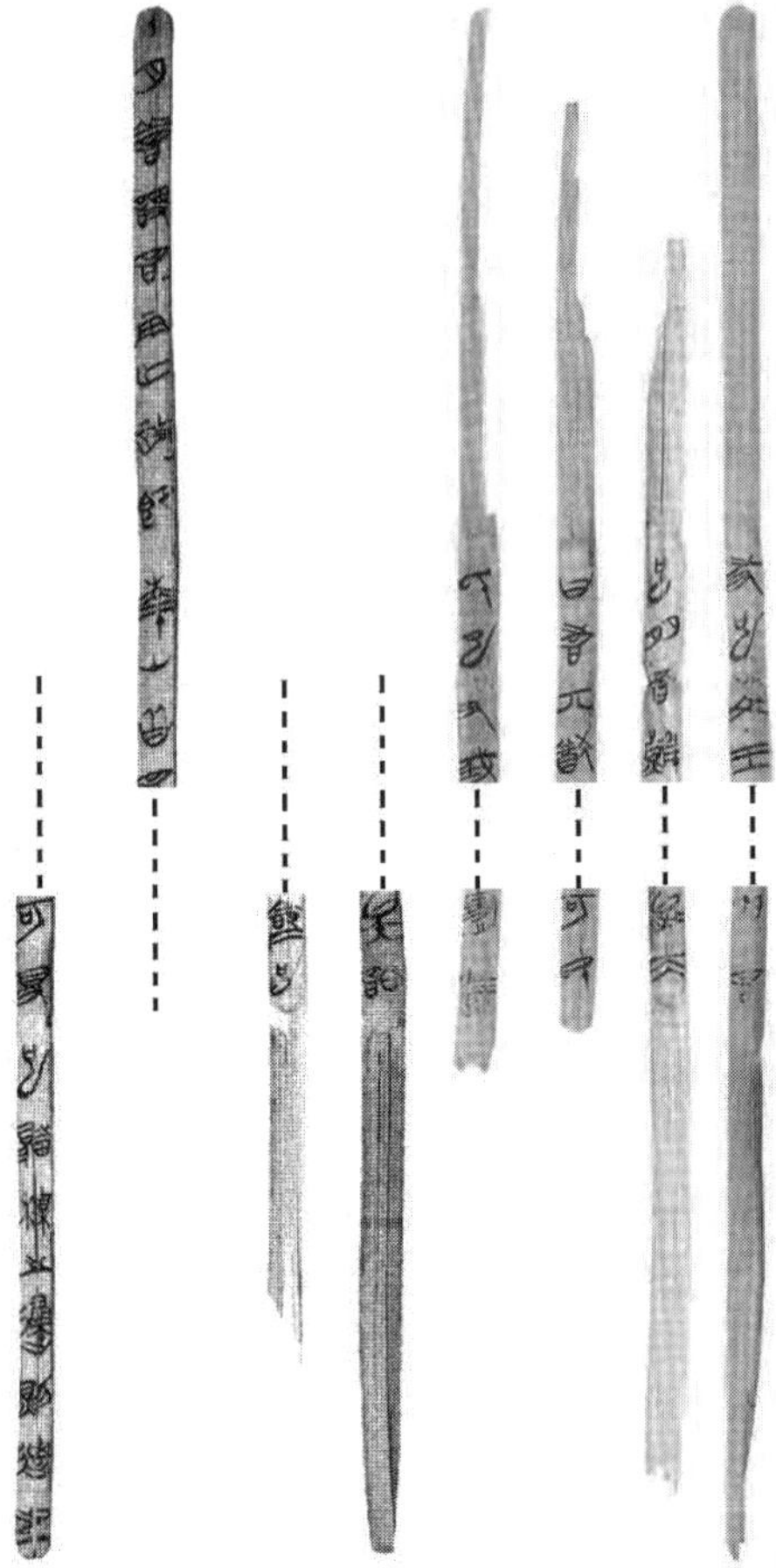

〔図３〕上博楚簡『孔子詩論』契口の外側の空白（右から2〜8号簡、11号簡。8号簡と11号簡は空白がない例）

に空白を残して書写されない（すなわち、天頭・地脚がある）。

現時点で、天頭・地脚が明らかに残っている例は、主に上博楚簡に見られ、たとえば『民之父母』『従政』『昔者君老』『容成氏』『周易』『仲弓』『恒先』などである。これにより、先に発表された資料を改めて見直すと、包山喪葬簡の一部分（二六五〜二七七号簡）、郭店楚簡『語叢（一）』もまたこの類であろう。(15) 郭店楚簡『語叢（三）』は上下契口から両端までがきわめて狭く、字間も広いので、天頭・地脚は不明瞭である。

上博楚簡『孔子詩論』は三道契口であり、上下契口から両端までの距離が比較的大きいものでありながら、二九枚の竹簡の中で六枚（二〜七号簡）は上下契口の外側に文字が見られなかったため、関心を集めた。以上のことから、契口の位置がこのような状態をなすものは、天頭・地脚を残さないのが一般的だということがわかる〔図3〕。ある学者の観察では、これらの留白《りゅうはく》〔文字が筆写されていない空白、用語24〕の部分は人による修訂削除を経ているとされる[16]。これは非常に特殊な現象であり、今はその意味を推測する方法がない。

（二）書写間隔

書写間隔とは、簡文の書写の中で、異なる段落の間に空白があることを指す。これは各類の簡冊の中にすべて出現している。

まず、包山の文書簡の例を見てみよう。『受幾』『疋獄』などの類の竹簡では、一般的に各条文の末尾の署名と本文との間に、ある程度の距離がある。たとえば二〇号簡は本文の後に約二〇センチメートルを空けて、「秀免」と書かれている。二一号簡の本文の後には約八センチメートルを空けて、「正旦塙戠之」と書かれている。八〇号簡の本文の後には約五センチメートルを空けて、「湝其戠之」と書かれ、またその後、約二センチメートルを空けて「秀履為李」と書かれている。これらはまさに〔本文か署名かを〕わかりやすくするために書写者が意図的に空白を残したものである。それ以外に、一三号簡の本文の後に「大宮痎内氏等〔志〕」と書かれ、また一八号簡の本文の後に「中舒許適出之」と書かれているのも、おそらく同様の考えによるものである。

文書簡の中にはこれらとは別の書写間隔があり、その場合は補足説明をするためのものであると考えられる。たとえば一〇五～一一四号簡は各地の官員の貸金のことを記述した後、数センチメートルの空白の後に再び「過期不賽金」と書かれている。一五三号簡は「帝苴之田」四つを記述した後に、空白を空けて「其邑、箐一邑・妥一邑・並一邑・古一邑・余為一邑・隼一邑。凡之六邑」と言っている。一五六号簡は前の一条の記録の後に約六センチメートルを空けて「左尹冠以其不得執之尻、弗能詣」と書かれ、さらに約六センチメートルを空けて「夏夕癸丑、子陵

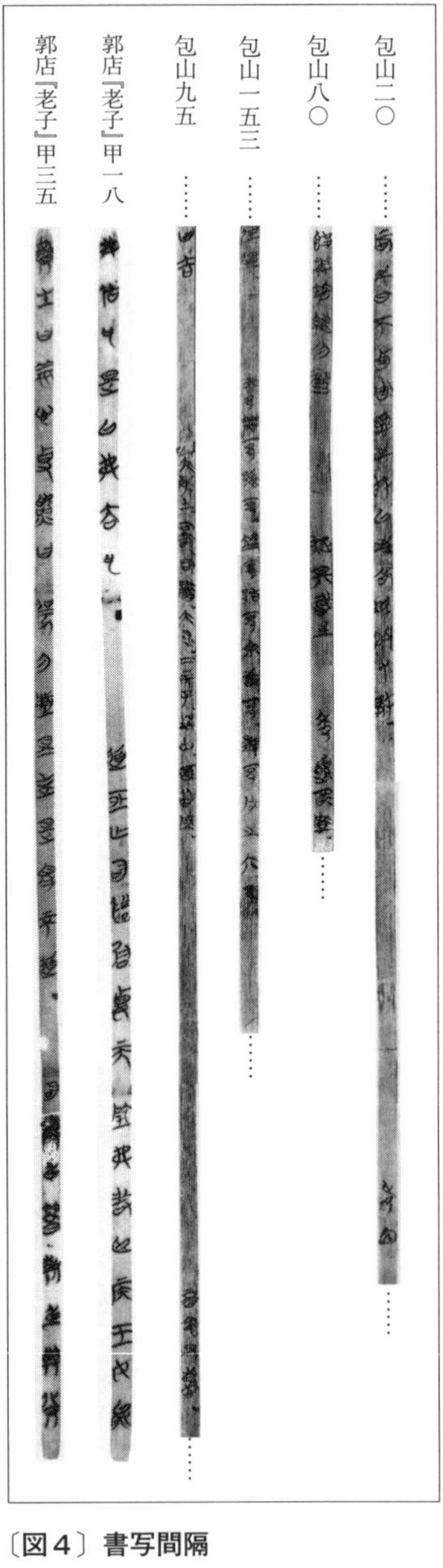

〔図４〕書写間隔

尹属之」と書かれている。

一三七号簡の背面の空白の状況には異なるところがある。この竹簡は上から詰めて「以致命於子左尹」の七字が書かれ、二・五センチメートルの空白の後、続けて「致命」の内容が書かれている。これは字配りの必要性からかもしれない。

包山卜筮禱祠簡の中で、間隔を空けて書写されたものは、ほぼすべてが補充的な説明である。二〇四号簡は主体部分の下に約五・五センチメートルの空白の後、「応会占之曰吉。至九月喜爵立」と書かれている。また、約六センチメートルの空白の後、「凡此敝也、既尽逘」と書かれている。二一一号簡は主体部分の後に約二〇センチメートルの空白を空け、「三歳無咎、有大喜、邦知之」と書かれている。二一五号簡は主体部分の後に約六センチメートルの空白を空け、「太・侯土・司命・司禍・大水・二天子・危山皆既成」と書かれている。さらに、約一八センチメートルを空けて「期中有喜」と書かれている。注目すべきは、類似の内容でも、間隔を空けずに、主体部分と続けて書かれている例もあることである。たとえば二〇〇号簡の「占之吉」以後の語句、二〇八号簡の「占之曰吉」以後の語句がそれである。このことから、補充説明の際に間隔を空けるかどうかは、かなり随意に行われていることがわかる。

典籍簡については、『老子』甲組を例にすべきであろう。ここには間隔を空けて書写されているものが二度出現する。すなわち、一八号簡の中に一度、三五号簡の中に一度である。この二箇所の間隔は、今本と比べると、いずれも二つの章の間に位置しており、しかもすべてに通常分章〔章の区切り〕を示す墨塊《ぼっかい》がある。このような間隔は、当然、分章と関連していると言える。問題は、『老子』甲組の中には多くの箇所に分章の墨塊がありながらも、今本に対応する分章の部分にこのような間隔がない、ということである。また、他にも五箇所、墨塊・墨鉤の後に竹簡自体に空白があって書かれていないものがある。おそらくこの二箇所の書写間隔は、上下の簡文の区分・間隔の上で〔二つの竹簡の簡文の分章に関する意味は〕、続けて書かれるものに比べて強く、簡尾を留白とするものよりも弱いと見なすことは難しい。これも間隔を空けるかどうかが随意に行われていることを反映している〔図4〕。

（三）補写と改写

補写とは、テキストが書き終わった後に、脱落している内容を補って入れることである。一般的に、脱漏がある箇所に小さな文字で挿入されている。郭店楚簡『老子』甲組三七号簡の「生於有、生於亡」の「亡」、『五行』四号簡の「徳四行和謂之善」の「之」、同篇四四号簡の「謂之尊賢」の「之」、『成之聞之』一八号簡の「反此道也」の「也」、上博楚簡『緇衣』一一号簡の「未見聖如其弗克」の「其」、同篇一三簡「慈以愛之」の「以」、『周易』五四号簡「其躬亡咎」の「咎」、『彭祖』四号簡の「夫子之徳登矣」の「之」、『競公瘧』二号簡の「亡」、『呉命』八号簡の「左右」は、ほぼこの例である。それ以外に、包山四四号簡の中の「十月」の二字の合文、六〇号簡の「十月辛未」の「辛」、二〇一号簡の「尚毋又（有）咎」の「又」、二〇七号簡の「説之」の「之」は、位置あるいは大小から見ると、おそらくこれらもすべて補写の字である。前述の上博楚簡『緇衣』一一号簡の中の「其」の字は「如」の字の右下に書かれており、『競公瘧』二号簡の「亡」の字は「吾」の字の下に書かれており、その後ろにはいずれも二つの点が打たれており、これは誤解を避けるために付け加えられた合文符号である。

時には、補わなければならない字数が比較的多く、表面《おもてめん》に収めることができないことにより、背面の対応する位置に書かざるを得ない場合がある。郭店楚簡『緇衣』四〇号簡の背面には「苟有言、必聞其声」の七字があり、最も上の一字「苟」は、表面の「人苟有行、必見其成」の「人」「苟」の二字の間の位置に対応している。上博楚簡『緇衣』や今本『緇衣』と対比すると、背面の七字は表面の「人」「苟」の二字の間に挿入すべきであることがわかる。『語叢（四）』二七号簡の背面の上端の「亡及也已」の四字は、二七号簡の表面の文字に続けて書かれているものである。また、この竹簡の背面の下端には「内之又内之、至之又至之」の一〇字がかなり密集して書かれている。文義を探ると、この二つの句は表面の「視朝而入」と「之至而」の中に挿入すべきである。そのうち表面の「之至而」の中の「之」あるいは背面の最後の一字の「之」は衍文であろう。(17) 上博楚簡『鬼神之明』二号簡の表面の「乱邦家」の下には、「━」の標識があり、背面の対応する箇所に「是以桀折於鬲山、受首於岐社」と書かれている〔図5〕。

削刀《さくとう》は簡冊が用いられていた時代の常用の道具であり、書き誤った場所を削り去るために用いる。信陽長台関第二組簡は、報告では、「ある簡の上には刀で削られた痕がある。たとえば標本二－〇二八は、中間は数字分が削り去られ、あるものは三、四字分が削り去られ、あるものは簡の下半分が削り去られている」と言っている。(18) 郭店楚簡『五行』一〇号簡は一枚の整簡である。この簡の書写の風格は一一号簡の上段の残片上のものと同じであり、一一号簡の中下段の残片を含むその他の部分と異なっている。このような状況を引き起こす原因としては、一〇号

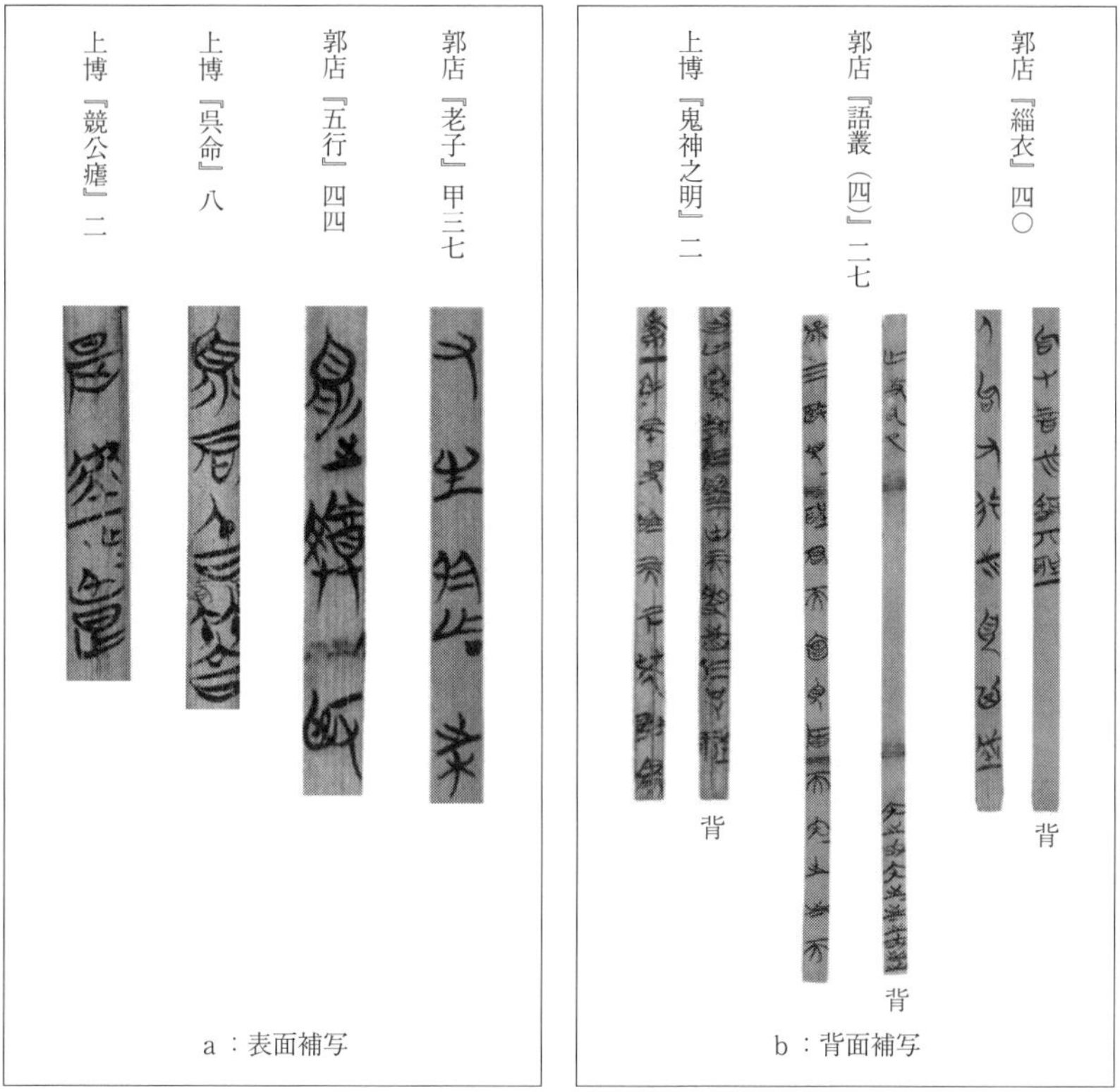

〔図5〕補写と改写

簡と一一号簡の上段が誤って書かれ、削除して書き改められたという可能性が考えられる。一〇号簡は簡を換えて再び抄写されたものである可能性があり、削除して再び書かれたものである可能性もある。一一号簡は上段を削除して再び書かれたものである。上博楚簡『性情論』の整理者は、「簡いっぱいに書写されているもの〔満写《まんしゃ》簡《かん》〕は、一般的に毎簡約三六字であるが、第一簡および第四〇簡・第四一簡は、毎簡約四六字という多さである。同篇中に、字配りの字数の上下が大きい現象はあまり見かけないものであり、明らかに二回抄写してできたものである」と指摘している。[19] これも『五行』一〇号簡と類似する例である。

（四）標識符号

標識符号は、「標点符号」とも称される。現代の標点と区別するために、「標識符号」と称するのが妥当であろう。テキストの文字の補足標記として、標識符号は楚簡の中で頻繁に使用され、その意味もかなり複雑である。単独の一篇の範囲内で、筆者は包山簡の標識符号について、彭浩氏は郭店楚簡『老子』の句読と分章符号について検討を加えた。(20) また、林素清氏は楚簡の符号を全面的に整理した。(21)

1. 句読符

句読《くとう》とは古代の人々が閲読する際に息つぎをする（区切る）ところにつける標識である。『礼記』学記に「一年に経《けい》を離《はな》し志《し》を弁《べん》ずるを視る」と言い、その鄭玄注に「経を離すとは、句を断《た》ちて絶するなり」とある。つまり、語句を分離して、区切るべき所で区切ることである。楚簡の中には句読を示す符号が以下の三種ある。

甲、点状符号（水平あるいは斜めの小点で、「▬」「、」と書かれる）

この符号は出現頻度が比較的高く、通常、区切る際の標識として、簡書の中間部分あるいは末尾につけられる〔用語25〕。たとえば包山一二〇号簡には、次のように書かれている。

周客監固蹠楚之歳享月乙卯之日下蔡蕁里人余猬告下蔡□執事人昜城公瞿睪▬猬言謂邦拳竊馬於下蔡而價於昜城▬又殺下蔡人余睪▬小人命為晉以伝之▬昜城公瞿睪命倞邦解句伝邦拳得之▬

郭店楚簡『語叢（四）』には、次のように書かれている。

言以殆▬情以旧▬非言不讎非徳亡復▬言而苟墻有耳▬往言傷人来言傷己▬

乙、塊状符号（■）

この符号は通常、章を分けることを示すが（後の篇章符の項を参照）、時には句読を表すこともある〔用語25〕。たとえば『老子』甲組一～二号簡には、

絶知棄弁民利百倍■絶巧棄利盗賊亡有■絶偽棄慮民復季子■三言以為史不足或令之或乎属■視素保僕少私寡欲■

と書かれている。最後の一つが分章符号と見なせることを除き、その他はいずれも文の区切りを示している。

これらの句読符号が加えられた箇所では、すべて区切って読むことができる。これは今日の閲読の習慣から見ているものであるが、ある文はさらに区切ることもできる。注目すべきは、区切るべきであっても句読符号が示されていないという状況がかなり普通であるということである。『老子』甲組の中で、後文は改めて点状符号を用いて区切りを示しているが、出現頻度はかえって低いことが多い。また、包山文書簡一二六～一二七号簡や上博楚簡『周易』の中には句読符号がない。

2. 重合符

重合符《じゅうごうふ》とは、重文《じゅうぶん》・合文《ごうぶん》符号を指し、二短画（〓）あるいは一短画（▬）で書かれる。この符号は西周・春秋期にはすでに普通に使用され、(22) 楚簡はこの伝統を引き継いでいる。

甲、重文

重文を示している場合には、その符号がついている文字を繰り返し読む必要がある（用語26）。つまり、二回読むのである。具体的には、次のような状況がある。

一字重複。たとえば、郭店楚簡『性自命出』三四～三五号簡の「喜斯慆━斯奮━斯咏━斯猷━斯舞━喜之終也」、および『太一生水』一号簡の「太一生水＝反薄太一是以成天＝反薄太一是以成地」は、それぞれ「喜斯慆、慆斯奮、奮斯咏、咏斯猷、猷斯舞。舞、喜之終也」、「太一生水、水反薄太一、是以成天。天反薄太一、是以成地」と読むべきである。

二字重複。『太一生水』二号簡には「是以成神＝明＝復相薄也是以成陰＝陽＝復相薄也是以成四＝時＝」と書かれており、これは、「是以成神明。神明復相薄也、是以成陰陽。陰陽復相薄也、是以成四時。四時……」と読むべきである。

多字重複。包山文書類一五～一六号簡には「僕以告君＝王＝属僕於子＝左＝尹＝属之新造卜尹丹命為僕至典」と書かれており、前の部分は二字、後ろの部分は三字が重文になっている（つまり、「僕以告君王、君王属僕於子左尹、子左尹属之新造卜尹丹、命為僕至典」と読む）。郭店楚簡にはさらに多くの重文が同じ箇所に出現していることがあり、たとえば『五行』二〇～二一号簡には「不＝智＝不＝仁＝不＝安＝不＝楽＝亡徳」と書かれており、これは「（この上文は「不聡不明、不聖不智、」）不智不仁、不仁不安、不安不楽、不楽亡徳」と読むべきである。

乙、合文

合文を示している場合には、合わせて書かれた文字を分けて読む必要がある（用語27）。合文が書かれるものは通常、数量詞や「之」字と相連なる語、およびいくつかの習慣語である。たとえば「二十」「三十」「之歳」「之月」「之日」「之所」、および「大夫」「君子」「小人」「日月」「孔子」「社稷」などである。(23) 一つの短画のみを用いて合文符号とするものは、たとえば郭店楚簡『尊徳義』二五号簡の中の「小人」、『性自命出』二〇号簡の中の「君子」、『六徳』四号簡の「土地」である。

特殊な状況として、時には合文符号が完全に省略されている例もある。たとえば包山三号簡の中の「一夫」、郭店楚簡『忠信之道』五号簡の中の「君子」である。おそらくこれは人々が熟知している言葉であるため、合文符号で示さなくても、誤解を引き起こすことがないからであろう。

重文か合文かは、時には判断しがたい。たとえば上博楚簡『顔淵問於孔子』九号簡の「能=」は、整理者は重文であると見なしているが、筆者は「以能」の合文ではないかと疑っている。(24)

3．篇章符

篇章符は一章一篇の末尾につけられ、篇や章の終わりを示している。使用される符号は以下の三種である。

甲、鉤状符号（∨）

一篇の最後に用いられ、本篇の文章がここで終わることを表している（用語28）。たとえば郭店楚簡『成之聞之』四〇号簡、『六徳』四九号簡、上博楚簡『性情論』四〇号簡、『民之父母』一四号簡、『昔者君老』四号簡、『彭祖』八号簡などである。『恒先』一三号簡の最後の符号（▼）は規範に合わないが、この類に繰り入れるべきものであると考えられる。

郭店楚簡『老子』甲組と『性自命出』は、いずれも鉤状符号が二度出現する。そのため、これらは二つの篇に分

けるべきであるという意見も出されている。(25)

乙、塊状符号（■）

塊状符号は章を分ける際に多く用いられ、篇を分ける際にも用いられる〔用語25〕。

郭店楚簡『老子』甲・乙・丙組、『緇衣』、『五行』などでは、この分章符号が普通に使用されている。そのうち最も典型的な例は、『緇衣』であろう。文中には二三個の墨塊が書かれており、その内容は基本的に〔伝世文献の『礼記』の〕「緇衣」の章の分け方と一致する。また、篇末には「二十又三」という提示語が書かれており、つまり当該篇は合計二三章ということである。これらの分章符号は、章数を合計する際に役立つものであると考えられる。曾侯乙墓竹簡はしばしば、各車両に関する記載の末尾にこのような符号が加えられており、典籍簡の中の分章符号の意味と類似している。

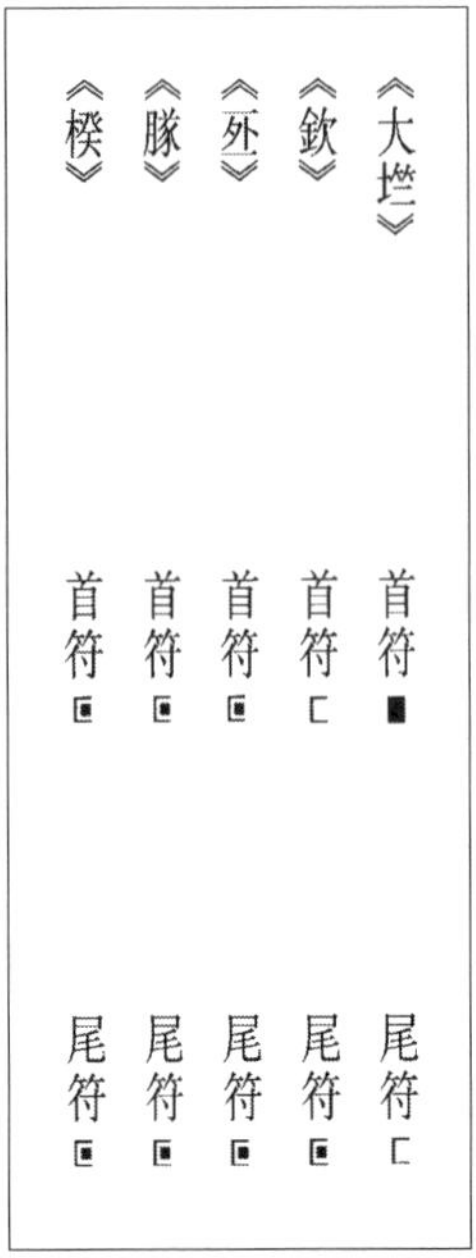

〔図6〕上博楚簡『周易』符号の例（馬承源編『上海博物館蔵戦国楚竹書（3）』、上海古籍出版社、2003年版、257頁）

塊状符号の中でも、上博楚簡『周易』の例は非常に珍しい。整理者によると、ここで用いられている塊状符号は赤と黒の二色であり、赤の単色、黒の単色と赤・黒を組み合わせたものが全部で六種ある。その位置は各卦の最初の簡の卦名の下、および末尾の簡の最後の字の下である。整理者はこれらの符号の意味について非常に詳しく解き明かしており、以下のように考えている。赤色の四角は、陽が盛んであることを意味する。盛んな状態がきわまれば必ず反して赤陽の中に黒陰が生まれる（赤い匚の中に小さい黒塊が書かれている）。黒色の四角は、黒陰が盛んできわまっていることを意味する。黒陰の中に赤陽が生じる（黒い匚の中に小さい赤塊が書かれている）、など(26)（図6）。また、長沙子弾庫楚帛書中には、黒い囲み（□）の中に赤塊があり、それを分章符号としている例がある(27)。これらを対照させると、楚地はこのような赤と黒を組み合わせた塊状符号を使用して神秘的色彩を帯びさせているのかもしれないが、その基本的な用途はおそらく黒色の塊状符号と同じであろう。

郭店楚簡『緇衣』は、最後の一章の末尾にも篇末の塊状符号が用いられている。このような場合、この符号は篇と章の末尾であるという二重の標識を兼ねている。実際、塊状符号が篇末の標識として用いられているものは少なくない。郭店楚簡『老子』丙組、『太一生水』、『魯穆公問子思』、『窮達以時』などの篇末には、すべてこの符号が書かれており、篇末の標識として用いられている。

丙、条状符号（▬）

この符号と塊状符号とはその機能が類似しており、やや幅が狭く、細長い形である（墨節とも言う。用語29）。条状符号はしばしば篇末に用いられ、篇の終わりを示している。たとえば、郭店楚簡『唐虞之道』二九号簡、上博楚簡『緇衣』二四号簡などである。また、この符号は章を分ける際にも用いられる。比較的適切な例としては、上博楚簡『性情論』二一・三一・三五号簡にそれぞれ一つ、三九号簡に二つあり、これらはすべて章を分けることを示していると考えられる。

さらに、その条状符号が章を分けるのか篇を分けるのか、容易には判断しがたい場合がある。郭店楚簡『六徳』二六・三三号簡にはそれぞれ条状符号が一つある。裘錫圭氏は二六号簡の符号の前の数文字を篇題と解釈しており(28)、このことは裘氏がこの符号を篇を分ける標識と見なしていることを意味する。一方で、これらは実は分章符号と考えるべきであると指摘する学者もいる。[29] 上博楚簡『孔子詩論』の一号簡の条状符号については、整理者は「篇を分けるための隔離記号、あるいは長い段落を分けるための隔離記号である」と考えている。[30] また、ある学者はこれは分章符号ではないかと疑っている。[31]

丁、点状符号（▬）

上博楚簡『緇衣』では、通常、句読の符号である点状符号によって章を分けている。全篇において、点状符号は重文・合文と章を分ける場合のみに用いられ、句読の箇所には加えられていない。それゆえ各章の間は、はっきりと区別があり、誤解を生じるようなことはない。[32]

前述の状況とは異なり、分章符号が全くない竹書もある。郭店楚簡『忠信之道』は「如此也」（九号簡）の三字で篇が終わり、その後は半分以上が空白で、何の符号も書かれていない。『語叢（四）』の篇の末尾は二七号簡の背面の上部にあり、ここにも何の符号もない。

4．提示符

一般的な意味では、あらゆる標識符号はすべて提示符であるが、ここで言う提示符とは、前述の三種の内容以外の標識符号を指す。

甲、人名・地名の提示（▬）

包山文書簡の中には、人名の後にしばしば点状符号が加えられており、人名を提示するのに用いられている。以下は九一号簡の文である。

九月戊申之日佶大列六令周殺之周雁訟付挙之関人周瑶周敓▬ 謂葬於其土▬ 瑶▬ 敓▬ 与雁▬ 成唯周𨙸之妻葬焉▬

この箇所の「周敓」「其土」と「葬焉」の後の点状符号は、前述の句読の標識である。そして、「瑶」「敓」「雁」の三字の後の点状符号は、人名の標識であり（瑶・敓・雁とは、すなわち前文で言及している周瑶・周敓・周雁である）、区切って読むことはできない。おそらくこの箇所は、三人の姓を省略して、その名を直接書いているため、標識を加えて誤解を免れるようにしたのであろう。

類似の状況は、包山文書簡の中にも見られる〔傍点部分が人名〕。

随得▬ 受幾（二四号簡）

登敢▬ 以廷（三八号簡）

宋勑▬ 以廷（五一号簡）

得之於搢▬ 之室（九二号簡）

右司馬適▬ 命左令𩳁▬ 定之（一五二号簡）

この符号は、まれに地名の下にも用いられ、地名の標識符号となる。たとえば以下の二簡には、

爨月辛酉之日滕敓之米邑人走仿鄧成訟走仿呂□以其敓湶汸▬ 与爾沢▬ 之故▬ （一〇〇号簡）

甲辰之日小人之州人君夫人之敀愴▬ 之宿一夫逸趣至州巷（一四一～一四二号簡）

と記されている。「淥汸」「爾沢」「吱愴」の後の点状符号は、いずれも区切って読むものではなく、地名の標識である。

乙、欠字の提示（▬）

郭店楚簡『老子』甲組七・八号簡の「其事好還」は、もともと「還」の一字を脱しており、乙組六号簡の「是謂寵辱若驚」は、もともと「若」の一字を脱している。この二つの脱字の箇所にはそれぞれ点状符号が書かれており〔「其事好▬」、「是謂寵辱▬驚」〕、裘錫圭氏は「校読者が加えたものであり、この箇所は一字を脱していることを示しているのかもしれない」と指摘している。(33)『語叢（四）』二七号簡の「視朝而内」の下の点状符号もおそらく脱字を示しており、背面の下端の一〇字〔「内之或内之至之或至之」〕は脱字を補ったものである。(34)

丙、分欄の提示（一）

分欄〔段組み〕の箇所にも、通常、分欄の標識として条状符号が書かれている。本節（五）において提示している分欄の例は、ほとんどがこの符号を用いて上・下の欄に分けられている。

丁、記載の種類の提示

曾侯乙墓竹簡の中には、楕円あるいは円形の符号があり、多くが車に関する記載の冒頭部分に用いられている。その位置は固定されておらず、あるものは御者の名前の下に書かれており、たとえば一二七号簡には「裘定●馭左殿」とある。あるものは御者の名前の中間に書かれており、たとえば二二号簡には「裘●定所馭左殿」とある。あるものは御者の官名の中間に書かれており、たとえば一八号簡には「中●獣令巙所馭少広」とある。あるものは御者の官名の前に書かれており、たとえば五七号簡には「●新宮令欹駁公左□」とある。あるものは車名の前に書かれており、たとえば一号簡には「右令建所乗●大旆」とある。あるものは車名の中間に書かれており、たとえば五〇号簡には「新●安車」とある、など。(35)

戊、統計語の提示

曾侯乙墓竹簡の中には、ある種の記載の後にしばしば統計語〔集計に関する字句〕が出現し、記された物品について統計が加えられている。(36) これらの統計語の前には、一般的にすべて塊状符号が書かれている。例えば、次のようなものである。

■二乗路車（一一六号簡）

■凡広車十乗又二乗……（一二〇号簡）

■大凡四十乗又三乗。（一二一号簡）

■大凡六十又四真。（一四〇号簡）

■凡大官之馬十乗。（一五九号簡）

簡冊を閲読する際に、最も注意しなければならないことは、前述の甲・乙・丁の三種である。すなわち人名・地名やある種の記載を提示する符号は、しばしば句の末尾にはないため、区切って読んではいけない、ということである。欠字を提示する符号は、仔細に見分けて推察する必要がある〔図7〕。

西周・春秋期の金文と比較すると、戦国楚簡の標識符号は非常に豊富であり、それぞれの符号の形態と使用する場所にもある程度の規律があり、閲読・理解する際の一助となる。ただし、当時の符号の体系はまだ成熟しておらず、これについては主に三つの点を指摘できる。（1）どのような場合に符号を使用するのかという規定がない。（2）一種類の符号が、しばしば数種類の働きを兼ねている。（3）一種類の働きが、しばしば数種類の符号を兼ねている。簡冊を閲読する際には、必ず種々の複雑な要因を十分考慮し、各種符号の適切な意味を推考して、正確に理解しなければならない。

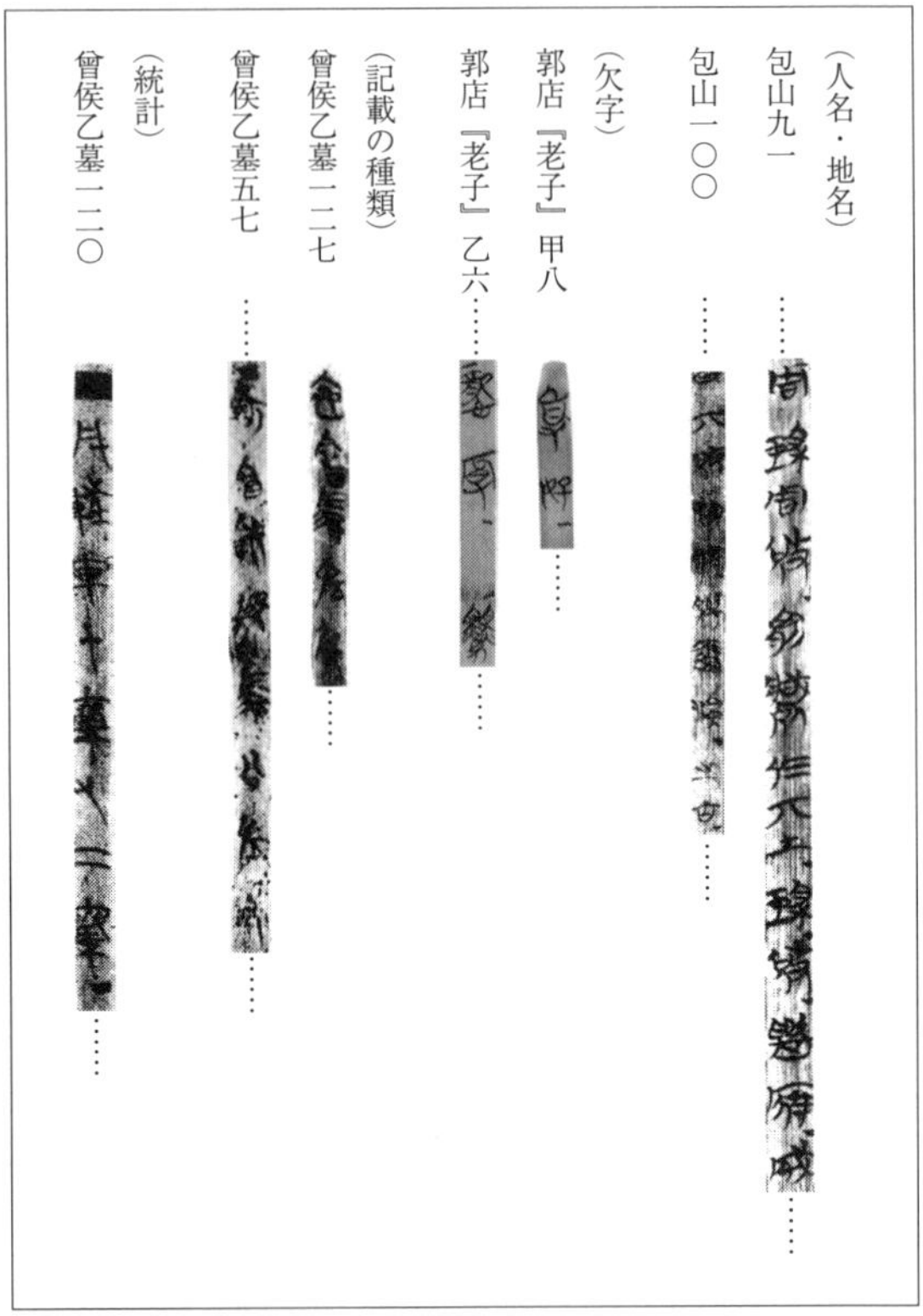

〔図7〕提示符

（五）分欄と表

分欄の書写は、一本の竹簡を上から区切って部分ごとに分け、文字の書写および閲読の際には、各欄の中で右から左に向かって進んでいく〔用語23〕。この状況は、包山楚簡、九店楚簡、郭店楚簡の中に見られる。分欄の箇所は通常、墨線を用いて仕切られている。

包山簡一一六～一一九号の四簡は、いずれも某地の某官員が某地で貸し付けたということを記した記録である。中間には横線が加えられており、上下二欄に分けて書写されている。たとえば一一六・一一七号簡は、次のように分けて書かれている。

鄝莫囂邵歩・左司馬旅殹為鄝貸戉異之金七益。一　且陵工尹□・□尹纆為且陵貸貸戉異之金三益間益。〔116〕
羕陵工尹快・喬尹□為羕陵貸戉異之金三十益二益。一　株陽莫囂寿君・安陵公□為株陽戉異之金五益。〔117〕

この状況では、先に「一」で区切られた上欄を右から左に読んでから、再び下欄を右から左に読むべきである。原釈文では一本ずつを上から下まで読み、またこれによって関連する一〇五～一一四号簡（鄝・且陵・羕陵・株陽）を配置しているが、おそらく不正確である。

九店楚簡の一三～二四号簡、二五～三六号簡、三七～四〇号簡には、いずれも分欄が見られる。一三～二四号簡は上下二つの欄に分け、上欄は月ごとに、十二ヶ月のどの一日が「建日」であり、どの一日が「陥日」であるかを記述している。下欄は「建日」「陥日」などの十二種の日辰〔天干地支〕の宜忌〔適切な日と避けるべき日〕を分けて記述している。三七～四〇号簡には、次のように記されている。

【凡春三月】、甲・乙・丙・丁不吉、壬・癸吉、庚辛成日。一　凡五子、不可以作大事、不城、必毀、其身又大咎。□〔37〕
【凡夏三月】、丙・丁・庚・辛不吉、甲・乙吉、壬・癸成日。一　其身、長子受其咎。凡五卯、不可以作大事、帝以命〔38〕

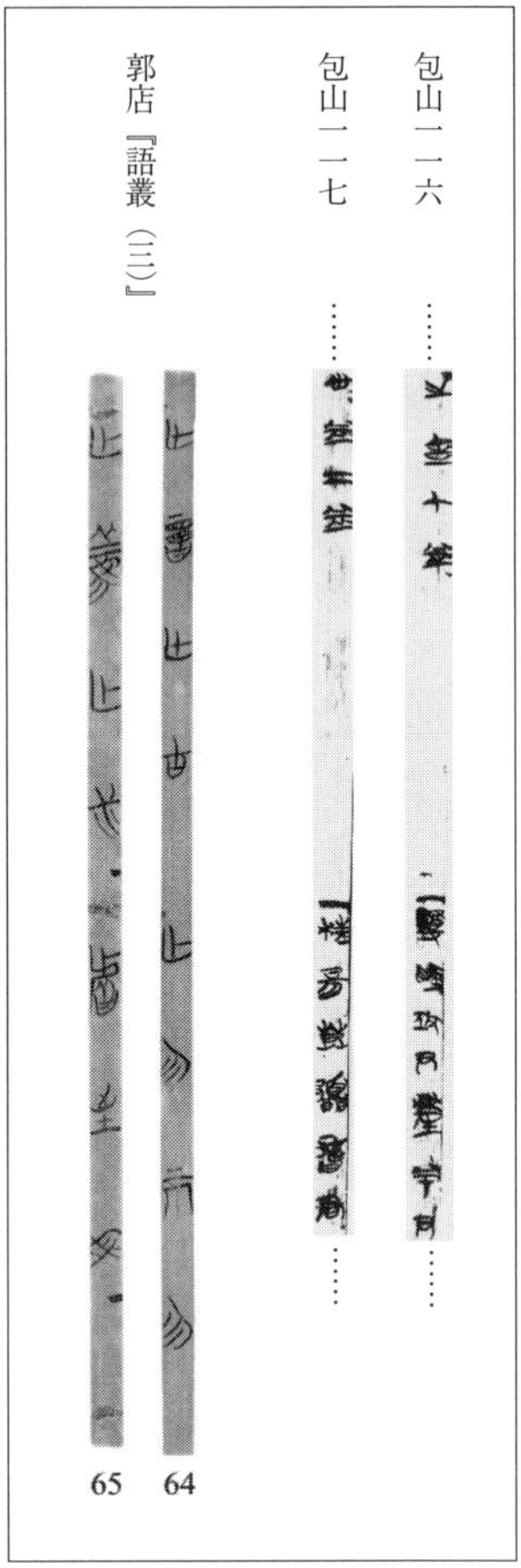

〔図8〕分欄

凡秋三月、庚・辛・壬・癸不吉、丙・丁吉、甲・乙成日。一　益済禹之火。午不可以樹木。凡五亥、不可以畜六牲〔39〕

凡冬三月、壬・癸・甲・乙不吉、庚・辛吉、丙・丁成日。一　擾。帝之所以戮六擾之日。〔40〕

これと関連して、四一～四二号簡は通欄〔全段抜き〕で成日・不吉日・吉日の宜忌が書かれており、明らかに三七～四〇号簡の上欄と続けて読むことができ、一篇を構成している。また、三七～四〇号簡の下欄の文は別の一篇となっている。

郭店楚簡『語叢（三）』の中にも、分欄の書写がある。そのうち六四～六五号簡は以下のように分けて書かれている。

亡意亡固　亡物不物〔64〕

亡我亡必　一　皆至焉　〔65〕

六四号簡の「亡固」の下には二つに仕切る符号が見られないが、下側の文字との距離が比較的大きい。『論語』子罕篇に、「子は四を絶《た》ち、意毋《な》く、必毋く、固毋く、我毋し（子絶四、毋意、毋必、毋固、毋我）」と言い、簡文はこの語と対応している。このことから、この二簡はいずれも分欄であり、分けて読むべきであることがわかる。

前述の分欄の現象は、さらに細かく二種類に分けられる。一つは、比較的整った分欄であり、たとえば包山簡一一六～一一九号簡や郭店楚簡『語叢（三）』六四～六五号簡のようなものである（図8）。もう一つは、整っていない分欄であり、たとえば九店簡三七～四二号簡のようなものである。三七～四〇号簡の下欄の文字は、おそらく補足・説明しているものであり、閲読の際には特に注意が必要である。

表は、特殊な分欄の一種であると見なすことができる。九店簡の日書二五～三六号簡にその例が見える。全文は上下二つの大欄に分けられ、上欄の中にも一二個の小欄があり、一欄ごとに繰り返し地支（十二支）の名が書かれている。下欄は「是謂」の二字の後ろに、「結日」「陽日」「交日」などの十二日の名を書き連ねており、その下はこれらの日名の宜忌である。内容が類似する睡虎地《すいこち》秦簡の日書甲種の『除』と対照させると、この九店簡の日書の前には竹簡がもう一つあり、上から下に向かって（通欄で）楚の月名が記載されていることがわかる。それを閲読・使用する際には、先に月名を調べ、その後に左に向かって地支を調べ、そして下の対応する日名と宜忌を見る。たとえば「荊夷寅、是謂結日……」、「夏夷辰、是謂陽日……」などである。

（十八）篇題と提示語

篇題とは、文献の題目のことである。楚簡冊の文書類、喪葬類、典籍類のいずれにも篇題が見つかっている。

包山文書簡の中で、三三号簡の背面には「受幾」の二字が書かれており、これは「受幾」類簡の篇題である。八四号簡の背面には「疋獄」の二字が書かれており、これは「疋獄」類簡の篇題である。包山文書簡にはまた二枚の竹簡の表面に、わずか二、三字が書かれているものがある。たとえば一号簡には「集箸」の二字が書かれており、一四号簡には「集箸言」の三字が書かれている。これらは整理者も篇題であると見なしており、この見解は問題がないと考えられる。ただし、明らかな証拠があるわけではなく、この二箇所の篇題と対応する竹簡は甚だ確定しがたい。

喪葬類簡の篇題は、曾侯乙墓竹簡の一箇所のみに見える。すなわち一号簡の背面に書かれている「右令建馭大旆」である。

上博楚簡には、篇題があるものもある。たとえば第二分冊の「子羔」と「容成氏」、第三分冊の「中弓」(仲弓)と「亘先」(恒先)、第四分冊の「内礼」と「曹沫之陳」、第五分冊の「競建内之」と「鮑叔牙与隰朋之諫」(37)、第六分冊の「競公瘧」と「荘王既成」、第七分冊の「凡物流形」と「呉命」、第八分冊の「命」と「王居」である。

清華簡の状況もこれに類似している。第一分冊の九篇の中で篇題があるものは、「耆夜」、「周武王有疾周公所自以代王之志」(この篇は伝世本「金滕」(『尚書』)である)と「祭公之顧命」である。

郭店楚簡には、上博楚簡や清華簡のような明確な篇題はない。そのうち『五行』一号簡の冒頭の「五行」の二字は、ある学者は篇題であると見なしている(38)。馬王堆帛書『五行』にはこの二字はない。篇題である可能性はあるが、簡文の中のこの二字は本文と続けて書かれており、互いに区別がなく、篇題であるかどうかはまだ断定しがたい。

李零氏は、「簡文の篇題には首題と尾題があり、上博楚簡の首題は多くが二番目の簡の背面にあり、尾題は多くが後ろから数えて二番目の簡の背面にある」と指摘している(39)。その後、彼はさらに「古典籍の篇題は、発見された出土物から見ると、多くが巻首から二番目の簡あるいは三番目の簡にあり、あるいは巻尾から二番目の簡あるいは三番目の簡にある。前者は後ろから前に向かって巻かれ、巻首が外側に露出し、巻尾は内側に収まっている。後者は、前から後ろに向かって巻かれ、巻首は内側に収まり、巻尾が外側に露出している」と述べている(40)。曾侯乙墓竹簡の篇題は、冒頭の簡の背面に書かれている。上博楚簡の篇題の中で、『恒先』の篇題は三番目の簡の背面に書かれている（全一三簡）。「容成氏」の三字は『容成氏』の五三番目の簡の背面に書かれており、整理者である李零氏は、これは「後ろから数えて二番目・三番目の背面である」と推算している(41)〔図9〕。『容成氏』には、三代〔夏・殷・周〕の事が述べられており、該当する竹簡はすでに周の武王が殷を滅亡させたことを記載しているので、この推測はおそらく従うべきであると考えられる。しかし、上博楚簡のその他の二つの篇題の状況は、かなり複雑である。「子羔」の二字は、原釈文によって数えると、五号簡の背面に書かれている（全一四簡）。李零氏はこの簡の順序は三番目であると推測しており(42)、林志鵬氏はこの簡は後ろから三番目の簡であると推測している(43)。本篇は竹簡の残欠がかなり深刻であることにより、現時点では確定しがたい。「中弓」の二字は、原釈文の順序によると、一六号簡の背面に書かれている（全二八簡）。陳剣氏、黄人二氏、林志鵬氏が調整したテキストでは、この簡は後ろから

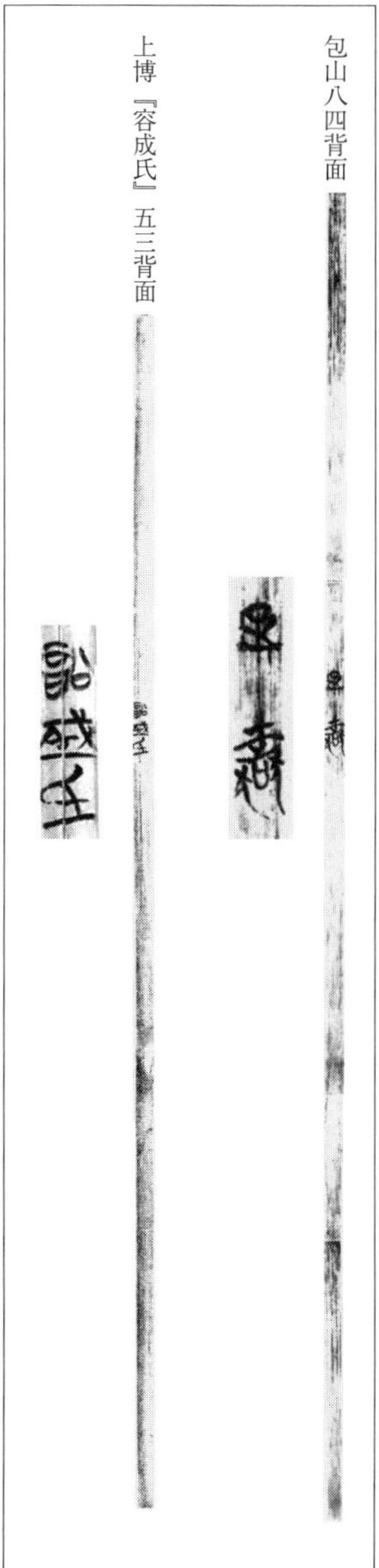

〔図9〕篇題

数えて三番目の簡であると見なしている。(44) 同様に、竹簡が残欠していることにより、この調整も確証が得られない。上博楚簡の「鮑叔牙与隰朋之諫」は、単独で一枚の竹簡の表面に書かれており、清華簡の「祭公之顧命」は最後の一枚の簡（二一号簡）の表面の下部に書かれており、さらに特殊な状況である。

包山簡の「受幾」「疋獄」の二種の篇題の位置も理解しにくい。簡文の期日によって推測すると、「受幾」の篇名が書かれている三三号簡は、「受幾」類の一五番目に位置し、「疋獄」の篇名が書かれている八四号簡は「疋獄」類の六番目に位置する。すなわち、それらは該篇の最初の数枚ではなく、該篇の最後の数枚でもなく、常識的な角度から理解している篇題の位置とは合わない。

以上を総合すると、楚簡の中で篇題があるかないかは、規定がないようである。その位置は、多くが篇の最初の数枚あるいは最後の数枚の背面であるが、例外もある。

出土文献の篇題の由来については、李零氏は「その題目を作成する方式にも二種があり、一つは篇の冒頭の語を取ったもの、もう一つは内容を要約したものであり、前者のほうが普遍的である」と指摘している。(45) これはおおむね信用できる。上博楚簡の『恒先』は、冒頭の二字（「亘先」）を取っている。『仲弓』は、冒頭句の五番目・六番目の二字（「中弓」）を取っている。『容成氏』は、おそらく残欠した冒頭簡のはじめの三字（「容成氏」）を取っている。(46)「子羔」の名の由来も例外ではなかろう。包山簡の中の二つの篇名については、「受幾」は『受幾』類簡の中の二つのキーワードを取っており、「疋獄」は『疋獄』類簡の趣旨を概括したものである。(47) ただ曾侯乙墓竹簡の篇題（「右令建馭大旆」）の由来は、決して冒頭部分の背景を説明した言葉ではなく、その後ろの本文のはじめの句、つまり「右令建所乗大旆」から選んで取られたものである。その中の五番目の字（「乗」）は、類義語の一つ（「馭」）に改められている。

喪葬簡冊の中では、また提示語がかなり多く使用されている。たとえば包山二六七号簡は「大司馬悼滑救郙之歳享月丁亥之日、左尹葬、甬（用）車」と言う。その後ろには具体的な車の状況を記載している。これはいずれも喪葬の車に関する導入の言葉であり、すべての簡冊が導入の言葉である可能性すらある。また、二五五号簡の「食室之食」、二五九号簡の「相徙之器所以行」、二六五号簡の「大卯（庖）之金器」は、場所や用途に分けて副葬品を記載したものである。類似の状況は、信陽簡や望山簡の中にも見られる。たとえば信陽二－〇二二の「集脰（厨）之器」、二－〇一八の「楽人之器」、望山二号墓一号簡の「☑周之歳八月辛□之日、車与器之典」などである。

一篇あるいは一章の最後に、統計の性質を備えた結びの語が使用されていることがある。郭店楚簡『緇衣』の最終簡には、全篇の章数を示す「二十又三」〔全二三章の意〕という語が書かれている。曾侯乙墓竹簡の第一類簡の最後（一二二号簡）には車の総計を示す「大凡四十乗又三乗。至紫（此）」〔全四三乗の意〕という語が書かれている。第二類簡の最後（一四〇・一四一号簡）には甲冑の総計を示す「大凡六十真又四真」〔全六四件の意〕、「大凡八十馬甲又六馬之甲」〔全八六件の意〕という語が書かれている。

【注】

（1）趙超『簡牘帛書発現与研究』、福建人民出版社、二〇〇四年版、一〇七頁。
（2）浅原達郎「望山一号墓竹簡の復原」、小南一郎編『中国の礼制と礼学』、朋友書店、二〇〇一年版。
（3）上博楚簡の第四分冊の『采風曲目』は、残片が五六・一センチメートルであり、完整簡も五七センチメートル前後である。
（4）清華簡で最も短いものはただ一〇センチメートル前後しかなく、資料の公開が待たれる。
（5）二尺四寸は、もともと「二尺寸」に作るが、阮元の校訂によって改めている。
（6）周鳳五「郭店竹簡的形式特徴及其分類意義」、『郭店楚簡国際学術研討会論文集』収録、湖北人民出版社、二〇〇〇年版。
（7）受幾簡の整理者は六一枚あると見なしているが、その中の三枚は除外するべきである。陳偉『包山楚簡初探』、武漢大学出版社、一九九六年版、四七～四九頁参照。

（8）馬承源編『上海博物館蔵戦国楚竹書（一）』（上海古籍出版社、二〇〇一年版）一二一頁、李零『上博竹簡三篇校読記』（中国人民大学出版社、二〇〇七版）六頁参照。

（9）湖北省荊州地区博物館「江陵天星観1号楚墓」、『考古学報』一九八二年第一期。

（10）湖北省文物考古研究所・北京大学中文系『望山楚簡』、中華書局、一九九五年版、五頁。

（11）前掲注（2）同「望山一号墓竹簡の復原」。

（12）李天虹『郭店竹簡《性自命出》研究』、湖北教育出版社、二〇〇二年版、六～八頁。

（13）河南省文物研究所『信陽楚墓』、文物出版社、一九八六年版、六八頁。

（14）劉国勝『楚喪葬簡牘集釈』、科学出版社、二〇一一年版、二頁。

（15）包山簡の報告はすでにこの点を指摘している。湖北省荊沙鉄路考古隊『包山楚墓』（文物出版社、一九九一年版）、二六七頁参照。

（16）彭浩「『詩論』留白簡与古書的抄写格式」、「新出楚簡与儒学思想国際学術研討会」論文、清華大学、二〇〇二年三月。

（17）荊門市博物館『郭店楚墓竹簡』、文物出版社、一九九八年版、二一九頁注釈二六の裘錫圭氏の解釈参照。

（18）前掲注（13）同『信陽楚墓』、六八頁。

（19）前掲注（8）同『上海博物館蔵戦国楚竹書（一）』、二一九頁。

（20）前掲注（7）同『包山楚簡初探』、二一～二八頁。彭浩『郭店楚簡《老子》校読』、湖北人民出版社、二〇〇〇年版、四～七頁。

（21）林素清「簡牘符号試論――従楚簡上的符号談起」、『簡帛研究匯刊（第一届簡帛学術討論会論文集）』第一輯、中国文化大学史学系、二〇〇三年刊行。

（22）管錫華『中国古代標点符号発展史』、巴蜀書社、二〇〇二年版、四〇～四三頁。

（23）李守奎『楚文字編』、華東師範大学出版社、二〇〇三年版、八六五～八七七頁。

（24）陳偉「《顔淵問於孔子》内事・内教二章校読」、武漢大学簡帛網、二〇一一年七月二二日。

（25）前掲注（21）同「簡牘符号試論――従楚簡上的符号談起」。

（26）馬承源編『上海博物館蔵戦国楚竹書（三）』、上海古籍出版社、二〇〇三年版、二五一～二六〇頁。

（27）蔡季襄『晩周繒書考証』、芸文印書館、一九七二年版。

(28) 荊門市博物館『郭店楚墓竹簡』、文物出版社、一九九八年版、一八九頁注釈一五。
(29) 前掲注（6）同「郭店竹簡形式特徵及其分類意義」。
(30) 前掲注（8）同『上海博物館蔵戦国楚竹書（一）』、一二三頁。
(31) 劉信芳『孔子詩論述学』、安徽大学出版社、二〇〇三年版、一〇二頁。
(32) これは整理者の意見に従っている。『上海博物館蔵戦国楚竹書（一）』、一七一頁参照。李零氏は、「これはもともと章を分けるものではない」と言っており、点状符号が分章符号であることを否定している。「上博楚簡校読記（之二）：《緇衣》」、『上博館蔵戦国楚竹書研究』、上海古籍出版社、二〇〇二年版参照。
(33) 前掲注（17）同『郭店楚墓竹簡』、一一九頁注釈七。
(34) 林素清氏は、ここの符号は「脱文の補正を示すために用いられているもの」であると見なしている（前掲注（21）同「簡牘符号試論——従楚簡上的符号談起」参照）。
(35) 湖北省博物館『曾侯乙墓』、文物出版社、一九八九年版、四五三頁。
(36) このような語句は、整理者は「小結」と称している（『曾侯乙墓』、四五三頁参照）。林清源氏は「統計語」と称している（「曾侯乙墓簡的標題語・提示語和統計語」、「紀念甲骨文発現百周年文字学研究会」論文、静宜大学、一九九九年一二月）。
(37) この二つの篇題は非常に難解である。整理者は二篇に分けて、それぞれの篇題としている。陳剣氏は分けられた二篇は実は一篇であると指摘している（「談談『上博（五）』的竹簡分篇・拼合与編聯問題」、武漢大学簡帛網、二〇〇六年二月一九日）。この二つの篇題は段階的な区別が存在しているのかもしれない。
(38) 龐樸氏は、竹書は「自ら『五行』と名付けている」と言う。「竹帛《五行》篇比較」、『中国哲学』第二〇輯、遼寧教育出版社、一九九九年版。劉信芳氏は直接「五行」を「篇題」と称している（『簡帛五行解詁』、芸文印書館、二〇〇〇年版、五頁）。
(39) 李零「参加「新出簡帛国際学術研討会」的幾点感想」、簡帛研究網、二〇〇〇年一一月一六日。
(40) 李零「上博楚簡校読記（之一）——《子羔》篇「孔子詩論」部分」、簡帛研究網、二〇〇二年一月四日。
(41) 馬承源編『上海博物館蔵戦国楚竹書（二）』、上海古籍出版社、二〇〇二年版、一九三頁。
(42) 前掲注（40）同「上博楚簡校読記（之一）——《子羔》篇「孔子詩論」部分」。
(43) 林志鵬「戦国楚竹書《子羔》篇講疏」、二〇〇四年四月一二日、未定稿。

(44) 陳剣「上博竹書《仲弓》篇新編釈文（稿）」、簡帛研究網、二〇〇四年四月一九日。黄人二・林志鵬「上博蔵簡第三冊仲弓試探」、簡帛研究網、二〇〇四年四月二三日。
(45) 前掲注（40）同「上博楚簡校読記（之一）——《子羔》篇「孔子詩論」部分」。
(46) 前掲注（41）同『上海博物館蔵戦国楚竹書（二）』、二四九頁。
(47) 前掲注（7）同『包山楚簡初探』、四四～四五頁。

第二章　発見と研究

いわゆる「楚簡」の発見の歴史は、いつから始まるのか。二〇世紀以降の主な出土簡牘の概要を論じるのが、本章である。湖南省、湖北省、河南省などの地域別の解説に続き、現在、学界で最も注目されている「骨董市場から購入・収蔵された簡冊」、すなわち、香港中文大学購蔵竹書、上海博物館蔵楚竹書、清華大学蔵楚竹書についても触れる。また、これらの竹簡をめぐる研究の歴史が三期に分けて解説される。

中国近代史における簡牘の発見は、二〇世紀初頭のことであった。一九〇一年一月二二日、イギリス国籍のハンガリー人、マーク・オーレル・スタイン（Marc Aurel Stein）一行は、一人の村人の手中から文字が書かれた木牘を発見した。彼はこの村人をガイドとして雇い、一月二九日に尼雅《ニヤ》遺跡に到達し、その少し後に四〇枚以上の漢文の簡牘と五〇〇枚以上の佉盧文（カローシュティー文字）の木牘を発見した[1]〔図1〕。同年三月、スウェーデン人のスウェン・ヘディン（Sven Hedin）は尼雅の東側のロプノール湖北岸の古楼蘭《ろうらん》遺址において、一二〇枚以上の漢文の簡牘と大量の佉盧文の木簡を発見した。一九二六年、北平（北京の旧名）中国学術協会はスウェン・ヘディンと共同で西北科学考察団を結成し、モンゴル・甘粛・新疆・寧夏に赴いて実地調査を行い、大量の簡牘を相次いで入手した。一九三〇年、中国考古学家の黄文弼氏はロプノールの黙得沙爾（新疆ウイグル自治区の地名）などの地において、簡牘数十枚を発見した。スウェーデンの団員のフォルク・バーグマン（Folke Bergman）は額済納《エチナ》河流域の居延旧地において約一万枚の漢簡を発掘し、それは「居延漢簡」として知られている。一九四四年、一九四五年には、

〔図1a〕 **尼雅遺址出土佉盧文書**

〔図1b〕 **尼雅遺址出土木簡**（奥雷爾・斯坦因（オーレル・スタイン）著、巫新華・肖小勇・方晶・孫莉訳『古代和田——中国新疆考古発掘的詳細報告』、山東人民出版社、2009年版、図版94、図版113）

夏鼐氏・閻文儒氏が敦煌・武威〔ともに甘粛省の地名〕一帯において漢簡数十枚を発見した。

これらの漢簡が発見された地区は、中国の西北地区に集中しており、年代は漢・晋時代のものである。楚国の故地から発見された戦国簡は、この時にはまだ、人々の記憶の中に存在するのみであった。『南斉書《なんせいしょ》』文恵太子伝には、

　時に襄陽に盗みて古冢《こちょう》を発する者有り。相《あ》い伝えて云う、是れ楚王の冢なり。大いに宝物玉屐《ぎょくけき》・玉屏風・竹簡書・青糸編を獲る。簡の広さ数分、長さ二尺、皮節 新なるが如し。盗〔盗賊〕以て火を把《と》りて自ら照らす。後人 十余簡を得ること有りて、以て撫軍《ぶぐん》王僧虔《そうけん》に示す。僧虔 是れ科斗書《かとしょ》『考工記』、『周官』の闕《けつ》する所の文

なりと云う、と。是の時、州 按験を遣わし、頗《すこぶ》る遺物を得、故に同異の論有り。

と記載されている。「蝌蚪書《かとしょ》」〔＝科斗書〕とはおそらく戦国文字を指し、襄陽は春秋戦国時代に楚国の境域内に属していた。したがって、これは記録されている中で最も早くに発見された楚簡である。しかし、現代の考古学の観点から言うと、楚簡の発見は二〇世紀後半期以降のことである。その後、次々と現れて尽きないため、人々に「後来居上」〔後の者が先を追い越す〕の感を抱かせている。以下、湖南省・湖北省・河南省の順にそれぞれの楚簡を紹介し、最後に文物市場で購入し収蔵された楚簡について述べていきたい。

第一節　湖南省における発見

（一）長沙五里牌四〇六号墓竹簡

これは考古発掘によってはじめて得られた一群の楚簡である。五里牌《ごりはい》墓地は湖南省長沙市の東北に位置し〔図2〕、長沙駅のすぐ近くにある。一九五一年一〇月から一九五三年三月まで、中国科学院考古研究所は長沙で発掘調査をした。一九五二年一月、五里牌において四〇六号戦国楚墓の整理が行われた[2]。これは墓道《ぼどう》〔墓室に通じる道、羨道《せんどう》〕が一つある長方形の竪穴土坑墓《たてあなどこうぼ》〔棺が縦向きに入るよう、地面から垂直に掘られた墓穴〕であり、すでに盗掘されて

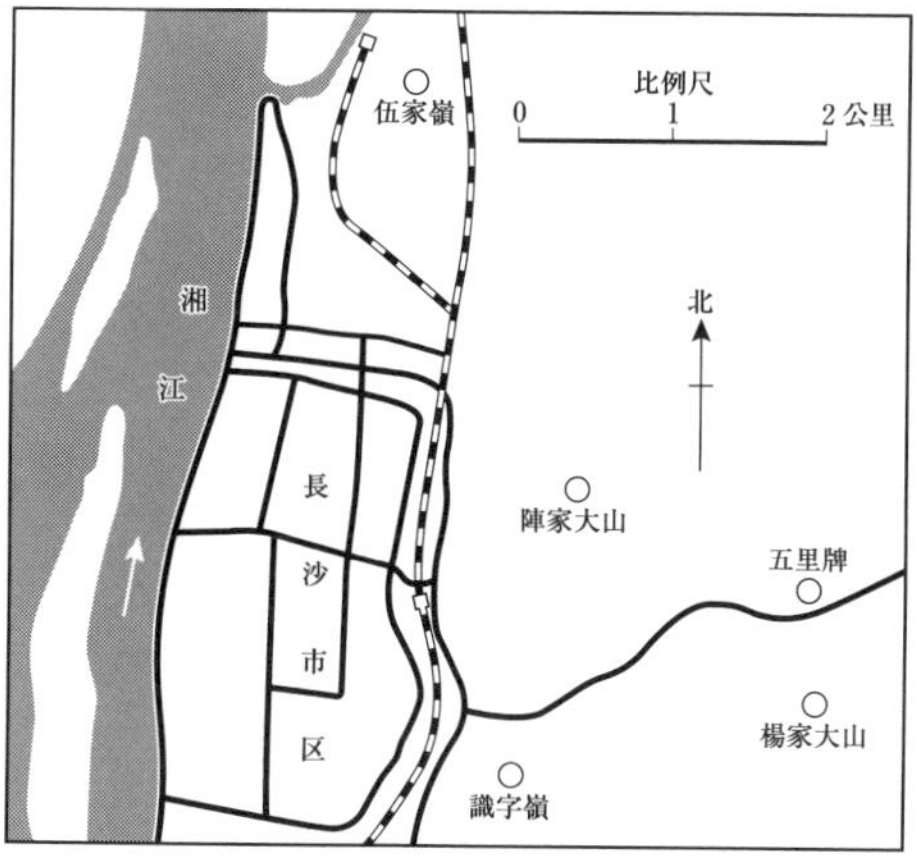

〔図2〕**五里牌406号墓地**（中国科学院考古研究所『長沙発掘報告』、科学出版社、1957年版、2頁をもとに作成。「公里」はキロメートル）

〔図３a〕**五里牌406号墓外槨・内槨、および外棺の蓋**（『長沙発掘報告』、図版貳）

〔図３b〕**外槨・内槨・外棺、および内棺の蓋**（『長沙発掘報告』、図版参−１）

〔図３c〕**内棺の中の遺骨**（『長沙発掘報告』、図版参−２）

いた。発掘時には、墓葬の封土〔墓の盛り土〕・墓坑および墓道がすでに破壊されていた〔墓葬形態については、六三頁図7参照〕。〔墓葬の向きは〕東から五度の東北東の方向である。墓坑の底部は長さ四・八メートル、幅三・七五メートル、発掘時の深さは七・五メートル。埋葬用の棺は二槨《かく》二棺《かん》〔槨は外棺、棺は内棺〕であり、槨室には水が溜まっており、内棺の中には墓主の遺骨がまだ残っていた〔図3〕。

竹簡は北槨室に置かれ、全三七枚であり、出土時にはすでに残欠していた。竹簡が出土した場所には竹笥《ちくし》〔竹製の箱〕の残片があり、竹簡の原本は竹笥の中に置かれていたと推測される。竹簡の幅はいずれも〇・七センチメートル前後で、残簡の中で最も長いものは一三・二センチメートル、最も短いものは二センチメートル。文字は竹黄面に書写され、字数は一～六字と等しくない。字跡ははっきりせず、識別できるものは器物名、数字、置かれた場所であり、おそらく喪葬記録であると考えられる。この墓には他の場所にも文字が見える。椁板の上には、「自」「自上一」「右」「自右」などの字が刻まれている（図4）。ある木俑《もくよう》の胸の前にも一、二字が書かれており、その木俑の名前であると考えられる。[3]

夏鼐氏は報告書の中で、竹簡の出土の情報を紹介し、また一枚の竹簡の写真を掲載した。[4]中国科学院考古研究所編著『長沙発掘報告』には、二一枚の竹簡の写真とすべての竹簡の模写が掲載されている。商承祚氏の『戦国楚竹簡匯編』（斉魯書社、一九九五年版）には、三七枚の竹簡の写真と模写が掲載されており、また一八枚の竹簡をつなぎあわせている。竹簡の数量については、夏鼐氏と商承祚氏は三七枚と言い、『長沙発掘報告』では三八枚という。『楚地出土戦国簡冊［十四種］』には、陳松長氏による釈文・注釈を掲載している。[5]

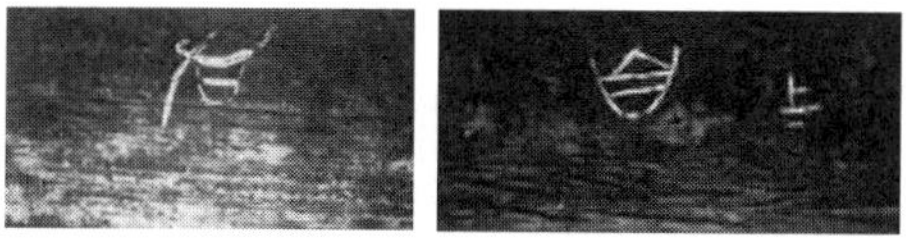

「右」（南面）　「自上一」（西面）

〔図４〕椁板の上の文字（『長沙発掘報告』、図版肆）

（二）長沙仰天湖二五号墓竹簡

仰天湖《ぎょうてんこ》は湘江の東岸、長沙市労動路の南側にある。墓葬は湖南省文物管理委員会文物工作隊によって一九五三年七月に発掘され、五三長仰M二五（新しい番号はM一六七）という整理番号がつけられている。発掘時にはすでに盗掘されていた。東から一〇度の東南東の方向で、一つの墓道があり、墓坑の底部は長さ四・四〇～四・五八メートル、幅三・一六～三・四六メートル、発掘時の深さは三・九八メートル。埋葬用の棺は二椁二棺であり、椁室の中には泥水が溜まっていた。

竹簡は北椁室から出土し、全四二枚。そのうち完整簡は一九枚あり、長さは約二二センチメートル、幅は一・二センチメートル、厚さは〇・一二センチメートル。[6]字は大きくて鮮明であり、竹黄面に書写されている。背面の竹青は削られていない。竹簡の右側には契口が二つあり、互いの距離は八～九センチメートル。内容は、喪葬記録である。

『文物参考資料』一九五四年第三期掲載の「長沙仰天湖戦国墓発現大批竹簡及彩絵木俑・彫刻花板」では、発見された竹簡は四〇枚であると言い、またこれらの竹簡の写真を附している。羅福頤氏はその後、いくつかの文字を模写した[7]。

一九五五年、史樹青氏は『長沙仰天湖出土楚簡研究』〔群聯出版社〕を出版し、そこでは四三枚の竹簡があると述べ、すべての竹簡の写真と模写を掲載した。史氏は全竹簡に番号をつけた。そのうち、一〜四〇号は『文物参考資料』上に掲載されている竹簡の順序に対応している。後の三簡は前者にはないものである。同年、饒宗頤氏も羅福頤氏が作成して陳仁濤氏が修訂した四〇枚の竹簡の模写を発表した[8]。

『考古学報』一九五七年第一期には呉銘生氏と戴亜東氏によって書かれた「長沙出土的三座大型木椁墓」が発表され、そこでは竹簡は四二枚と言い、また二枚の比較的鮮明な写真が附されている。

『考古学報』同年第二期には戴亜東氏の「長沙仰天湖第二五号木椁墓」が発表され、そこでは竹簡は四三枚であると言われている。そして、四〇枚の比較的鮮明な写真を掲載し、また史樹青氏が作成した番号をそのまま使用している。編者の附記に、「竹簡の枚数については、史〔樹青〕氏の書に収録されているものとは合わない。我々はかつて湖南文管会〔湖南省文物管理委員会〕に手紙で問い合わせた。その回答によると、「今回送った竹簡の写真は、シュウ酸《さん》〔染料の原料、分析試薬、漂白剤などに使用する〕を用いて整理した後に撮影されたものであり、それゆえ字跡が比較的はっきりしている。史氏の書と比べて欠している竹簡は、その腐食が深刻であることにより、手を触れると壊れ、シュウ酸処理を経ても字跡が識別できず、ゆえにまだ再度撮影していない」とのことである。その補われた第一〇簡は、〔報告の印刷の〕版がすでに製作されていたことにより、追加するわけにはいかず、文末に附すしかない」と述べている。写真が比較的鮮明なのはこのためである。やや早く四二枚と言ったのは、一〇号簡を見落として計算したという理由なのかもしれない。

一九六二年、郭若愚氏は『考古学報』一九五七年第二期が用いた写真によって模写した。そして、もとの二八・三七号簡を合わせて一枚とし、全三九枚になった。依拠した底本が比較的良かったことにより、模写の精度も高まった。模写ははじめに『上海博物館集刊』第三期（上海古籍出版社、一九八六年）に掲載され、その後、『戦国楚簡文字編』（上海書画出版社、一九九四年版）に収録された。竹簡の数量については、郭氏は「計四三枚。そのうち三枚は腐食が深刻であったことにより、まだ撮影したものを発表していない」と説明している。商承祚氏は『戦国楚竹書匯編』に四一枚の竹簡の写真と四三枚の模写を収録し、改めて番号をつけて、さらに組み分けした（写真は三九・四三号の二簡を欠している）。

二〇〇〇年に出版された『長沙楚墓』は、さらに鮮明な写真をすべて発表したが、図版は実物に比べてやや縮小されていた。同時に、郭若愚氏が作成した模写も転載し、さらに新たな番号と、郭氏や『文物参考資料』（史氏・饒氏）が作成した番号との対照表を掲載した。『楚地出土戦国簡冊［十四種］』には、陳松長氏による釈文・注釈を掲載している。(9)

（三）長沙楊家湾六号墓竹簡

楊家湾《ようかわん》墓は湘江の東岸、長沙市の北（伍家嶺の西南、今の市の食糧倉庫の空き地）に位置する。一九五四年、湖南省文物管理委員会文物工作隊によって発掘され、整理番号は五四長楊M六（新たな番号はM五六九）。東から一〇度の東南東の方向で、一つの墓道があり、墓坑の底部は長さ約三・七メートル、幅二・六四～二・八三メートル、発掘時の深さは四・六二メートル。埋葬用の棺は一槨一棺であり、棺槨の間は三つの辺廂《へんしょう》（遺体の周囲の槨室）に分かれている。墓主は三〇歳前後の女性である。

南の辺廂の中には、比較的大きな漆の円形の盒《こう》（小型の容器）が一つあった。盒の中には小さな漆の盒や銅鏡・

竹簡が置かれていた。竹簡は全七二枚。長さは一三・五～一三・七センチメートル、幅は〇・六センチメートル。文字が見られるものは五〇枚。大半の竹簡はわずか一字のみが書かれており、二字が書かれている竹簡は四枚しかない。ほとんどが竹黄面に書写され、三〇号簡には両面に文字がある。左側の上端から四～四・一センチメートル、下端から三・五～三・六センチメートルのところには、両道の契口がある。最初の報告では、竹簡は「二つの絹織物の紐を用いて一冊に編成されており、……外側は絹織物の袋で包まれており、出土時は絹織物の紐が腐って朽ちて、すでに散乱していた」と述べている。(10)

『文物参考資料』一九五四年第一二期に発表された「長沙楊家湾六号墓清理簡報」には、墓葬の状況に関する詳細な報告と、六枚の竹簡の写真が掲載された。『考古学報』一九五七年第一期の「長沙出土三座大型木椁墓」にも二枚の竹簡の写真が掲載された。商承祚『戦国楚竹簡匯編』は字跡が比較的鮮明な三七枚の竹簡の写真をはじめて発表し、また模写を作成した。『長沙楚墓』が発表した写真は比較的鮮明であり、文字がある部分の大半は拡大写真が附されている。しかし、これらの写真にはまだ番号がつけられておらず、同書が転載している商氏の模写の順序とも対応していない。写真の数量は全四一枚であるが、その中に同一簡の正反〔表と裏〕の両面の写真を含んでいるのかどうかは不明である。

これらの竹簡の内容は、非常にわかりにくい。一六号簡には「□女」の二字が書かれており、商承祚氏の考釈では、「副葬品の中には女木俑五〇件があり、立っているものと座っているものの二種に分けられる。……「□女」はおそらくある種の専従の女俑を指す」と述べている。また、三四号簡には「妁」の一字が書かれており、商氏は「妁は一種の女奴であり……このほか第二〇簡にも「女」の旁に従う字があり、右側は従うところの字はわからないが、専従の女俑と関係があると考えられる」と言っている。(11) 実際に、いくつかの報告によると、墓の中から出土した五〇件の木俑は、男俑もあり女俑もあるとされる。長沙五里牌四〇六号墓の中には、出土した木俑の襟の部分に名前が書かれている。商氏の分析とあわせて考えると、この竹簡〔少なくともその中の大部分〕は木俑の名前を記述するためのリストではないかと推測できる。これも喪葬記録の一種である。(12)『楚地出土戦国簡冊［十四種］』には、陳松長氏による釈文と注釈を掲載している。(13)

（四）臨澧九里一号墓

墓は湖南省臨澧《りんれい》県の北、九里郷の茶畑に位置し、北は涔水《しんすい》に臨み、南約一〇キロメートルに澧水がある。一九八〇年、湖南省博物館は黄家山大墓を発掘し、八〇臨・九M1という番号をつけた。墓葬規模は大きく、墓口〔墓坑の入口、最上部〕は長さ三四・五メートル、幅は三一・八メートル、封土の頂端から墓底〔墓坑の底部〕までは約二〇メートル。埋葬用の棺は二椁三棺である。出土した竹簡は百数枚であり、すべて残欠している。資料の発表が待たれる。(14)

（五）常徳夕陽坡二号墓竹簡

湖南省常徳の徳山の夕陽坡《せきようは》二号墓は、一九八三年冬に発掘された。埋葬用の棺は一椁一棺であり、棺室・頭廂〔遺体の頭部側の椁室〕・辺廂に分けられる。出土した竹簡は二枚。一枚は簡の冒頭部分がやや欠損し、長さは六七・五センチメートル、三二字が書写されている。一枚は完整簡であり、長さは六八センチメートル、二二字が書写されている。二簡は連続して読むことができるようであり、「告赴尹郘逘以王命賜舒方御歳愲」と記述されている。

墓葬状況と竹簡の内容については、楊啓乾氏がはじめて紹介し、また検討を加えた。(15)一九九八年、劉彬徽氏は竹簡の模写を発表し、楊氏の基礎の上に、さらに考釈を加えた。(16)二〇〇〇年、高至喜編『楚文物図典』に竹簡の写真の縮小図版が発表されたが、きわめて不鮮明であった。(17)『楚地出土戦国簡冊［十四種］』には、陳松長氏による釈文・注釈を掲載している。[18]

㈥ 慈利石板村三六号墓竹簡

一九八七年五〜六月の間に、湖南省文物考古研究所と慈利《じり》県文物保護管理研究所は慈利城関の石板村で一群の戦国・前漢墓を発掘した。墓地は慈利県城東三・五キロメートル、西は戦国時期の白公城遺址まで一・五キロメートル〔図5〕、澧水が西北約三キロメートルのところをめぐるように流れている。三六号墓は規模が最も大きい戦国墓の一つである。一つの墓道があり、東から一五度の東南東の方向である。墓底は長さ三・六メートル、幅二・〇二メートル、深さ五・三四メートル。[19]埋葬用の棺は一椁一棺、椁室は頭廂（東）・辺廂（北）と棺室（南）に分けられる。発掘時、棺内には深さ三〇センチメートルの水が溜まっていた。

竹簡は頭廂の北側から出土し〔図6〕、漆樽と陶壺の間に押しつぶされており、樽の底には竹簡をしまう竹笥が付着していた。一束の竹簡は重みが加えられて湾曲し、竹簡の束の内側および周囲は泥水にまみれており、大部分は粘着して、断裂や位置のずれが深刻であった。全部で残簡四三七一枚が出土し、そのうち簡首は八一七枚、簡首か簡尾かが判断できないものは二七枚、もともと一〇〇〇枚くらいの竹簡であったと推測される。竹簡の厚さは〇・一〜〇・二センチメートル、幅は〇・四〜〇・七センチメートル、現存最長のものは三六センチメートル、短いものは一センチメートルにも満たず、完整簡の長さは約四六センチメートルであったと推測される。字数は約二万一〇〇〇字。内容は古文献であり、すでに知られているものとしては、『国語』呉語、『逸周書』大武、『管子』、『寧越子』などがある。文字の書写の風格は異なり、一人の手によるものではないと考えられる。

『文物』一九九〇年第一〇期に二つの発掘機関が合同で「湖南慈利石板村三六号戦国墓発掘簡報」を発表し、竹簡のおおよその内容を紹介し、またあまり鮮明ではない竹簡の写真を数枚掲載した。『考古学報』一九九五年第二期に、二つの発掘機関が合同で「湖南慈利県戦国墓」を発表し、九枚の竹簡の比較的鮮明な写真を掲載した。その後、湖南省文物考古研究所編著『湖南考古漫歩』の中で、また六枚の竹簡の写真を公開した。[20]二〇〇〇年八月、北京大学が開催した「新出簡帛国際学術研討会」上で、張春龍氏が「慈利楚簡概述」として、「湖南慈利県戦国墓」と『湖南考古漫歩』の中の一五枚の竹簡の釈文と考釈を発表した。[21]

注目すべきは、龍山里《りゅうざんり》耶《や》一号古井第五層において、戦国期の楚国文字の特徴を備える竹簡が十数枚出土し、その下側はすべて秦の時代の木質の簡牘であったことである。整理者は、「まだ楚国の時期のものとは断定しない。秦簡の中の最も遅いものは秦の二世皇帝二年であり、それは湘西の秦政権が崩壊した年に当たる可能性がきわめて

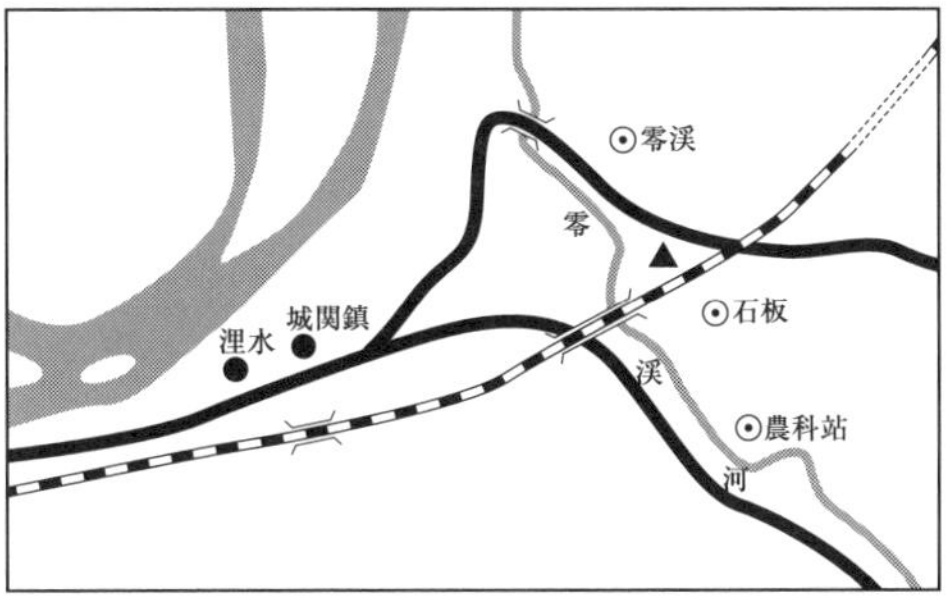

〔図５a〕**慈利石板村**（墓地は「▲」の場所。『文物』1990年第10期、37頁をもとに作成）

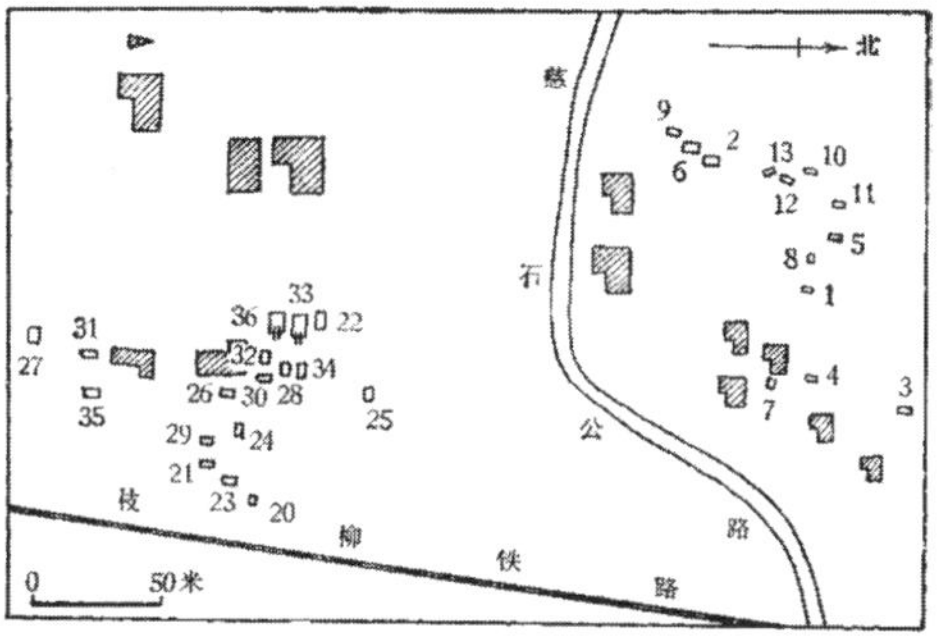

〔図５b〕**墓葬（36号墓）の位置**（『考古学報』1995年第２期、174頁）

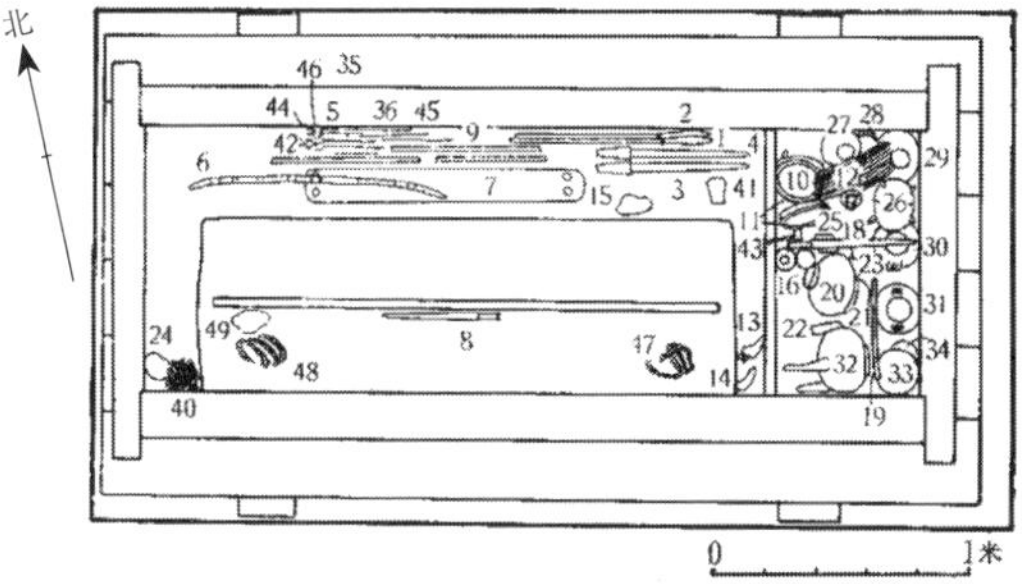

〔図６〕**慈利36号墓、棺槨平面図**（番号12が竹簡。図中の「米」はメートル）

高く、その時は楚が滅亡した時期から近く、依然として楚国文字の書写に熟知した人物がおり、その人物がわざと書いたものである」と見なしている。(22)

第二節　湖北省における発見

（一）江陵望山一号墓竹簡

望山《ぼうざん》墓地は湖北省江陵県裁縫郷にあり、東南は荊州城《けいしゅうじょう》まで約一八キロメートル、紀南城《きなんじょう》まで約七キロメートル。一九六五年一〇月から翌年一月まで、漳河水利工程総部文物考古工作隊が望山一号墓・二号墓を含む一帯の墓葬を発掘した。一号墓は東から一〇度の東南東の方向で、一つの墓道がある。墓坑の底部は長さ六・五メートル、幅四・二メートル、深さ八・四メートル。埋葬用の棺は一椁二棺で、椁室は頭廂・辺廂・棺室の三つに分かれており、椁室内は水が溜まっていた。墓主は二五〜三〇歳の男性である。

竹簡は辺廂（南室）の東部から出土した。溜まった水による浮動と器物が重なって押さえつけられていたことにより、出土時には竹簡はすべて残欠し、こなごなに砕けた器物の残りかすの中に散らばっており、深い褐色になっていた。残簡の多くは一〇センチメートル以下であり、最も長いものは三九・五センチメートル、(23)最も短いものは一センチメートル。幅は一センチメートル前後、厚さは約〇・一センチメートル。竹簡をつなぎ合わせると、総数は約二〇七枚であり、最も長いものは五二・一センチメートルである。ある報告では、「残存の痕跡から判断すると、竹簡には三道の契口がある。上の一道は頭端〔上端〕からの距離が約一七・五〜一八センチメートル、下の一道は尾端〔下端〕からの距離が約一六〜一六・二センチメートル、中間の一道は上下二道との距離が等しい。出土時には、ある契口の上に絹糸が付着していた」と指摘している。(24)このような契口の構造は楚簡によく見られるものとは合わないことから、ある学者はこれに対して疑いを抱いており、実は上下二道なのではないかと見なしている。復原した完整簡の長さは六〇～七〇センチメートルの間である。(25)竹簡の内容は卜筮禱祠記録である。竹簡からわかることは、墓主は楚の悼王の曾孫であり、おおよそ楚の懐王前期に生存していた人物である。

『文物』一九六五年第五期には湖北省文化局文物工作隊「湖北江陵三座楚墓出土大批重要文物」が発表され、一部の竹簡の写真と模写が掲載された。(26)一九九五年、商承祚氏は『戦国楚竹簡匯編』に竹簡の大部分の写真と模写を掲載した。聞くところによると、「第一群の整理した残簡は、写真があるものは四二〇本、その後に残簡一三本が相次いで整理され、写真があるものが七本、合わせて四三三号の番号がつけられている。簡文の文例や、字体の風格および編成の形跡などの状態に基づいて綴合・復原され、番号を一六七号とし、簡首は二三、簡尾は二六」とのことである。ただし、その綴合は不確かであるかもしれず、使用する際には注意が必要である。(27)同年、湖北省文物考古研究所と北京大学中文系は中華書局から『望山楚簡』を出版し、全竹簡の写真、模写、釈文、考釈を掲載した。(28)そのうち竹簡の綴合と研究については、朱徳熙氏・裘錫圭氏・李家浩氏によってなされたものである。商氏の作業と比べると、朱徳熙諸氏の綴合はさらに詳細かつ慎重であるが、その中には依然として推考の余地がある。(29)翌年、湖北省文物考古研究所は文物出版社から『江陵望山沙冢楚墓』を出版し、基本的に前述の模写以外の内容を含んでいる。(30)『楚地出土戦国簡冊［十四種］』には、許道勝氏による釈文・注釈を掲載している。(31)

(二)　江陵望山二号墓竹簡

墓葬は望山一号墓の北一〇〇数メートルのところにあり、発掘時期は一号墓と同じである。東から四度の東南東の方向で、一つの墓道がある。墓坑の底部は長さ五・七五メートル、幅三・三メートル、深さ六・六九メートル。

埋葬用の棺は一槨三棺であり、槨室は頭廂（東）・辺廂（南）と棺室に分かれる。発掘時にはすでに盗掘されていた。墓主は五〇歳以上の女性である。

竹簡は辺廂の上層から出土した。出土時にはすでに散乱・残欠しており、いくつかの断片は辺廂の底部に落ちていた。つなぎ合わせると全部で六六枚あり、そのうち完整簡は五枚、その他に簡首一三枚、簡尾六枚がある。五枚の完整簡の長さは六三・七～六四・一センチメートル、幅は六～七センチメートル、厚さは〇・一～〇・一六センチメートル。竹黄の右側に三角形の契口が二つあり、上部の契口は上端から約一七～一七・五センチメートル、下部の契口は下端から約一四・八～一五センチメートル。出土時には契口の上に絹糸が付着していた。文字は竹黄面に書写されている。内容は喪葬記録である。

竹簡資料の著録の状況は、望山一号墓の竹簡と同じである。商承祚氏の『戦国楚竹簡匯編』には六七個の番号があり、最後の一号が空白簡であることを除けば、その他の順序は朱徳熙氏らとは異なっている。『楚地出土戦国簡冊［十四種］』には、許道勝氏による釈文・注釈を掲載している。(32)

（三）江陵藤店一号墓竹簡

墓葬は湖北省原江陵県藤店《とうてん》公社藤店大隊に位置し、東南は紀南城まで約九キロメートル、荊州城まで約二三キロメートル、東北から紀山寺までは約四キロメートル。一九七三年三月、荊州地区博物館によって発掘された。墓葬は北から九〇度の方向〔すなわち東向き〕であり、一つの墓道がある。墓坑の底部の長さは四・八五メートル、幅は三・〇五メートル、発掘時の深さは六・六メートル。埋葬用の棺は一槨二棺を用い、頭廂（東）・辺廂（南）・棺室に分かれている。槨室には水が溜まっていた。出土文物の中には「越王州句剣」がある。

竹簡は辺廂の西部に置かれ、すべて残欠して散らばっていた。全二四枚、四七字。残片の最長は一八センチメートル、幅は〇・九センチメートル。字数は最も多いものは七字である。報告では七枚の竹簡の写真図版が発表されているが、きわめて不鮮明である。(33) 内容は遣策である。

（四）江陵天星観一号墓竹簡

墓葬は湖北省江陵県観音壋《かんおんとう》公社五山大隊の境域内にあり、東は長湖を臨み、西は紀南城まで約三〇キロメートル。清代には墓葬の封土の上に「天星観《てんせいかん》」という名の道観が建てられ、これによって名付けられた。一九七八年一月～三月に、荊州地区博物館が発掘した。南から五度の南南西の方向で、一つの墓道がある。墓坑の底部は長さ一三・一メートル、幅一〇・六メートル、深さ一二・二メートル。埋葬用の棺は一槨三棺で、南東室、南西室、東南室、東北室、北室、西室と中室（棺室）の七室に分かれている。七室中、六室が盗掘され、北室だけが盗掘を免れた。墓主は楚国の封君、すなわち邸陽君番乗《ていようくんばんじょう》である。彼は「番先」（番氏の祖先）を祭っており、楚の先公・先王ではなく、異姓貴族の一人である。

竹簡は西室から出土した。一部は漆皮（器物の表面に塗布された漆）の中に挟まり、兵器の桿（取っ手）の下に押され、盗掘者に踏みつけられて折れた。一部は竹笥の内に置かれており、保存状態はかなり良好である。完整簡は七〇数枚で、それ以外は残欠しており、総字数は約四五〇〇字。文字は一般的に竹黄面に書写され、天頭はない。完整簡の長さは六四～七一センチメートル、幅は〇・五～〇・八センチメートル。竹簡の左側の上下にそれぞれ三角形の契口が一つある。竹簡の内容は、喪葬記録と卜筮禱祠記録の二種である。公開された資料から見ると、卜筮禱祠簡は保存状態がかなり良く、竹笥から出てきたものと思われる。

墓葬の整理後ほどなく、出土竹簡の状況が新聞で報道された。(34)『考古学報』一九八二年第一期には湖北省荊州博物館「江陵天星観一号楚墓」が発表され、竹簡に関する簡単な紹介と、一枚の竹簡の写真（喪葬記録と卜筮禱祠記録それぞれ一枚）が掲載された。その後、王明欽氏は学位論文の中に、一六一枚の卜筮禱祠簡の模写を収録した(35)。黄錫全氏は著作の中に卜筮禱祠簡の完整簡の写真三枚と釈文を収録した(36)。滕壬生氏は『楚系簡帛文字編』の中で関連する字頭の下に字形と辞例を引用し、また卜筮禱祠簡の写真四枚を公開した(37)。晏昌貴氏は滕氏が引用した辞例を集めて収録・校訂し、それによって概略を知ることができる(38)。

（五）随州曾侯乙墓竹簡

曾侯《そうこう》乙墓《いつぼ》は湖北省随州市の西北郊外である擂鼓《らいこ》墩《とん》附近の東団坡の上に位置し、㵐水とその東南の溳水とが合流する付近にある。整理番号は擂鼓墩一号墓である。その墓地は駐屯軍が家屋を建設していた時に発見され、一九七八年五月から六月に随県擂鼓墩古墓考古発掘隊が発掘を進めた。墓坑は岩石の上に穴を空け、平面は不規則な多辺形を呈していた。発見時は墓口の東西の最も長いところが二一メートル、南北の最も広いところが一六・五メートル。椁室は北室、東室（棺室）、中室、西室の四つに分かれ、墓主は内外が二重になっている棺を用い、頭は南を向いていた。副葬品の器物の銘文から見ると、墓主は楚に帰属していた小国の曾の国君、曾侯乙である。

竹簡は北室から出土し、兵器や皮甲（皮の鎧）などと一緒に置かれ、全二四〇枚。編縄が朽ちて切れ、墓内には水が溜まっていたため、出土時にはすでに散乱していた。大部分は北室の西北部の二つの山のようになっている所に重なって押さえつけられており、それ以外に北室の中間の西寄りのところに漂って落ちているものが少しあった。竹簡の保存状態は基本的に完全であり、断簡の多くはつなぎ合わせることができ、整理時には二一五個の番号がつけられた。整簡の長さは七〇～七五センチメートル、幅は一センチメートル前後。編痕から判断すると、編縄は上下の両道である。両面に書写されている一号簡以外は、みな竹黄面に書写されている。書写は頂端（上端）から開始し、天頭はない。字数が最も多い竹簡には六二字が書かれており、総字数は六〇〇〇字以上である。内容は喪葬記録である。同じ墓から文字が書かれている竹簽三枚が出土している。(39)いくつかの銅器と石磬の上にも比較的多くの文字資料がある。

『文物』一九七九年第七期に随県擂鼓墩一号墓考古発掘隊「湖北省随県曾侯乙墓発掘簡報」が発表され、竹簡の写真一枚が掲載された。一九八九年、文物出版社は湖北省博物館編『曾侯乙墓』を出版し、すべての竹簡と竹簽の写真を掲載した。ただし、写真の品質が不十分であり、図版は鮮明さを欠いている。(40)一九九七年、台湾芸文印書館は張光裕・滕壬生・黄錫全編『曾侯乙墓竹簡文字編』を出版し、黄有志氏が原簡の写真によって作成した模写と釈文が加えられている。(41)『楚地出土戦国簡冊［十四種］』には、蕭聖中氏による釈文・注釈を掲載している。(42)

(六) 江陵九店五六号墓竹簡

九店《きゅうてん》墓は紀南城の東北約一・二キロメートルに位置し、南は荊州城まで約八・五キロメートル、もともとは九店公社雨台大隊に属し、現在は紀南郷雨台村に属する。一九七八年、江陵九店公社磚瓦廠《せんがしょう》（現在の名は紀南第二磚瓦廠）が土を採掘していた時に墓葬を発見した。そして、一九八一年五月から一九八九年末まで、湖北省博物館江陵工作站が発掘を進め、全部で東周墓五九六基を整理し、五六号・四一一号・六二一号の三墓から竹簡が出土した。(43)五六号墓は一九八二年一月に整理されたものである。(44)東から一四度の東南東の方向で、墓坑の底部は長さ二・五メートル、幅〇・七六～〇・八五メートル、発掘時の深さは一・一八メートル。埋葬用の棺はわずかに一棺を使用しているだけであるが、制作技術と用材の厚さは同類の墓の中で最上である。墓坑の頭端（東）と北側にはそれぞれ一つの壁龕《へきがん》（器物などを置くために壁などに設けたくぼみ）が掘られており、高さは棺の入口に相当する。龕内には副葬品が置かれ、竹簡は文具・兵器とともに北龕の中に置かれており、巻かれて埋葬され、その中には墨入れと削り刀があった。

竹簡は全二〇五枚、完整簡や完整簡に近いものは三五枚。完整簡の長さは四六・六～四八・二センチメートル、幅は〇・六～〇・八センチメートル、厚さは〇・一～〇・一二センチメートル、編痕は三道である。文字は竹黄面に書かれ、上から詰めて書写されているため、天頭はない。総字数は約二七〇〇字。内容は一五組に分けられ、第一組の記載は農産品と関係があるようであり、その他はすべて日書である。李家浩氏の見解によると、「建除」「叢辰」「成日・吉日和不吉日宜忌」「五子・五卯和五亥日禁忌」「告武夷」「相宅」「占出入盗疾」「太歳」「十二月宿位」「往亡」「移徙《いし》」「裁衣」「生・亡日」の一三篇に分けられる。

一九九五年、科学出版社は湖北省文物考古研究所編著『江陵九店東周墓』を出版し、全竹簡の写真と李家浩氏による釈文を掲載した。綴合を経て、竹簡の番号は合計一五八個となった。二〇〇〇年、湖北省文物考古研究所と北京大学中文系が合同で編纂した『九店楚簡』が中華書局から出版され、再び全竹簡の写真と李家浩氏の釈文・考釈が発表された。編連の改善によって、竹簡の番号は合計一四六個となった。竹簡の番号と各番号の分け方・合わせ方は、『江陵九店東周墓』としばしば異なる。『九店楚簡』の凡例に、「五六号墓の竹簡の写真図版は実物原寸大で撮影されたものであるが、九号・一一号・四四号・五二号などの竹簡の写真は小さな写真を用いて補ったため、その他の竹簡と大小が不統一である」と、また、「釈文の初稿は竹簡が整理された時に原簡をもとに書かれたものであり、後にまた写真と原簡をもとに修訂した。竹簡の写真図版は不鮮明な字がいくつかあり、釈文は原簡をもとに解釈している」と書かれている。これらの説明は、先に発表された写真図版に対して、必ず活用できるものである。おそらく製版の原因によって、前者の版面の色は比較的濃い。後者は比較的薄く、字跡はやや鮮明である。『楚地出土戦国簡冊［十四種］』には、李家浩氏・白於藍氏が修訂した釈文・注釈を掲載している。(45)

（七）江陵九店六二一号墓竹簡

墓葬は南から一五度の南南西の方向である。墓坑の底部は長さ三・八六メートル、幅一・九メートル、深さ三・二四メートル。埋葬用の棺は一椁一棺である。副葬品は棺椁の間の南端と東西の両側にあり、竹簡は兵器などとともに南側に置かれていた。

竹簡は全一二七枚であり、すべて残欠している。字跡がはっきりしているものが三四枚、不鮮明なものが五四枚、文字がないものが三九枚。最も長いものは二二・二センチメートル、幅は〇・六～〇・七センチメートル、厚さは〇・一～〇・一三センチメートル。編痕がある。内容は書籍である。

竹簡資料の公開の過程は、九店五六号墓と同じである。『江陵九店東周墓』の中の釈文は彭浩氏によるもので、『九店楚簡』中の釈文は李家浩氏によるものである。『楚地出土戦国簡冊［十四種］』には、李家浩氏と白於藍氏が修訂した釈文・注釈を掲載している。(46)

（八）江陵秦家嘴一・一三・九九号墓竹簡

一九八六年五月から一九八七年六月まで、荊沙鉄路考古隊は紀南城の東側、江陵廟湖魚場所轄の秦家嘴《しんかし》において楚墓一〇五基を発掘した。一・一三・九九号墓の中からは竹簡四一枚が出土した。この三墓はすべて墓道がある一椁一棺の墓である。

一号墓の竹簡は辺廂の下層から出土し、その上は崩れた分板（辺廂の蓋）と車馬器であった。竹簡はすべて残欠し、全七枚で、「祈復於王父」などの字句がある。卜筮禱祠記録であると考えられる。

一三号墓の椁室内には泥が集積し、竹簡は辺廂の頭廂の一端に近い下層から出土した。簡の上には泥が集積していた。竹簡はすべて残欠し、全一八枚で、「占之曰吉」などの字句がある。内容は一号墓と同じであると考えられる。

九九号墓の槨室内には水が充満し、竹簡は二箇所に分けて置かれていた。一つは辺廂の後ろの端の下層にあり、もう一つは棺室の後ろの端に散らばっていた。すべて残欠し、全一六枚。内容は卜筮禱祠記録と喪葬記録を兼ねている。

荊沙鉄路考古隊「江陵秦家嘴楚墓発掘簡報」（『江漢考古』一九八八年第二期）は、墓葬と竹簡の出土状況について紹介している。滕壬生氏は『楚系簡帛文字編』の中の対応する字頭の下に、この三墓から出土した竹簡の簡文の字形と辞例を収録している。晏昌貴氏は滕氏が引用した辞例を集めて収録・校訂し、それによって概略を知ることができる。(47)

（九）荊門包山二号墓竹簡

包山《ほうざん》墓地は湖北省荊門市十里鋪鎮王場村の包山崗地に位置し、北は十里鋪鎮まで約三キロメートル、南は紀南城まで約一六キロメートル。一九八六年一一月から一九八七年一月まで発掘された。二号墓は東から三度の東南東の方向であり、一つの墓道がある。墓穴の中には盗掘された洞窟があったが、槨室には進入していなかった（図7）。墓坑の底部は長さ七・八メートル、幅六・八五メートル。埋葬用の棺は二槨三棺で、東室・南室・西室・北室と中室（棺室）の五つに分かれている。発掘前の試錐（ボーリング調査）の時、墓内にはメタンガスがあり、外に溢れ出ていた。また、槨室内には深さ一・五四メートルの水が溜まっていた。水のpH値（水素イオン指数）は東室が七、その他のそれぞれの室は六で、つまり酸寄りの中性であった。

出土した竹簡は四四八枚、そのうち文字がある簡は二七八枚、総字数は一万二四〇〇字以上。また、竹牘が一枚あり、総字数は一五四字。竹簡の内容は、文書、卜筮禱祠記録、喪葬記録の三種類に分けられる。北室からは二八八枚が発見され、二つの束に分かれて重なっており、中部の北壁に近いところに置かれていた。そのうちの一

〔図７a〕包山２号墓の墓坑・墓道（湖北省荊沙鉄路考古隊『包山楚墓』、文物出版社 1991年版、図版15）

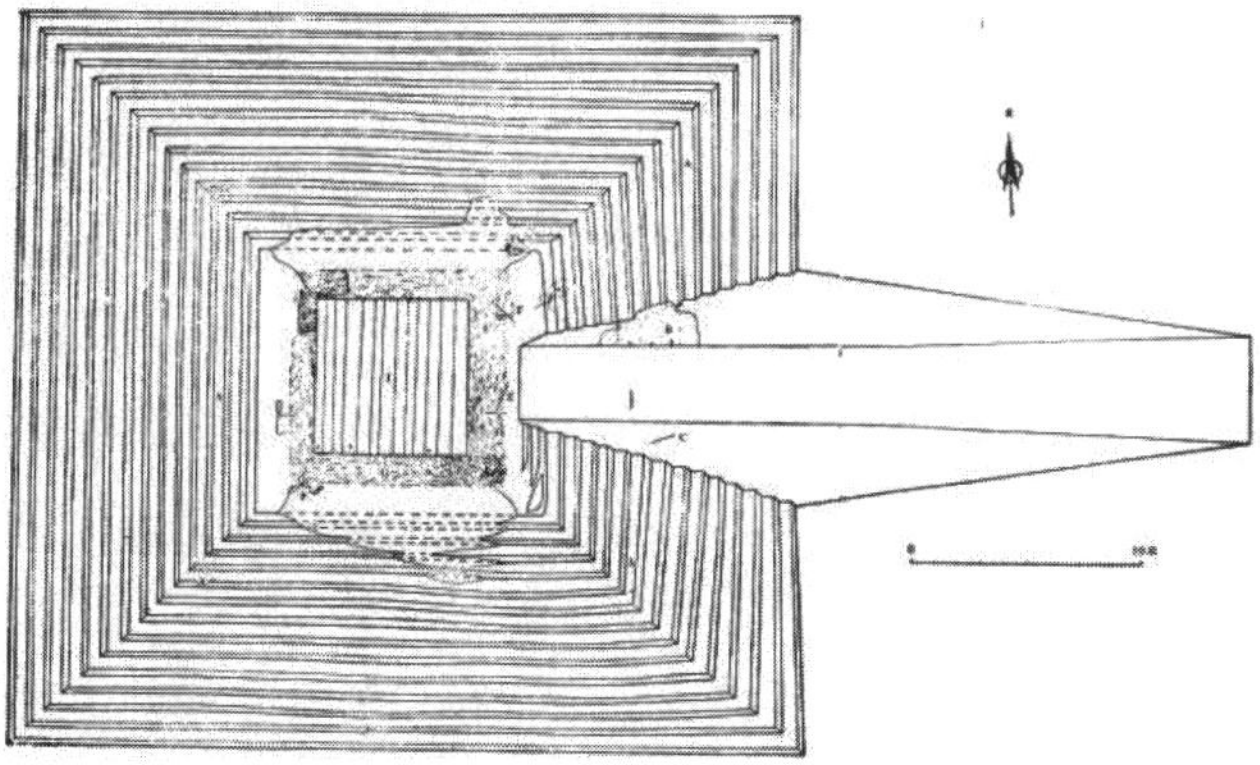

〔図７b〕墓坑平面図（『包山楚墓』、48頁）

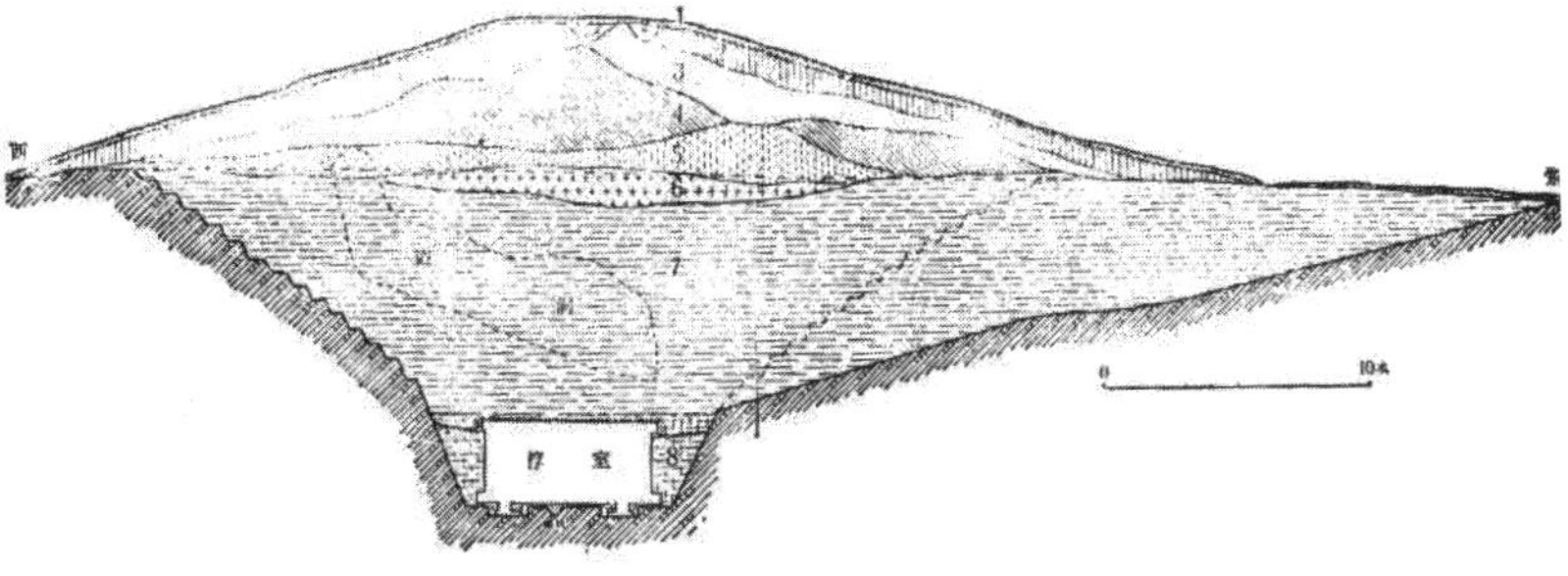

〔図７c〕２号墓断面図（『包山楚墓』、46頁）

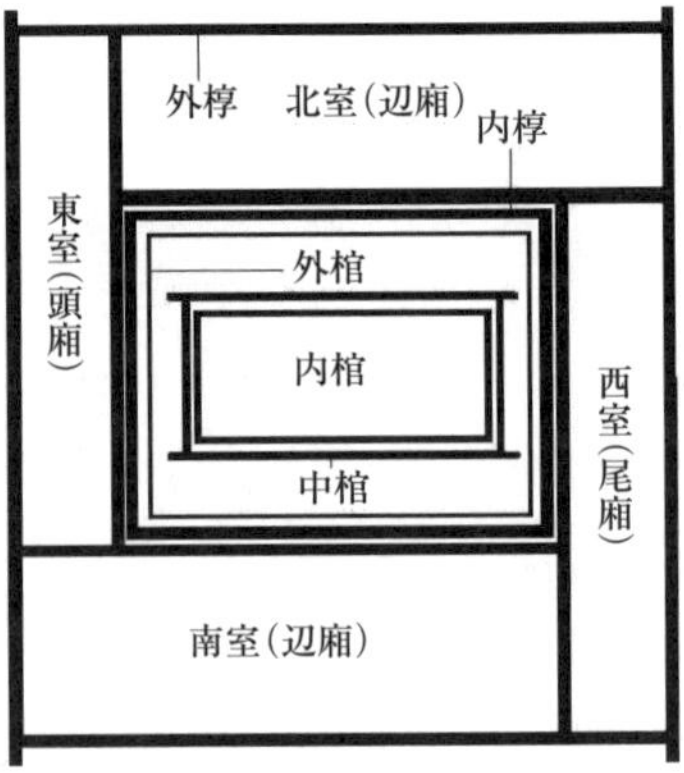

〔図7d〕２号墓２椁３棺（略図）（『包山楚墓』、52頁をもとに作成）

束二三一枚（空白簡三五簡を含む）は文書簡であり、位置はやや東寄りであった。もう一束の五七枚（空白簡三枚を含む）は、卜筮禱祠記録である。西室からは一三五枚が発見され、そのうち一二九枚は南端の二つの銅盤の上に置かれ、背面に文字が書かれている一枚を除くと、その他はみな空白簡であった。この文字がある一枚の簡の番号は二七八であり、その内容は文書のようである。喪葬記録の竹簡は六箇所から出てきた。東室の三箇所から発見された竹簡は、全八枚（二五一～二五八号簡）であり、「食室」に置かれた器皿《きべい》（ものを盛るための道具や食器）や食物に関する内容が書かれている。南室の二箇所から発見された竹簡は、全一七枚。そのうち一五枚（空白簡四枚を含む）は西南部三五五の車に使われる革の装飾物の上に置かれ、番号は二六七～二七七、主に「用車」について記述されている。二枚（二六五～二六六号簡）は東部下層から出土し、東室に置かれた「大卯（庖）之金器」「木器」について記されている。また、西室の一箇所から発見された六枚（二五九～二六四号簡）は、北端の底部に置かれ、「相徙之器」について書かれていた。竹牘は、南室三八一の馬の鎧の中から出土した〔図8〕。

文書と卜筮禱祠記録を書写した竹簡は、かなり緻密に作られており、喪葬記録はそれに比べて粗雑である。竹簡の厚さは〇・一～〇・一五センチメートル。文書簡の長さは多くが六四～六九・五センチメートルの間である[48]。ただし、「貸金」を記録している一〇三～一一九号簡は、五五センチメートル前後である。文書簡の幅は〇・六～一・一センチメートル。卜筮禱祠簡の長さはおおよそ三種ある。一種は六七・一～六七・八センチメートルの間、一種は六八・一～六八・五センチメートルの間、一種は六九・一～六九・五センチメートルの間である。幅は基本的に

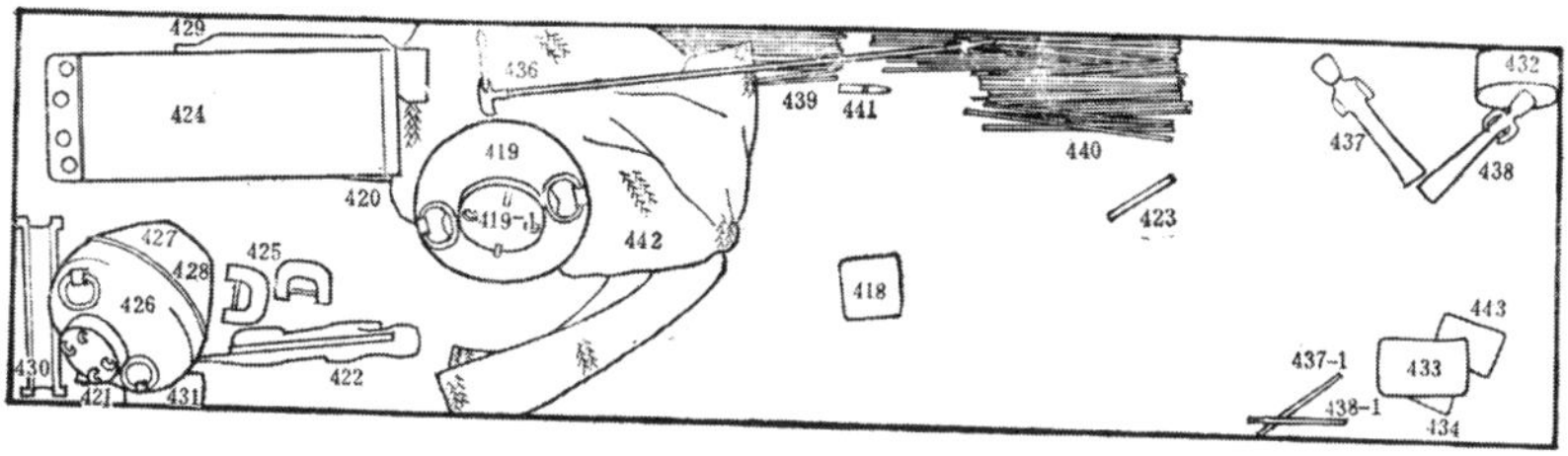

〔図８a〕２号墓北室の副葬品分布図。439、440が竹簡（『包山楚墓』、94頁）

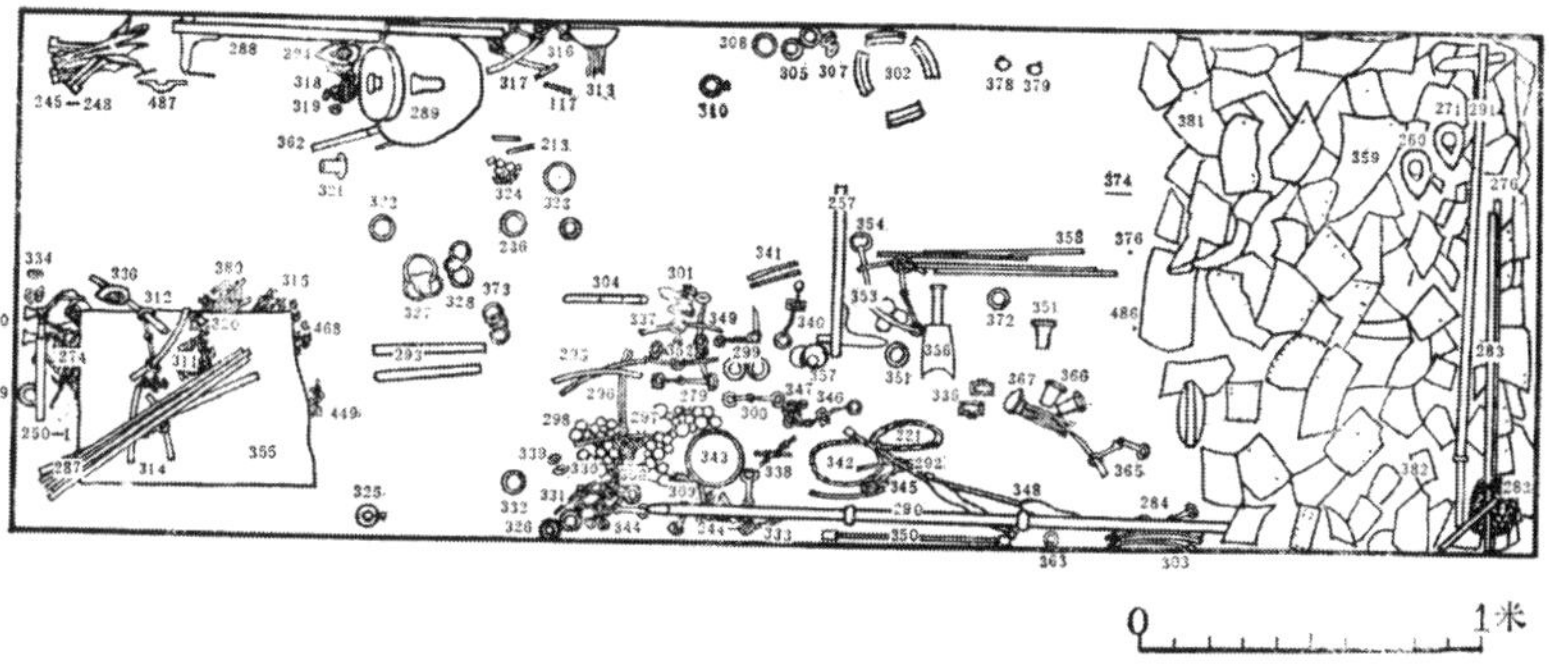

〔図８b〕２号墓南室の副葬品分布図。287、358が竹簡（『包山楚墓』、91頁）

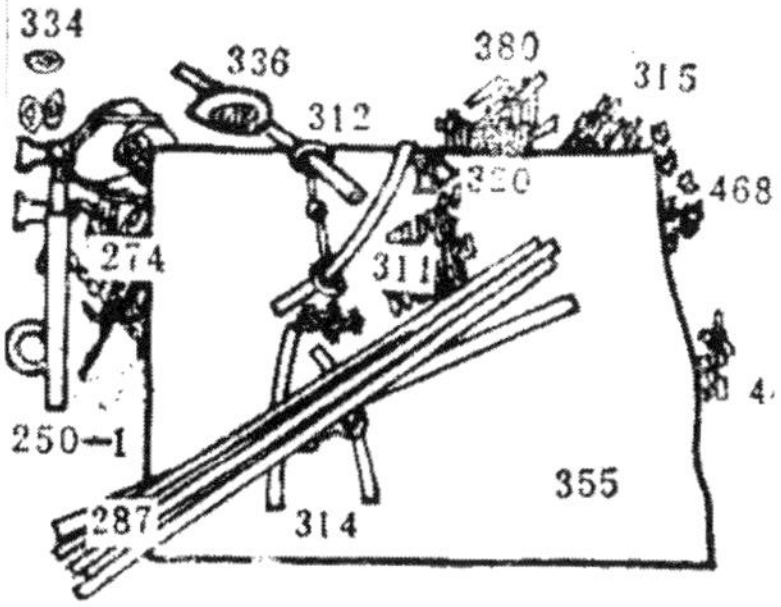

〔図８c〕図８bの拡大図。355が車両に使われる革の装飾物、287が竹簡

〇・七〜〇・九五センチメートルの間である。喪葬記録簡の長さはおおよそ二種ある。東室から出土した「食室」の器皿と食物について記述されている竹簡は、長さが六四・八〜六八センチメートルであり、南室から出土した「用車」と「大卯（庖）」の器について記述されている二組の竹簡は、長さが七二・三〜七二・六センチメートルである。西室から出土した「相徙之器」が記述されている一組の竹簡は残欠しており、原簡の長さは不明である。竹黄側の縁《ふち》の大部分には契口が刻まれている。文書簡と卜筮禱祠簡の契口は上下二道であり、上契口から上端までは一七〜二〇・六センチメートル、下契口から下端までは一五〜一七・五センチメートル。喪葬類簡の契口の状態はあまり一致しない。南室から出土した二組一三枚の文字がある竹簡は、すべて上・中・下の三道である。上契口から上端までは一・五〜一・七センチメートル、下契口から下端までは一・六〜一・八センチメートル、中契口はおおよそ中央部分にある。その他の喪葬類簡は、二五五号簡に契口があるという情報のみであり、その契口は二道で、上契口から上端までは二〇・二センチメートル、下契口から下端までは一九・二センチメートルである。文字は主に竹黄面に書写され、少数の簡は竹青面にも文字が書かれている。南室から出土した二組の竹簡は簡首と簡尾の区別があり、それぞれ一・五〜一・七センチメートル、一・六〜一・八センチメートルの空白がある。その他の竹簡はすべて上から詰めて書写されており、天頭・地脚はない。少数の竹簡の背面には彫刻刀で刻まれた斜線や、墨筆で描かれた墨線があり、隣接する竹簡の順序や編連の根拠となるものもあれば、互いに関係がないものもある。これらの斜線や墨線は編連の前に作られた記号の一種である可能性がある。

竹牘の規格についてはまだ情報がなく、図版から計測すると、長さは約四八・五センチメートル、幅は約二センチメートル。竹筒を縦に半分に切って断面を作り、その竹青面をさらに縦に三分割して三つの平面を作り出しているようである。そこに上から下まで三行にわたって文字が書かれ、書き尽くせない部分は回転させて〔天地を逆にして〕背面に書写されている。この種の形式は実際には觚《こ》〔三角柱や四角柱のような多面体の簡牘〕のようである。(49)

卜筮禱祠簡の記載によると、墓主は昭佗という名前であり、昭王の子孫で、楚の懐王前期に左尹を担当していた人物であるとわかる。生前は司法・行政業務を行い、いくつかの檔案《とうあん》〔個人の身上調書〕が残っており、病を患っている間に病に至らせている鬼祟《きすい》〔たたり〕や解除の儀式について何度も貞問〔卜占によって神意を問うこと〕を行っており、紀元前三一六年〔懐王十三年〕に治らずに死去している。

包山二号墓の資料は、はじめに『江漢考古』一九八七年第二期に荊沙鉄路考古隊「荊門市包山大冢出土一批重要文物」が掲載され、竹簡の基本状況の紹介と、二枚の卜筮禱祠簡の部分的な写真が発表された。また、『文物』一九八八年第五期に包山墓地竹簡整理小組「包山二号墓竹簡概述」が発表され、竹簡の全体的な紹介と、二枚の文書簡が掲載された。一九九一年、文物出版社は湖北省荊沙鉄路考古隊が編纂した『包山楚墓』と『包山楚簡』とを同時に出版し、この二書にはいずれも全竹簡の写真図版と釈文・考釈および字表が掲載されている。その中の図版については、おそらく印刷技術の原因によって、同一の竹簡の対比度〔コントラスト〕と清晰度〔鮮明度〕が異なり、対照しながら見る必要がある。竹簡の釈文・考釈は劉彬徽氏・彭浩氏・胡雅麗氏・劉祖信氏の四名が分担し、釈文は劉彬徽氏、考釈は彭浩氏が集約して定稿とした。『楚地出土戦国簡冊〔十四種〕』には、筆者と胡雅麗氏・劉国勝氏による釈文・注釈を掲載している。(50)

（十）江陵磚瓦廠三七〇号墓竹簡

一九九二年、荊州博物館考古工作隊は荊州城の西一・五キロメートルの江陵磚瓦廠《せんがしょう》において、一つの楚墓を整理し、三七〇という番号がつけられた。そこからは残欠した竹簡六枚が出土した。そのうち四枚には文字が書かれており、長さはそれぞれ六二・四センチメートル、六一・一センチメートル、四五・四センチメートル、一七・四センチメートルであり、前の二枚は完整簡のようである。内容は司法文書である。

資料の公開が最も早いものとしては、滕壬生『楚系簡帛文字編』の関連する字頭の下の引用に見られ、その序言では竹簡の性質を「卜筮祭禱記録」であると紹介している。筆者はこのいくつかの辞例に対して綴合・編連を進め、おおよそ四条の簡文を復原し、その性質は実際は司法文書であると指摘した[51]。後に滕壬生氏・黄錫全氏は共同で「江陵磚瓦廠M370楚墓竹簡」を執筆し、そこでは竹簡の模写と釈文を発表し、また簡文の内容は司法文書であると述べている[52]。

（十一）黄州曹家崗五号墓竹簡

曹家《そうか》崗《こう》墓地は黄岡市黄州区の禹王辦事処〔事務所〕の汪家沖村にあり、その地は黄州市の東北に当たり、北は禹王城まで一キロメートル、その西側に黄州から団風に至る公路が通っている。一九九二年一二月から翌年四月まで、黄岡市博物館は黄州区博物館と共同で、九つの楚墓を発掘した。五号墓には一つの墓道があり、東から一二度の東北東の方向である。墓底は長さ四・一六メートル、幅三・四四メートル、発掘時の深さは六・五六メートル。埋葬用の棺は一槨三棺であり、槨室は頭廂（東）・辺廂（南）と棺室（北）に分かれている。槨室には水が溜まっていた。墓主は女性である。

辺廂の副葬品の中には竹笥が一つあり、鼎・盒・壺などの青銅器の隙間から出てきた。竹笥の中には竹簡七枚が置かれていた。竹簡は比較的粗雑に作られている。長さは一二・八～一二・九センチメートル、幅は〇・七～〇・七五センチメートル、厚さは〇・一五センチメートル。簡の両端に近いところの右側には三角形の契口がある。ある契口には横向きの絹織物が朽ちた痕が見られ、幅は〇・一センチメートルで、まさしく編痕である。字数は少ないものは二字、多いものは一〇字、総字数は四〇字で、すべて竹黄面に上から詰めて書写されている。内容は、副葬品を記録したリストである。

『考古学報』二〇〇〇年第二期に、前述の二つの発掘機関による合同の報告「湖北黄岡両座中型楚墓」が発表され、全竹簡の写真と釈文が収録された。『楚地出土戦国簡冊［十四種］』には、劉国勝氏による釈文・注釈を掲載している(53)。

（十二）湖北荊門郭店一号墓竹簡

郭店《かくてん》の墓地は湖北省荊門市沙洋区四方郷郭店村に位置し、南は紀南城まで約九キロメートル、その東側の約一キロメートルのところに国道二〇七が通っている。一九九三年八月と一〇月に、郭店一号墓（俗称、塌冢子《とうちょうし》）は盗掘に遭った。一〇月中下旬、荊門市博物館は緊急措置として整理を進めた。墓葬の方向は東一〇度の東南東で、一つの墓道がある。墓底の長さは三・四メートル、幅は二メートル、深さは七・四四メートル。埋葬用の棺は一槨一棺、槨室は頭廂（東）、辺廂（南）、棺室（北）に分かれている。墓の中からは銘文が刻まれている漆耳杯が一つ出土し、発掘者は「東宮之不（杯）」と釈読している。李学勤氏は、それを改めて「東宮之帀（師）」と釈読し、墓主はその太子の師傅（教育を担当する官）に任ぜられた者であると見なしている(54)。

竹簡は全八〇四枚で、頭廂から発見された。編縄が朽ちていたことにより、散乱して順序がわからない状態であった。そのうち文字がある竹簡は七三一枚。内容はすべて古典籍である。竹簡の長さは多種の規格があり、最も長いものは三二・五センチメートル前後、続いて三〇・六センチメートル、二八・一～二八・三センチメートル、二六・四～二六・五センチメートル、一七・五センチメートル前後のものがあり、最も短いものは一五・一～一五・二センチメートルしかない。同一の書には同一の長さの竹簡が用いられ、異なる書では竹簡の長さに違いがある。両端は、あるものは平頭、あるものは削られて梯形になっている。幅は〇・四五～〇・六五センチメートルの間である。竹簡にはすべて契口がある。長さが一七・五センチメートル前後の竹書と一五・一～一五・二センチメートルの竹書の中の一種は、上中下の三道の契口があり、そのうち上下の二道は端に近い。その他の竹書の契口は、すべて上下の二道であり、契口から両端までは一定の距離がある。出土後しばらくの間、ある契口には依然として白色の編縄がかすかに残っていた。

『文物』一九九七年第七期に、湖北省荊門市博物館は「荊門郭店一号楚墓」という墓葬報告を発表し、そこには竹簡の概況の紹介と、やや不鮮明な竹簡の写真図版が掲載された。一九九八年、文物出版社は荊門市博物館編著『郭店楚墓竹簡』を出版し、七三〇枚の竹簡の写真図版と釈文・注釈を発表した。釈文の作業には、彭浩氏・劉祖信氏・王伝富氏が参加した。竹簡の綴合・編連と注釈は、彭浩氏と劉祖信氏が担当し、編纂は彭浩氏の責任で行われた。裘錫圭氏は原稿の審査・修訂を進め、いくつかの残簡を綴合し、多くの篇の簡文の順序と一部の簡文の分篇について調整を行い、釈文と注釈に対しても意見を述べた。裘氏の意見は「裘按」の形式で注釈の中に収められている。整理者によると、郭店楚簡は『老子』甲・乙・丙三組、『太一生水《たいいつせいすい》』『緇衣《しい》』『魯穆公問子思《ろぼくこうもんしし》』『窮達以《きゅうたつい》時《じ》』『五行《ごこう》』『唐虞之道《とうぐしどう》』『忠信之道《ちゅうしんしどう》』『成之聞之《せいしぶんし》』『尊徳義《そんとくぎ》』『性自命出《せいじめいしゅつ》』『六徳《りくとく》』『語叢《ごそう》（一）』〜『語叢（四）』の全一八篇に分けられる。そのうち『老子』と『太一生水』は道家文献であり、『語叢（四）』は縦横家《しょうおうか》の色彩を帯び、その他の各篇はすべて儒家文献である。

八開本〔Ｂ４判〕を採用していることにより、最長の竹簡も原寸大で完全に印刷されている。同年のやや後、科学出版社は崔仁義『荊門郭店楚簡《老子》研究』を出版し、『郭店楚墓竹簡』の中の『太一生水』と『老子』丙組をあわせて一種とし、四篇〔『老子』甲・乙・丙三組、および『太一生水』〕の竹簡の写真を収め、また釈文と注釈を発表した。『郭店楚墓竹簡』と比べると、その写真図版はより鮮明である。その後、さらにいくつかの小さな発見があった。第一は、一九九九年一〇月に武漢大学主催の郭店楚簡国際学術研討会に出席した学者が荊門市博物館を参観し、竹簡を実見した際、『五行』三六号簡の背面に一つの「解」の字があることを発見したことである。この竹簡の表面《おもてめん》の対応する字はもともと議論になっており、帛書『五行』では「懈」の字に作っている。この文字の発見は、表面の簡文の理解を助けることとなった[55]。第二は、荊門市博物館が竹簡の保護作業を進めていた際、先の発表で漏れていた竹簡を発見したことである。竹簡の長さは一七・七センチメートル、幅は〇・五センチメートル、両端は平斉、三道編縄、竹簡には「従所少好、与所少楽、損」の九字が書かれていた。これは『語叢（三）』九号簡〜一六号簡の内容と関係があり、補って入れるべきである[56]。第三は、『成之聞之』『尊徳義』のいくつかの竹簡の背面に、漢数字があることを発見したことである[57]（図9）。『楚地出土戦国簡冊［十四種］』には、李天虹・彭浩・劉祖信・龍永芳諸氏が修訂した釈文・注釈を掲載している[58]。

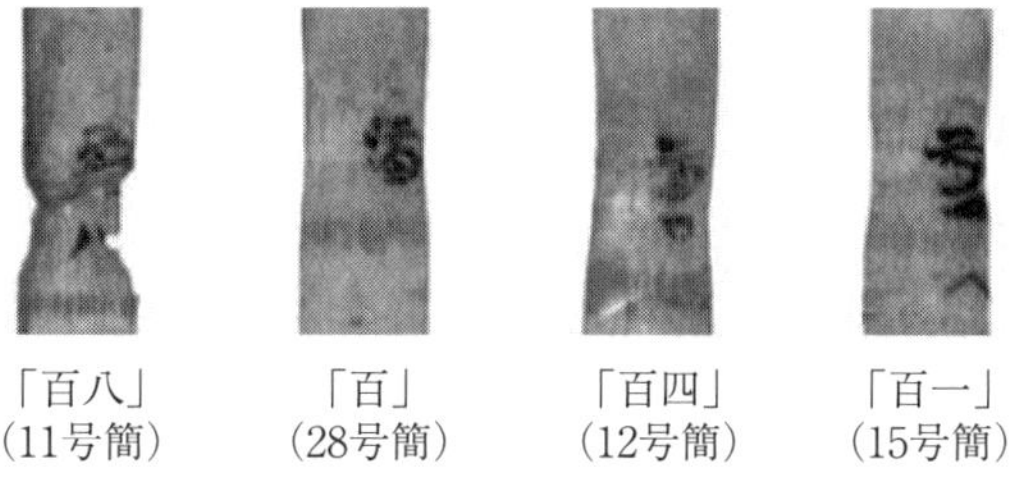

「百一」（15号簡）　「百四」（12号簡）　「百」（28号簡）　「百八」（11号簡）

〔図９〕郭店楚簡『尊徳義』背面の漢数字（『楚地出土戦国簡冊合集（１）——郭店楚墓竹書』、文物出版社、2011年版、72頁）

（十三）その他の発表が待たれる楚簡

現在すでに知られていて、発表が待たれている楚簡は、以下の通りである。

（1）一九九〇年から一九九二年まで、荊州博物館は宜黄路仙（桃）江（陵）段において考古発掘を行い、紀南城と郢城《えいじょう》の間の鶏公山で二つの楚墓を整理した。そのうち四八号墓からは喪葬類の竹簡が出土した[59]。

（2）一九九二年、湖北省老河口市の二つの楚墓の中から喪葬類の竹簡が発見され、その内容は喪葬記録である[60]。

（3）一九九三年、湖北省江陵范家坡《はんかは》二七号墓から竹簡一枚が出土し、その内容は卜筮禱祠記録である[61]。

（4）二〇〇九年、武漢市文物考古研究所は江夏県の二つの楚墓の中から竹簡を発見し、その内容は卜筮禱祠記録と遺冊である。

（5）二〇一〇年、湖北省文物考古研究所は荊門市沙洋《さよう》区の厳倉獾子《げんそうかんし》冢《ちょう》において一つの大型楚墓を発掘し、竹簡数百枚が出土した。その内容は文書、卜筮禱祠記録と喪葬記録である。卜筮簡の記載から、墓主は包山二号墓竹簡にその名が見える大司馬悼滑《とうかつ》であるとわかる。

第三節　河南省における発見

（一）信陽長台関一号墓竹簡

長台関《ちょうだいかん》墓は河南省信陽市の北二〇キロメートルの長台関の西北小劉荘後の土崗の上、淮河西岸に位置し、その東側には京広鉄路が通っている。一九五六年春、農民が井戸を掘っている時に墓葬を発見し、いくつかの器物を取り出した。翌年三月、河南省文化局文物工作隊は地方政府と共同で発掘に着手し、五月に終了した。墓葬は東から一二度の東南東の方向で、一つの墓道がある。墓坑の底部は長さ九・七メートル、幅は七・三五～七・六メートル、深さは約一〇メートル。二槨三棺であり、七つの槨室、すなわち前室（東）・左側室（西北）・左後室（北）・右側室（南）・右後室（西南）・後室（西）・棺室（中）に分かれている。

竹簡は二組ある。第一組は、前室のすぐ近くの墓道から出土した一一九枚である。農民が井戸を掘っていた際に踏みつけていたため、すべて破損している。残存最長のものは三三センチメートル、幅は〇・七～〇・八センチメートル、厚さは〇・一～〇・一五センチメートル。編痕から推測すると、もともとの長さは約四五センチメートルで、約三〇字が書かれていたと見られる。両端と中間には三道の黄色の絹糸の編連がある。字は竹黄面に書写され、上下には約一センチメートルの空白がある。内容は古代の書籍である。

第二組は、左後室から出土した二九枚である。保存状態はかなり良好であるが、竹簡の両端は折れたり裂けたりしていることが多く、そこに書かれている文字もあまり鮮明ではない。長さは六八・五～六九・五センチメートル、幅は〇・五～〇・九センチメートル、厚さは〇・一～〇・一五センチメートル。整理者の観察によると、竹簡の上下にはそれぞれ束ねるための幅〇・四センチメートルの黒色の絹紐があったとされる。上側の一道は上端から一八センチメートル、下側の一道は下端から一五・五センチメートルの位置にある。竹簡の背面にはしばしば契口が刻まれている。上から詰めて書写され、字数は最も多いものは四八字、最も少ないものは一六字である。あるものには竹簡上に削られた痕がある。たとえば二－〇二八は、中間部分が数文字、削り取られている。内容は喪葬記録である。

『文物参考資料』一九五七年第九期に河南省文化局文物工作隊第一隊「我国考古史上的空前発見・信陽長台関発掘一座戦国大墓」が掲載され、竹簡の写真図版が発表された。一九五九年、河南省文化局文物工作隊が編纂した『河南信陽楚墓出土文物図録』が河南人民出版社から出版され、これらにも竹簡の写真図版が掲載された。一九八六年、河南省文物研究所は文物出版社から『信陽楚墓』を出版し、比較的鮮明な竹簡の写真図版が公開された。版面の長さの関係から、長い簡は二～四段に分けて掲載された。同書には劉雨氏による釈文・考釈も掲載されている。一九九四年には、郭若愚氏が『戦国楚簡文字編』において第二組の竹簡の模写を発表し、『文物参考資料』が用いたネガフィルムの拡大写真を基準とした。[62] 商承祚氏が一九九五年に出版した『戦国楚竹簡匯編』には、全竹簡の写真図版と模写が含まれている。八開本〔B４判〕の紙面を採用し、第二組の中の竹簡については二段に分けて掲載する必要があった。『楚地出土戦国簡冊［十四種］』には、劉国勝氏による釈文・注釈を掲載している。[63]

（二）新蔡平輿君墓竹簡

墓葬は河南省駐馬店市新蔡《しんさい》県李《り》橋《きょう》 鎮葛陵《ちんかつりょう》 村の東北に位置し、東南は県城まで二五キロメートル、西南の葛陵古城に隣接している。かつて何度も盗掘に遭った。一九九四年五月、河南省文物考古研究所などの機関が合同で発掘を行い、墓葬には９４ＸＧＭ１００１という番号がつけられた。墓葬は東から一三度の東南東の方向であり、一つの墓道がある。墓坑の底部は長さ一三・四メートル、幅一一・七メートル、深さ九・六メートル。埋葬用の棺は二槨二棺で、槨室は五つの部分、すなわち棺室と東・南・西・北の四室に分かれる。兵器の銘文と竹簡の記載によると、墓主は楚の封君の坪夜《へいや》（平輿《へいよ》）君成《くんせい》であり、楚の昭王の子孫でもあり、包山二号墓の墓主である昭佗の一系から出た人物であるとされる。考証によると、平輿君成は楚の昭王の孫であり、埋葬年代は楚の悼王元年（前四〇一年）から悼王七年（前三九五年）の間であると推定される[64]。

竹簡は南室の東南部から出土し、すでに盗掘されていたため、散乱・残欠していた。出土時の総数は一五〇〇枚以上。竹簡の幅は普通のものは〇・八センチメートル、幅が狭いものは〇・六センチメートル、幅が広いものは一・二センチメートルで、復原した長さの最長は約五五センチメートル。文字は多くが竹黄面に書写され、竹青面に書かれたものも少数ある。大多数が片面に書写され、背面に文字があるものもごくわずかにある。内容は主に、卜筮禱祠記録、祝冊と祭禱を記載した名簿の三種である。

『文物』二〇〇二年第八期に、河南省文物考古研究所・河南省駐馬店市文化局・新蔡県文物保護管理所が合同で「河南新蔡平夜君墓的発掘」を発表し、そこでは墓葬と竹簡の状況を紹介し、また一〇枚の竹簡の写真図版とその中の一部の竹簡の釈文・考釈を掲載した。二〇〇三年、大象出版社は河南省文物考古研究所が編纂した『新蔡葛陵楚墓』を出版し、全竹簡の写真図版と賈連敏氏が執筆した釈文を公開した。ここでは、初歩的な綴合がなされており、図版と釈文は出土した際につけられた番号を用いて排列されている。『楚地出土戦国簡冊［十四種］』には、彭浩氏と賈連敏氏による釈文・注釈を掲載している。(65)また、宋華強氏の『新蔡葛陵楚簡初探』は分類した釈文を作成している。

（三）信陽長台関七号墓竹簡

二〇〇二年末、河南省文物考古研究所と信陽市文物部門は、破壊の危機に瀕している長台関七号墓に対して、緊急措置として発掘を進めた。この墓には一つの墓道があり、方向は北から一〇〇度〔すなわち東南東向き〕。墓室の上側の入口は長さ一三・六メートル、幅は一二・三五メートル、上側の入口から墓底までは最も深いところで約五メートル、もともとの深さは一〇メートル以上であったと見られる。埋葬用の棺は三椁二棺。外椁室は七つのまとまりに分かれる。右側室と左右の後室の保存状態が完全であることを除いて、その他の椁室はすべて盗掘に遭っている。出土した各種器物は七〇〇件以上で、左側室から竹簡一組が出土した。詳細な情報の公開が待たれる。(66)

第四節　骨董市場から購入・収蔵された簡冊

（一）香港中文大学購蔵竹書

一九八九年から一九九四年の間に、香港中文大学文物館は戦国時代から東晋時代の簡牘七組二四〇枚を買い集めて収蔵した。その中には戦国楚簡が一〇枚あり、内容は古典籍で、あるものは上博楚簡と関係が深い。たとえば、一号簡は『緇衣』九号簡と綴合でき、二号簡は『周易』と連続して読むことができ、三号簡は『子羔』一二号簡と綴合できる。(67)このことは香港中文大学が所蔵する楚簡と上海博物館が所蔵する楚簡の出自が同一の来源であること

を明らかに示している。(68)

饒宗頤氏が執筆した「緇衣零簡」は、比較的早くに一号簡の拡大写真と、釈文・研究を発表したものである。(69) 内容が『周易』である二号簡についても、饒氏は論文の中で言及している。(70) 一九九九年、陳松長氏は招待に応じて整理に赴き、二〇〇一年には陳氏編著の『香港中文大学文物館蔵簡牘』が香港中文大学文物館から刊行され、そこには一〇枚の楚簡の原寸大のカラー写真と釈文・考釈が掲載されている。

（二）上海博物館蔵楚竹書

一九九四年、香港の骨董市場にいくつかの楚簡が出現した。上海博物館は香港中文大学の張光裕氏を通して、当年五月と年末に一二〇〇枚あまりを購入した。これらの竹簡は総字数が約三万五〇〇〇字で、含まれている古典籍は百種前後である。郭店楚簡と類似しているが、各種の竹簡の長さはかなり異なる。最も短いものは二三・八センチメートル、最も長いものは五七・二センチメートル、幅は約〇・六センチメートル、厚さは〇・一センチメートル〜〇・一四センチメートル。編縄は両道のものも三道のものもあり、長い竹簡は多くが三道である。竹簡の右側に契口があり、残留している糸の編縄が竹肉に挟まっているものもある。文字は墨を用いて書写され、『周易』の中の符号は赤色を用いて書かれたものもある。これらの竹簡の出土地点は、湖北省であると伝え聞いている。購入された時、多数の竹簡には泥水が付着しており、墓葬から出土したものであると推測されている。

竹簡の初歩的な整理は李零氏によってなされた。その後の整理作業は、上海博物館の馬承源・陳佩芬・濮茅左・李朝遠・周亜・馬今洪諸氏、および館外の張光裕・李零・曹錦炎諸氏が参加し、馬承源氏が編者となった。一九九七年、上海博物館の書法館に一〇枚の竹簡が陳列され、その内容は五篇の竹簡に関係するものであった。(71) 二〇〇〇年八月に北京大学で開催された「新出簡帛国際学術研討会」において、上海博物館は『孔子詩論』『緇衣』

『性情論』の比較的長い三篇の竹簡の写真を展示し、馬承源氏らはその内容について紹介した。二〇〇一年末、『上海博物館蔵戦国楚竹書』の第一分冊が出版され、以後、一年あるいは二年に一冊の間隔で刊行され、現在までに第八分冊までが公開されている〔原著刊行当時。二〇一六年四月現在、第九分冊まで刊行済み〕。第一分冊の内容は、北京大学の会議上で展示された三篇である。各分冊の篇目は以下の通り。

第一分冊…『孔子詩論《こうししろん》』『緇衣《しい》』『性情 論《せいじょうろん》』

第二分冊…『民之父母《みんしふぼ》』『子羔《しこう》』『魯邦大旱《ろほうたいかん》』『従 政《じゅうせい》』『昔者君老《せきしゃくんろう》』『容成氏《ようせいし》』[72]

第三分冊…『周 易《しゅうえき》』『仲 弓《ちゅうきゅう》』『恒先《こうせん》』『彭祖《ほうそ》』

第四分冊…『采風曲 目《さいふうきょくもく》』『逸詩《いつし》』『昭 王毀室《しょうおうきしつ》』『昭 王与龔 之脽《しょうおうよきょうしすい》』『簡大王泊旱《かんだいおうはくかん》』『内礼《ないれい》』『相邦之道《そうほうしどう》』『曹沫之陳《そうまつしじん》』

第五分冊…『競 建内之《きょうけんないし》』『鮑叔 牙与隰 朋之諫《ほうしゅくがよしゅうほうしかん》』『季康子問於孔子《きこうしもんおこうし》』『姑成家父《こせいかふ》』『君子為礼《くんしいれい》』『弟子問《ていしもん》』『三徳《さんとく》』『鬼神之明《きしんしめい》』『融師有成氏《ゆうしゆうせいし》』[73]

第六分冊…『競公瘧《けいこうぎゃく》』『孔子見季桓子《こうしけんきかんし》』『荘王既成《そうおうきせい》』『申公臣霊王《しんこうしんれいおう》』『平王問鄭寿《へいおうもんていじゅ》』『平王与王子木《へいおうよおうじぼく》』『慎子曰恭 倹《しんしえつきょうけん》』『用曰《ようえつ》』『天子建州《てんしけんしゅう》』（甲乙本）

第七分冊…『武王践阼《ぶおうせんそ》』『鄭子家喪《ていしかそう》』（甲乙本）・『君人者何必安哉《くんじんしゃかひつあんさい》』（甲乙本）・『凡物流 形《はんぶつりゅうけい》』（甲乙本）・『呉命《ごめい》』

第八分冊…『子道餓《しどうが》』『顔淵問於孔子《がんえんもんおこうし》』『成王既邦《せいおうきほう》』『命《めい》』『王居《おうきょ》』『志書乃言《ししょだいげん》』『李頌《りしょう》』『蘭賦《らんふ》』『有皇将 起《ゆうこうしょうき》』『鶹《りゅう》鷅《りつ》』[74]

〔第九分冊…『成王為城 濮之行《せいおういじょうぼくしこう》』（甲乙本）・『霊王遂申《れいおうすいしん》』『陳公治兵《ちんこうちへい》』『挙治王天下《きょちおうてんか》（五篇）』『邦人不称《ほうじんふしょう》』『史蒥問於夫子《しりゅうもんおふうし》』『卜書《ぼくしょ》』〕

『上海博物館蔵戦国楚竹書』が公開している竹簡の写真図版には三種あり、一つは編連の順序によって排列したカラーの縮小版、一つは竹簡を三・六五倍した拡大カラー版、一つは原寸大の白黒図版である。製本コストが増大するものの、利用するのに便利である。

この一二〇〇枚あまりの他に、上海博物館は後にさらに一組の戦国竹簡を購入した。聞くところによると、その中には楚文字の字書があるとのことである。(75)

(三) 清華大学蔵楚竹書

清華大学の戦国竹簡は、二〇〇八年七月に収蔵された。全二三八八枚。この数は残簡を含んでいるが、完整簡の割合が大きいことから、もとは完整簡が約一七〇〇～一八〇〇枚であったと考えられる。最も長いものは四六センチメートル、最も短いものは一〇センチメートル前後である。竹簡上の墨書の文字は異なる書き手によるものであり、風格はすべて一致するわけではなく、大部分が端正で鮮明である。少数の竹簡の上には赤色の線が見える。

初歩的な整理を経た結果、六三篇の文献を含んでいると推測されており、内容は尚書類文献、紀年類文献とその他にいくつかの歴史に関わる典籍がある。一五輯に分けて出版される計画である。第一輯は、二〇一〇年末に中西書局から出版され、『尹至《いんし》』『尹誥《いんこう》』『程寤《ていご》』『保訓《ほうくん》』『耆夜《きや》』『金縢《きんとう》〔周武《しゅうぶ》王有疾《おうゆうしつ》周公所自《しゅうこうしょじ》以《い》代王之《だいおうし》志《し》〕』『皇門《こうもん》』『祭公《さいこう》〔祭公之《さいこうし》顧命《こめい》〕』『楚居《そきょ》』の九篇が含まれている。第二輯には『繫年《けいねん》』一三八簡を収録し、その形式は西晋初年に発見された『竹書紀《ちくしょき》年《ねん》』と近似しており、記載されている事件は、上は西周初年から始まり、下は戦国中期に至る。書かれた時期はおそらく楚の粛王あるいは楚の宣王の時であろう。紹介によると、全篇は二三章に分けられ、第一章は周が衰えた原因について書かれている。第二章は幽王の滅亡、平王の東遷、鄭国の興起について書かれている。第三章は秦国の興起について、第四章は衛国の興起と遷都について、第五章は楚の文王の興起について書かれている。第六章以下は、晋や楚などの国の関係について詳細に述べている。簡文の多くは古典籍と対照することができ、その春秋部分については〔内容が〕最も近い古代文献は『左伝』である。出版時期は二〇一一年末を予定している(76)〔原著刊行当時。二〇一六年四月現在、第六分冊まで刊行済み〕。

第五節　研究の歴史

竹簡の出土・刊行の状況によって、楚簡の研究はおおよそ三つの段階に区分できる。一九五二～一九八〇年を第一段階、一九八一～一九九七年を第二段階、その後を第三段階とする。

（一）第一段階［一九五二～一九八〇］

この段階は、全部で一〇群の竹簡の発見があり、長沙五里牌四〇六号墓、仰天湖二五号墓、楊家湾六号墓、信陽長台関一号墓、江陵望山一号墓・二号墓、藤店一号墓、天星観一号墓、随州曾侯乙墓、臨澧九里一号墓からそれぞれ出土した。五里牌簡、仰天湖簡、楊家湾簡、長台関一号墓第二組の竹簡、望山二号墓簡、天星観簡の一部分の内容は、おおむね喪葬に関する記録である。すなわち、この期間に出土した竹簡の主要部分である。そのうち字数が比較的多い竹簡群、たとえば望山二号墓簡、天星観簡、曾侯乙簡は、この期間にはまだ正式に刊行されていない。望山一号墓簡と天星観簡には卜筮禱祠記録が含まれているが、これらもまだ発表されていない。長台関一号墓からは、はじめて典籍簡が出土した。藤店一号墓と九里一号墓から出土した竹簡については、現在までまだ発表されていない。

その結果、一九八〇年以前に、楚簡の研究は事実上、主に二〇世紀の一九五〇年代に出土したいくつかの喪葬記録簡、および信陽長台関一号墓から出土した竹書に集中した。一九五二～一九五四年に長沙で出土した三群の資料は、先秦の竹簡の実物を目の当たりにさせ、一大センセーションを巻き起こした。そのうち仰天湖二五号墓から出土したものは、保存状態が比較的良く、字跡も比較的鮮明であり、一九五四年に北京で開催された「全国基本建設工程中出土文物展覧会」において陳列され、人々の関心を集めた。葉恭綽氏はかつて馬衡氏・于省吾氏・麦華氏の三名と討論を繰り返した。饒宗頤氏は、一九五五年に執筆した『戦国楚簡箋証』の中で、「去年の夏、私は日本で、日本人の友人とはじめてこれを見て、宋以来の古文字学者がいまだ目にしたことがないと言っていたものがあることを怪しんで、ともに嘆いた」と述べている。一九五七年には信陽長台関一号墓が発掘され、喪葬記録の重要な資料が増加した。初期に出土した竹書は、残欠が深刻であるが、価値があるものもある。これらは当然、学者たちに重視された。整理中の望山簡と曾侯乙簡についても、検討が進んでいる。

宋代以来、中国の金石学は発展し続けてきた。特に二〇世紀の一九三〇・四〇年代の安徽省寿県の李三孤堆の楚銅器群と長沙子弾庫楚帛書の発見は、楚簡文字の釈読〔文字を考証し、解釈すること〕のための下地となった。それゆえ五里牌簡が発見された後、「金戈八」「鼎八」などの字をすらすらと読むことができた(77)〔図10〕。楚簡文字と金文とを比べると、書写に特徴があり、変化に富み、字形も非常に豊富で、釈読が困難であることも少なくない。

仰天湖簡の検討の中で、羅福頤氏は真っ先にリスト化して、一・二・五・又・之・堣・新・笁・純・絅・絵・縞・纏などの字を釈読した(78)〔図11〕。少し後に、史樹青氏や楊宗栄氏は羅氏の解釈の不足部分を指摘し、「在」「卒」の二字の解釈を改めて「一十」の合文および「衣」の字と釈読した。また新たに箕・皆・羽・綉などの字を釈読し、さらに「絵」を「錦」と正確に読んだ(79)。史樹青氏がその後に出版した専著『長沙仰天湖出土楚簡研究』の中では、簡文の考釈に対してさらに多くの新たな成果をあげた。史氏が解釈保留あるいは誤釈したいくつかの字については、李学勤氏が補正を作成した。たとえば、中・君・何・馬・公・皿・楼・賍（蔵）などがそれである。[80] 饒宗頤氏は席・纓などの字を釈読した。[81] 一二号簡の七番目の字、すなわち最後の一字は、李学勤氏は「中」と釈読している。朱徳熙氏・裘錫圭氏はさらにその説を証明し、また同簡の三番目の字を「於」と釈読し、五番目の字を「箽」と釈読し、この簡の文字は通読できるようになった[82]〔図12〕。

随州曾侯乙墓竹簡については、裘錫圭氏は「初歩的な整理を進めている過程で、我々は多くの古文字に関する問題がこれらの資料によって解決できるとすでに感じていた」と指摘している。裘氏が挙げた例の中には、戟（「丯」に従い、「戈」あるいは「金」に従う）・坪・紃などの字があり、いずれも簡文と関係がある。[83]

中山大学の学者は楚簡資料についての体系整理の中で、楚簡文字の総体的な特色をできる限り概括しようとした。そして、「手書きであることにより、文字の起筆と収筆がはっきりしており、筆画は多くが湾曲している。一

〔**図10**〕**「金戈八」**（『長沙発掘報告』図版23、57頁）

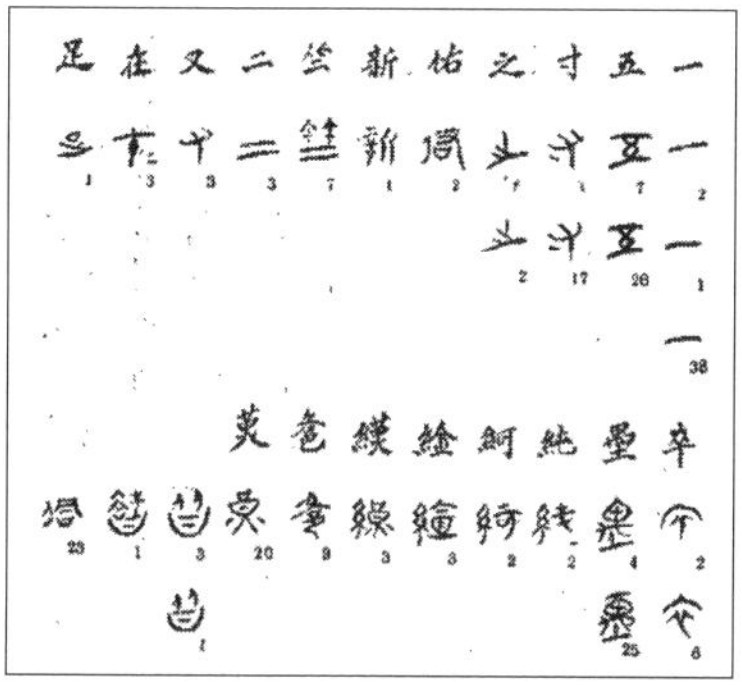

〔**図11**〕**羅福頤氏によるリスト**（羅福頤「談長沙出土的戦国竹簡」、『文物参考資料』1954年第9期、89頁）

〔**図12**〕**仰天湖12号簡**（朱徳熙・裘錫圭「戦国文字研究（6種）」、『考古学報』1972年第1期、76頁）

般的にすべて起筆が比較的太くて大きく、収筆が比較的尖っていて細い」と指摘した。構造の上では、加筆・減筆の現象がある。前者はたとえば天・下・其・丙・辰、後者はたとえば貞の字である。また、馬・四・也・之・玉・環などの字を例として、一字の異形の様相を説明している。(84) 馬国権氏の論文の中では、さらに楚簡文字のいくつかの特徴、すなわち同字異構（同じ字で異なる構造のもの）、形符・声符や偏旁の位置が固定されていないこと、仮借の現象が普及していることを指摘している。(85)

性質については、五里牌四〇六号墓竹簡が出土した後、夏鼐氏はただちに「文字は多くが識別できない。しかし、その中にも識別できるもの、たとえば「金戈八」「鼎八」の類があり、おそらく副葬品の品名と件数を記録したものである」と指摘した。(86) 葉恭綽氏・李学勤氏はさらに、直接これを「遣策」としている。(87) 仰天湖簡については、史樹青氏は「我々はこの群の竹簡を「遣冊」と称することができ、生きている人から死者への贈り物のリストである」と指摘している。(88) このような検討に基づいて、信陽簡第二組および望山二号墓竹簡の性質は、最初の報告の中で「副葬品を記載したリスト」あるいは「遣策」と明示されている。(89) 曾侯乙簡は「主に葬儀に用いた車馬兵甲を記載した」ものであると見なされている。(90)

信陽簡については、報告では「内容は、墓主と関連する記載である可能性がある」と述べている。(91) 李学勤氏は簡文の釈読を通して、「これは儒家が論述する政治道徳に関する文章の一つであるとすべきである。これは我が国の近代以来、はじめての真の戦国竹書の発見である」と指摘している。(92)

信陽一号墓から出土した卜筮禱祠記録については、中山大学古文字研究室楚簡整理小組が「その主な内容は邵〔悼〕固の家臣が邵固の疾病のために先君・先王および神祇に向かって祈禱しているもの、あるいはその他のことのために占った記録であると言えるようである」と最初に指摘した。(93) 朱徳熙氏・裘錫圭氏・李家浩氏も「この竹書に対して断簡の綴合と考釈研究を行ったことにより、簡文の主な内容は墓主の悼固のための占いと祭祀をした記録である」と見なしている。[94]

（二）第二段階［一九八一～一九九七］

この段階および第一段階で整理された竹簡資料は陸続と公開され、研究できる楚簡の数量・種類が大いに拡充した。前段階で得られた楚簡、すなわち信陽一号墓・望山二号墓・曾侯乙墓竹簡は、すでにすべて発表されており、天星観一号墓竹簡も公表されている。この段階で新たに得られた竹簡は、整理・公開の時間が明らかに短縮した。包山簡は一九八六年末から一九八七年はじめに発掘され、一九九一年にすべて刊行された。九店簡の資料も速やかに公開された。

古文字学の領域で、戦国文字はますます関心を集め、その中で楚簡文字は最も数量が多いものである。包山簡が刊行された翌年、すなわち一九九二年に南京において開催された「中国古文字研究会第九届学術討論会」では、この竹簡を検討した論文は十数篇にも及んだ。楚簡をめぐる簡牘学研究・歴史学研究もすでに盛んに行われていた。刊行物や学会発表論文が激増したと同時に、大陸・香港・台湾では楚簡を研究テーマとする学位論文を執筆した大学院生が数多くいた。その他、字表・文字編〔文字の対照リスト〕も多く作成された。

資料の激増によって、同じ材料と異なる材料の間でさらに多くの比較対照や裏付けによる証明を行うことができ、文字の釈読は相対的に容易になった。包山文書簡と九店日書は、先に発見された喪葬・卜筮禱祠簡と比べて、さらに豊富な語義と比較的はっきりした文脈を備えていた。これは辞例の角度から文字を把握するために、さらに良い条件を提供した。したがって、この段階はさらに多くの新たな古文字を釈読できたと言える。

曾侯乙墓竹簡については、裘錫圭氏・李家浩氏が作成した釈文では、旆・韔・弦・䩛・篿・圓・絶・翠・殿・広・甲・因・旌・升などの字を釈読した。[95] 包山簡については、劉彬徽氏・彭浩氏らが作成した釈文では、典・断・隋・過・

蔆・卒・脩・蓏などの字を釈読した[96]。望山簡については、朱徳熙氏・裘錫圭氏・李家浩氏が作成した釈文では、速・備・間・巣などの字を釈読した[97]。

この時期、学者たちは切磋琢磨し、いくつかの問題について活発に議論し、その解決を促した。以前、饒宗頤氏が釈読した「席」の字は、郭若愚氏が重ねて論じ、朱徳熙氏・裘錫圭氏・李家浩氏の賛同を得て、ついに解釈が定まった[98]。朱・裘・李の三氏は楚文字の中の悼（郾）・昭（卲）の二姓の字を区分し、包山簡の整理者がそれを引用・証明したために、すでに定論となっている[99]。望山二号墓一号簡の最後の一字は、朱・裘・李の三氏は原釈文〔整理者による最初の釈文〕で「笲」とし、この字もまた包山簡に見え、その釈文では「典」と釈読されている。望山二号墓簡の釈文と考釈「補正」〔追加の修訂〕では特にこの説を引用し、重視する態度を明らかにしている[100]。

包山簡の検討はきわめて活発であり、原釈文の基礎の上で、さらに難解な字を釈読していることが多い。たとえば、李・求・鳴・沢・僉・割・及・海・率・鹿・蜜・軒、および思・史・枳・皃（艹に従う）・蔽などの字である[101]。

一文字ずつ研究するという基礎の上で、楚簡文字の全体的な認識についてもかなり大きな進展があった。いわゆる楚系文字に関する検討の中で、楚簡文字は数量が多く、変化も多いことによって、最も重要な材料となった[102]。

この段階で発表された資料は、保存状態が比較的良く、内容が比較的豊富であるものもあり、かつ前段階の研究の支えを得たことから、編連、分篇と篇題、標識符号、分欄書写などの簡牘学に関する問題について、普遍的な関心を得ることとなった。

この段階で刊行された資料のほとんどは、整理者ができる限り綴合・編連・分類を行っている。曾侯乙簡について整理者は、「残欠した竹簡については、できる限り接合し、また簡文の内容によって全竹簡の順序を定めている」と述べ、さらに内容に基づいて四種類に分けている。そのうち一号簡の背面には、「右令建馭大旆」の六字がある。整理者は、「これは一号簡の背面の文字である。古代の簡冊は巻き収められた後、しばしば外側に露出しているはじめの竹簡の背面に篇題を書く。この竹簡の表面には「右令建駆大旆」の語があり、そのため「右令建駆大旆」を篇題としたのであり、これは古典籍の多くが篇の冒頭の文字を取って篇名とするという状況に類似している」と指摘している。[103]

包山簡については、整理者は内容に基づいて文書・卜筮禱祠記録・遣策の大きく三種類に分けた。一大類ごとに、さらにできるだけ小さなグループに分け、内容に基づいて竹簡を編綴している。文書簡の中には、「集箸」「集箸言」「受幾」「疋獄」の四つの篇題がある〔図13〕。整理者は内容に基づいて、いくつかの簡書を各篇の下にまとめた。その他の竹簡もおおむね冊書となっている。たとえば貸金を記載した一〇三～一一九号簡を一組とし、郲拳《ふけん》という人物が馬を盗んで人を殺した案件を記載した一二〇～一二三号簡を一組とし、舒慶という人物の訴訟事件を記載した一三一～一三九号簡を一組とする。左尹の属吏〔部下〕たちに依頼した内容を記載した七組の竹簡（一六二～一九六号簡）は、互いに関連がある。卜筮禱祠記録は全五四枚であり、二六組に分けられる。遣策簡は二七枚で、四つの大きな組に分けられる。望山簡は残欠が深刻であるが、整理者はいくつかの竹簡が接合できることを指摘している。

『江陵九店東周墓』第四章第三節の「竹簡」部分では、五六号墓竹簡について紹介し、「竹簡は二つの部分に分けられ、一号簡から一二号簡までは農作物に関するものである。一三号簡から一二四号簡までは数術について記されており、さらに七種類に分けられる。（1）一三号簡から二四号簡までは、上下二つの欄に分けて書写し、楚の建除家〔数術の専門家の一つ〕の言を記している。（2）二五号簡から

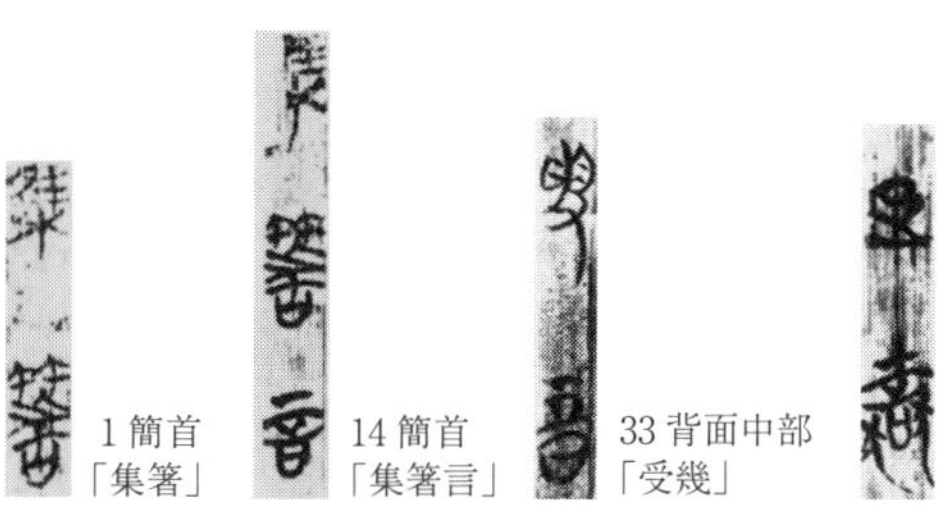
84 背面中部「疋獄」　33 背面中部「受幾」　14 簡首「集箸言」　1 簡首「集箸」

〔図13〕包山文書簡　四つの篇題

三六号簡までも、建除家の言である。（3）三七号簡から四二号簡までは、季節ごとに三ヶ月のどの天干〔十干〕が不吉な日であるか、どの天干が吉日であるか、などについて記している。（4）四三号・四四号簡は武夷〔神の名〕の巫術活動の一種について記している。（5）四五号簡から五九号簡までは、相宅〔家の方位の吉凶を占うこと〕の書に属す。（6）六〇号簡から九四号簡までは、睡虎地秦簡『日書』乙種一五八号簡から一八〇号簡までの内容と基本的に同じである。（7）九五号簡以後は残簡である」と述べている。(104) 巻末の「附録二」の部分には、一条ごとに書き写した釈文がある。前述の説明と合わせると、釈文の中で実際に分篇・編連・分欄を具体的に示していることがわかる。

簡文の中の書写の特徴と標識符号も関心を集めている。曾侯乙簡の標識については、裘錫圭氏・李家浩氏は二種類に分け、一つは段落の始めと終わりを提示した符号であり、もう一つは句読の符号であるとしている。段落の間の留白についても、整理者はすでに解明している。(105) 包山簡については、整理者は「同一簡の中の異なる内容を区別するために、しばしば空白を残す。ある段落の文字の中間には墨書の符号がある。たとえば「、」「▬」「〓」があり、「、」は区別するための符号で、一般的に人名と地名、地名と地名、あるいはその他の相互に区別が必要な名・物の間に記されている。「〓」は重文あるいは合文の符号であり、一般的に名詞あるいは数詞の後ろに用いられる。「—」のような横線は分段の符号であり、一般的に段落の冒頭部分の前に加えられる」と指摘している。

資料が刊行された後、これらの問題についてはさらに検討が加えられた。包山簡について、筆者は、もともと一組と見なされていた一三一～一三九号簡は実は三組八件の文書を含んでいることを発見し、そのうち一三二～一三五号簡を一組とし、一三六・一三七号簡を一組とし、一三八・一三九号簡を一組とし、各組の表面と背面には関連する二、三個の文書が書かれていた。(106) これは包山文書簡の中で分量が最大の案巻〔案件に関する文書〕の一つであり、その時間の順序と事件の展開の手がかりを、さらに明らかにしてくれる。李家浩氏は喪葬簡中の車のことを記した竹簡数枚の順序を調整し、二六七・二六八・二七二号簡を一組とし、二七一・二七六・二六九・二七〇号簡を一組としている。これによると、正車〔車の一種〕を記す一組の内容は一号牘とおおむね合致し、その中に繰り返し書かれている「面」の字に関する問題も解決した。(107)

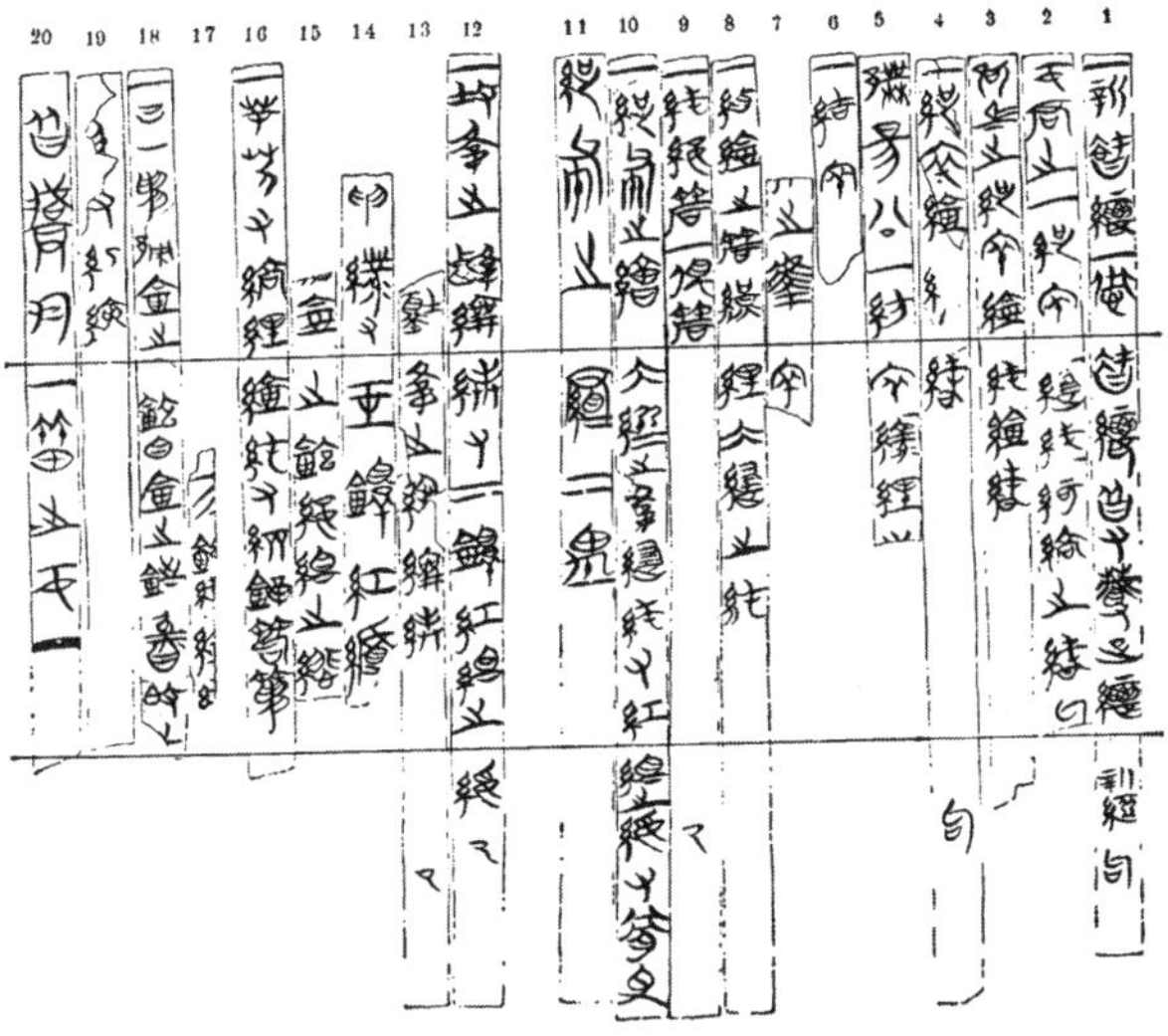

〔図14〕**仰天湖簡　郭若愚氏による復原模写の一部**（郭若愚「長沙仰天湖戦国竹簡文字的摹写和考釈」、『上海博物館集刊』第３期、上海古籍出版社、1996年版、33頁）

九店簡について、筆者は、三七～四〇号簡の下欄に書かれているものは別の一篇であり、三七～四〇号簡の上欄および四一・四二号簡に書かれている一篇と区別すべきであると考えている。(108)以前に発表された仰天湖簡については、郭若愚氏が緻密な復原作業を行った〔図14〕。郭氏は自ら「竹簡の上から下に向かって七センチメートルおよび一六センチメートルのところの右側にそれぞれ切れ込みがあり、それは絹糸の紐で編まれたことを示している。今、その切れ込みによって編まれた位置を定め、さらに記載内容によって分類している。綴合できるものは一例であり、竹簡の写本三九片の模写には編綫の位置を示し、一簡ごとに新たな番号をつけ、その全貌が見られるようになっている」と述べている。(109)これは、契口や文字の内容などの要素を総合的に考え、竹簡の巻冊中の順序を復原するために努力しているだけでなく、竹簡の残片の巻冊中の位置を確定することを試みているのである。

包山簡の中の人名・地名の下にあるいくつかの標識符号については、筆者は分析して「この符号は人名や地名を示す役割があり、並列の二者を区別しているわけではない」と述べた。[110]

文書簡は、包山二号墓にはじめて見えた。その竹簡の性質とそれに関する歴史的問題は、この段階の後半期の研究の特色となっている。整理者は、これらの文書簡は「若干の独立した事件あるいは〔法律〕案件の記録は、いずれも各地の官員が中央政府に向けて上申した公文書である」と見なしている。これらの文書に見られる司法制度、行政区の構造、地名、官職などについても、さまざまな分析がある。[111] 李学勤氏は、一五一～一五二号簡は、戦国中期の楚国では一夫百畝の授田制度〔成年になった男性一人に百畝の田を授ける制度。畝は田地面積の単位〕を実行し、土地は継承と売買ができることを表していると指摘している。[112] 羅運環氏は、簡書に見られる州は特別な定住民の編成の一種であり、州の前に人名と官名を冠するものは一種の食税州〔その州の税金がその人あるいは官の俸給となること〕であると見なしている。[113] 何浩氏・徐少華氏・顔世鉉氏らは簡書に見られる地名について考証・訂正した。[114] 周鳳五氏は「余睪命案文書」（一二〇～一二三号簡）の案件によって、劉信芳氏は簡書が使用する専門用語によって、司法制度に関するいくつかの問題を検討した。[115] 劉信芳氏・文炳淳氏は官府と職官〔各級官吏の総称〕を詳細に逐一論述した。[116] 李零氏・黄盛璋氏は文書簡の各種類型および関連するいくつかの問題について検討した。[117] 筆者は、包山文書簡は多くが左尹の官署〔官庁〕の人物が書いたものであり、たとえば「疋獄」簡・「受幾」簡・「所属」簡（すなわち一六二～一九六号簡）はいずれも左尹の補佐と属吏〔部下〕により出たものであると見なしている。これらの文書の性質および簡書が示す政治・司法制度の理解については、整理者と多かれ少なかれ差違がある。[118]

筆者はまた、包山簡の他にも、楚国の司法文書が存在することを発見した。それは江陵磚瓦廠三七〇号墓竹簡である。当時はこの竹簡はまだ完全には公表されていなかった。筆者は滕壬生『楚系簡帛文字編』の中に引用されている辞例を綴合し、包山文書簡と比較対照して、これがいくつかの訴状であることを発見した。[119]

卜筮禱祠類簡の正式な発表は、この段階で行われた。以前に発掘された天星観簡はさらに公表され、望山簡の資料はすべて公開された。また、一九八七年はじめに出土した包山簡は「後来居上」〔後の者が先の者を追い越すこと〕となって、望山簡より先に公刊された。これまでに発表された卜筮禱祠記録の中で、包山簡は最も完備した一群である。これは竹簡の整理に役立ち、さらにその他の同類の竹簡の整理・研究に対して信用できる手本となった。彭浩氏は包山卜筮簡の編連の規律を指摘した後、特に「その他の楚墓のこの類の竹簡は、もし数量がかなり多ければ、おおむね包山卜筮簡と同様に編連したものでもある」と言及している。[120] 李零氏も包山簡は「代表的なタイプであり、楚簡の大部分の内容を覆うことができ、研究者に一隅を知ってその他を推知させるものである」と指摘している。[121]

天星観一号墓の発掘報告では、出土した竹簡の一部分は卜筮記録であり、その大半は墓主のための卜筮の記録であり、祭祀に関する内容も一部あると述べられている。卜筮を三種類に分けると、（1）墓主のために「侍王」〔楚王に仕えること〕が順調であるかどうかを占ったもの、（2）憂患・疾病の吉凶を占ったもの、（3）新居に引っ越して「長居之」〔長くここに居る〕ことができるかどうかを占ったもの、などである。卜筮の言葉の形式は、二種類に分けられる。一つは、先に年月日を記してから、卜人〔占う人〕が用いる占い道具と、問われる事項、および占い結果を記したものである。もう一つは、年月日を記さず、ただ占った人の人名、占いの道具、および験辞〔実際の結果〕のみを記したものである。報告では、祈る対象は祖先と鬼神の二種類に分けられ、しかも卦画〔易の陰爻（⚋）陽爻（⚊）を組み合わせたもの〕の存在について言及されている。[122]

李学勤氏は、一九八三年に出版した『東周与秦代文明』において「簡牘」の一章を設け、戦国楚簡について当時すでに知られていた九つの材料を、書籍、禱祠記録、遣策の三種類に分けた。いわゆる禱祠記録とは、望山一号墓竹簡と天星観簡の一部分を指す。[123]

最初の報告の中では、包山簡の卜筮禱祠記録は「占禱簡」と称され、[124] 後に「卜筮祭禱記録」と改称された。整理者は、この五四枚の竹簡は二六組に分けることができ、各組の竹簡は占いあるいは禱祠の時間の順序で排列し、組ごとに一つの事柄を記し、多いもので四、五簡、少ないもので一簡である。内容はいずれも墓主のために吉凶祝福を占ったものや、鬼神あるいは祖先に向かって幸福や加護を求めるものである、と見なしている。つまり、卜筮と禱祠の二種類に分けられる。整理者はさらに、「卜筮簡は一般的に、前辞・命辞・占辞・禱辞と、二回目の占辞などの部分を含んでいる」と指摘し、禱祠簡は「数量は少なく、体例も簡単で、一般的に前辞と禱辞の二つの部分からなる」と述べている。[125] 彭浩氏は卜筮禱祠簡のこれらの分析を具体的に解釈し、また卜筮・禱祠をめぐるいくつかの興味深い命題を提出して、詳細に検討を加えている。[126]

包山簡の卜筮簡の初歩的な公表の後、李学勤氏はただちに鋭くそれらとその他の断片的な資料とを互いに結びつけ、用語を検討し、さらに殷・周の卜辞と対照した。[127]

李零氏は包山簡の卜筮類について全面的に検討し、これらの内容は一般的な占卜記録とは異なり、病状を問うことを主とし、古代の人々が言うところの「卜瘳」（瘳は、病気が良くなるの意）に属すると見なしている。禱祠を行うためにあらかじめ占うことであり（たとえば禱祠の時間を選ぶ、など）、「占卜簡」と称しても良い。李零氏は楚簡の占卜の辞を「初占」と「習占」の二種類に分けている。初占の形式は、一回目の占卜（前辞・命辞・占辞を含む）と二回目の占卜（また命辞・占辞を含む）に分けている。一回目の占卜は主に身体あるいは病瘳を占うものであり、二回目の占卜は「奪」（除くの意）を問うものであり、祠・禳を実行して病を除く。習占は「××習之」の語で始まり、前辞を省略している。李零氏はまた、関連する専門用語を具体的に検討し、もともと「鬼攻」と読まれていた「鬼」の字を改めて「思」と解釈し、願望の語気を表した言葉であると見なしている。[128] さらに、禱祠の鬼神を、祭る対象と祓う対象の二種類に分け、その上で前者を天神、地祇、祖考と重要な親戚の三類に分け、後者はさまざまな妖怪災異であると述べる。[129]

筆者は、包山卜筮簡を「歳貞」と「疾病貞」の二種類に分けることにより、占う事柄がすべて奇数回に占断されていることを明らかにした。禱祠中の神祇の系統と享祭の制度について、筆者は、異なる名称で呼ばれているいくつかの神霊は実は同じであること、また、さまざまな神祇とその享祭の変化には対応関係があることを発見した。(130)

李家浩氏は、楚簡の「蔽」の字を考証・解釈すると同時に、包山卜筮記録と「敚辞」との関連部分を重点的に検討した。さらに、「敚」はすなわち『周礼』春官・大祝の「六祈」の中の「説」であり、「輿敚」の「輿」を「与（与）」と読み、訓じて「従」とすること、「遂故蔽」の「蔽」は「畢」と読み、「故蔽」は「故志」「故記」のようなものであると見なせることを証明した。(131)

朱徳熙氏・裘錫圭氏・李家浩氏は望山一号墓竹簡に対して、「この竹簡はしばしば占卜の記録を含んでいる。その形式は通常、先に占いの日時を記し、続いて某人が某種の占いの道具を用いて「為悼固貞」〔悼固のために占う〕というものである。「貞」字以下は、問われる事項の言葉であり、いわゆる命辞である。その後は占いの結果をもとに吉凶を判断する言葉であり、占辞と称しても良い。大半の占辞は、墓主に依然として祟りがあり、どんな措置を用いて禳い除くべきか、ということを表している」と指摘している。(132)望山一号墓竹簡の破損の程度、およびその主な整理作業が包山簡が発表される前に行われていたことから考えると、これらの結論はきわめて貴重である。

喪葬記録については、天星観一号墓の報告では、遣策を二つの部分に分け、一つは墓主の葬儀を助けた者の名前や官職、および贈り物であり、もう一つは「邸陽君の葬儀の際に用いられた車、載せられた儀杖、兵器、甲冑、飾り金具などを記録したもののようである」とされる。(133)

信陽長台関一号墓の報告では、遣策は「副葬品の名称と数量を記載したリストであり、かつ衣服や日用品についてもしばしば描写されている」と述べている。(134)

曾侯乙墓の報告は、竹簡に対してかなり深く掘り下げた分析を行い、「竹簡は葬儀に用いる車馬兵甲を詳細に記録している。一号簡には「大莫敖陽象 豧に適《ゆ》くの春、八月庚申、甲冑 執事人 入車を書す〔大莫敖陽象適豧之春、八月庚申、甲冑執事人書入車〕」と言う。冒頭に全竹簡の性質を示しており、それは……人馬甲冑と車馬器を管理する役人が作成した、〔曾侯の家が〕受け入れる車についての記録である。あるいは「入車籍」と称することができ、つまり葬儀に用いる車両の登記簿である」と述べている。竹簡は具体的に三種類に分けられる。すなわち、（1）一号簡から一二一号簡までは主に車馬と車の兵器装備を記したもの、（2）一二二号簡から一四一号簡までは主に車に配備する人馬の二種類の甲冑を記したもの、（3）一四二号簡から二〇九号簡までは主に車につながれている馬を記したもの、である。さらに、『周礼』の関連する記載とつなげると、王の葬儀を行う際、多くの車馬兵器を陳列する必要があり、これらは霊柩を護送して埋葬するのに用い、また一部の車馬を従葬する、と考えられる。[135]

包山楚墓の最初の報告では喪葬類簡を「遺策」と称していた。[136]その後の報告では喪葬記録について、墓中から遣策が出土し、それは椁室の各箱に分散して置かれており、各箱の器物と対応している。遣策は、墓主の頭側の椁室を「食室」と称し、足側の椁室を「箱尾」と称している。報告においても、竹牘に記されている一両の車は、他の人から「受（授）」けられたものである、と指摘している。[137]正式な報告の中で、整理者はさらに「遣策簡は全二七枚、四組に分けられ、葬器とともに置かれ、いずれも副葬品について記されている」と指摘している。これらの副葬品については、詳細に説明した報告書がある。[138]報告書の附録の一つとして、胡雅麗氏は記されている器物の名称と実物との対応を詳しく論じている以外に、書写の規律についてもまとめている。特に遣策は、載せられる器物の性質および実用の機能に基づいて書写を分類でき、各類の器物の冒頭簡のはじめに載せる物品の性質を明記し、そして原料、用途、組み合わせの関係などによって、遣策に順番に記している。[139]

『望山楚簡』と『江陵望山沙冢楚墓』の中では、望山二号墓竹簡は「遣策」すなわち「副葬品のリスト」であると述べている。陳振裕氏は、特に望山二号墓竹簡の順序を説明して、「現在の研究を通して、「……周之歳八月辛□□□車輿器之筭」を冒頭簡とし、その後に数枚の車両に関する竹簡を編入し、その後は銅、陶、漆、木、竹、絹織物などの器物とその数量を記した竹簡とする」と述べている。さらに、陳氏は楚墓の遣策のいくつかの状態を概括し、曾侯乙墓・包山二号墓・信陽長台関一号墓より出土した竹簡から得たヒントによって、この排列を作成したことを表明している。[140]

包山簡が刊行された後、李家浩氏は二二六号簡の中の木器や、記車簡の中の旌旆〔さまざまな旗〕について緻密に考察し、また副葬品と一つ一つ照合した。[141] 筆者は、二六七号簡の「甬車」を「用車」と読み、さらに上文と区切って読んで、これはすべての記車簡を統轄する言葉であると見なした。また、「遣策」と「賵方」とを区別し、竹簡といわゆる竹牘に記された「正車」とはおおむね同じものであると考えた。[142] 李学勤氏・彭浩氏・劉信芳氏らは、喪葬簡について総合的に検討している。[143]

秦代の日書は以前、湖北省雲夢県の睡虎地と甘粛省天水市の放馬《ほうば》灘《たん》の墓葬の中から大量に出土した。秦簡の日書について検討した際には、楚の日書に関する推測もあった。九店楚簡の日書の資料は、人々の関心を集めた。『江陵九店東周墓』が出版された後、多くの学者が論文を執筆した。饒宗頤氏・徐在国氏・李守奎氏・陳松長氏は文字や語句について考釈を作成している。[144] 劉楽賢氏・劉信芳氏は章を分けて全面的な検討を行っている。[145]

早くに出土した信陽簡については、李学勤氏が学派の属性〔特徴〕に関する新説を提示した。以前、中山大学古文字研究室楚簡整理小組は『太平御覧』八〇二巻の中の『墨子』の佚文「周公 申徒狄に見《まみ》えて曰く、「賤人 強気なれば則ち罰至る」と〔周公見申徒狄曰、「賤人強気則罰至」〕」は、内容や語気が竹簡の記載〔「【周】公曰戠然作色曰、「易、夫賤人格上則刑戮至」」〕とよく似ていることを発見した。[146] 李家浩氏はまた簡文の「易」の字を釈して、「狄」と読んだ。[147] 李学勤氏は「中山大学の学者の論文は、創見に富み、……竹書の性質の謎を解くための鍵を提示した」と述べている。彼は簡文の「賤人」「尚賢」は『墨子』によく見られ、以前に儒家の専門用語であると見なされていたいくつかの言葉は、実はすべて『墨子』に見られるものであることを指摘し、それによってこの竹簡は『墨子』の佚篇であると推断している。(148)

暦法については、曾憲通氏がはじめに楚の月名の由来や、それと秦の月名との対応関係について検討を加え、また望山一号墓竹簡の「困芻〔人名〕王を栽郢〔地名〕に問うの歳〔困芻問王於栽郢之歳〕」を楚の頃襄王十四年〔前二八五年〕であると推定した。(149)その少し後に、平勢隆郎氏がこれについて自身の見解を提示した。(150)王勝利氏もまた楚の暦の建正〔どの月を正月とするか〕の問題について多くの論文を発表した。(151)包山簡・九店簡にはさらに多くの、かつ内在的な関係を備える資料があり、より深く検討されるようになった。王紅星氏・劉彬徽氏は、包山簡によって、楚暦の歳首〔正月〕は冬夕、すなわち建丑〔陰暦十二月〕であると考えた。(152)筆者は包山簡の関連資料から着手し、楚の歳首は荊夷、すなわち建寅〔陰暦一月〕であると推断した。また、九店簡の資料を用いて、さらにこの点を証明した。(153)劉楽賢氏・邴尚白氏も荊夷は歳首であると見なしている。(154)包山簡には、許贏《きょえい》の歳〔東周の人物である許贏が楚の都の郢に赴いた年〕である八月・九月の日辰〔天干地支〕について比較的多く記されている。劉信芳氏はこの資料に基づいて、当年の九月の朔日を推断し、またこれによって七年間の朔閏表を復原した。(155)

（三）第三段階〔一九九八〜〕

一九九八年五月、『郭店楚墓竹簡』が文物出版社より出版された。一九九四年、上海博物館は香港の骨董市場から楚竹書を買い戻し、二〇〇一年末からおおよそ毎年一冊が出版され、現在までに第八分冊まで刊行されている〔原著刊行当時。二〇一六年四月現在、第九分冊まで刊行済み〕。清華大学が二〇〇八年に購入した竹簡は、二〇一〇年末に第一分冊が刊行された〔原著刊行当時。二〇一六年四月現在、第六分冊まで刊行済み〕。これらの資料の公開とともに、関連する古典籍のテキストと内容に関する検討が進められ、楚簡研究の主軸となった。楚文字に対する認識も、重要な進展があった。研究の形式では、各種シンポジウムや講読班による検討が頻繁に行われた。龐樸氏が創設した簡帛研究網や、その後、相次いで開設された武漢大学簡帛網、復旦大学出土文献与古文字研究中心のウェブサイトは、成果の発表や検討の速度、効率を大きく推進した。一群の新資料が公開されるごとに、ウェブサイト上に論文が大量に発表され、そのため「忽《こつ》として一夜春風来たり、千樹万樹 梨花開くが如し」〔唐の詩人、岑参「白雪歌送武判官帰京」より〕という感慨をもたらしている(156)〔用語32〕。

戦国文字の認識過程の中で、学者たちは非常に困難な作業に従事した。絶え間なく発見があると同時に、多くの疑問点や不明点が残った。その主な原因は、資料不足によるものである。郭店楚簡・上博楚簡・清華簡は、しばしば直接的あるいは間接的に伝世文献の語句との比較対照、あるいは文脈による字義の探究が可能となり、それによって文字の釈読の解決の糸口が得られた。

楚文字の中には「羽」に従い「能」に従う字があり、これは『鄂君啓節《がくくんけいせつ》』にはじめて見え、古文字学者はさまざまな推測をした〔図15〕。郭店楚簡『五行』には「淑人君子、其義⿱羽能也」の一句があり、これは『詩経』曹風・鳲

〔**図15**〕「⿱羽能」と「一」（『鄂君啓節』：劉彬徽『楚系金文匯編』、湖北教育出版社、2009年版、394頁。郭店楚簡『五行』：武漢大学簡帛研究中心・荊門市博物館編著『楚地出土戦国簡冊合集（1）——郭店楚墓竹書』、文物出版社、2011年版、図版41。帛書『五行』：湖南省博物館・復旦大学出土文献与古文字研究中心編、裘錫圭編『長沙馬王堆漢墓簡帛集成（壹）』、中華書局、2014年版、103頁）

鳩を引用したものである。今本『詩経』と馬王堆帛書本『五行』の引用の中には、この字はいずれも「一」と書かれている。整理者はこれによって「[illegible]」を「一」と読んでいる。また「来」に従い「子」に従う字は、鄭剛氏は早い段階の一九八八年に「李」と釈していたが、信用しない学者もいた。上博楚簡『容成氏』二九号簡は「乃立咎陶以為李」と言い、「李」の字はまさにこの写法であり、鄭氏の推測はこれによって実証された[157]。

郭店楚簡『語叢（一）』一〇三号簡には「礼不同不奉（豊）不殺」とあり、「殺」の字形は「方」に従い「虫」に従うようであり、原釈文は「蚄」に作り、「妨」と読んでいる。筆者は、この簡文は『礼記』礼器に見える孔子の言葉であることを発見し、また『説文解字』の古文などの資料を引用して、この字を改めて「殺」と釈読した[158]。

郭店楚簡『六徳』の中には、一つの字が何度も「弟」の字と同時に使用されている。たとえば二七～二八号簡には「疏衰斉牡麻経、為昆弟也、為妻亦然」とある[159]。李家浩氏は『汗簡』や『古文四声韻』が引用する古文「昆」「混」の字形と比較対照し、この字は「明らかに古文の「昆」である」ことを証明した[160]。

郭店楚簡『語叢（一）』三一号簡＋九七号簡には「礼因人之情而為之節文者也」とあり、「文」の字は以前は釈読できなかった。この二つの竹簡を接合し、『礼記』坊記などの古書の中に類似の語句があることを発見した後、はじめてこの字は「文」と読むべきであることがわかった[161]。

清華簡については、李学勤氏はかつて例を挙げて、「伝世本『金滕』の「予沖人」の「沖」の字は、簡文は「[illegible]」に作り、「沈」声に従う。「沈」は定母侵部の字であり、「沖」は定母冬部に属し、侵・冬の二つの部は関係が密接であることから、互いに通用するが、これは以前は考えが及ばなかった」と述べている[162]。

テキストの復原の中には、編連と分篇に関連する問題が多く存在し、しばしばテキストの様相に対してさらに大きな影響を及ぼすことがある。一九八八年、郭店楚簡が刊行されて間もない頃、李家浩氏は、『老子』乙組二〇号簡の残簡は乙組一〇号簡の後に綴合すべきであり、関連する文字は「遅（夷）道女（如）績」と読むべきだと指摘した。(163) また、龐樸氏と廖名春氏は、『語叢（二）』の二組の竹簡の編連は適切ではなく、改めて七七・八二・七九号簡と接続すべきであり、その前の八号簡の残簡と連続して読むと、『礼記』表記の中の一文とおおよそ合致すると指摘している。(164) 前述の通り、筆者は、『語叢（二）』の三一・九七号簡は連続して「礼因人之情而為之節文者也」と読み、『礼記』坊記の中の一文と関連があることを発見した(165)〔図16〕。

上博楚簡のいくつかの篇の綴合・編連の問題も、人々の関心を引き寄せた。陳剣氏は第二分冊の『子羔』に関する検討の中で、整理者が接合した一一号簡の上段・下段を分けて、中間に一〇号簡を挿入した。また、香港中文大学文物館蔵楚簡の三号簡を一二号簡の上に接合した。沈培氏は第八分冊の『志書乃言』八号簡は第六分冊の『平王与王子木』の四号簡の後に接続すべきだと指摘し、「王子不得君楚邦、又不得臣楚邦」と釈読した。卓見であると言うことができる。(166)

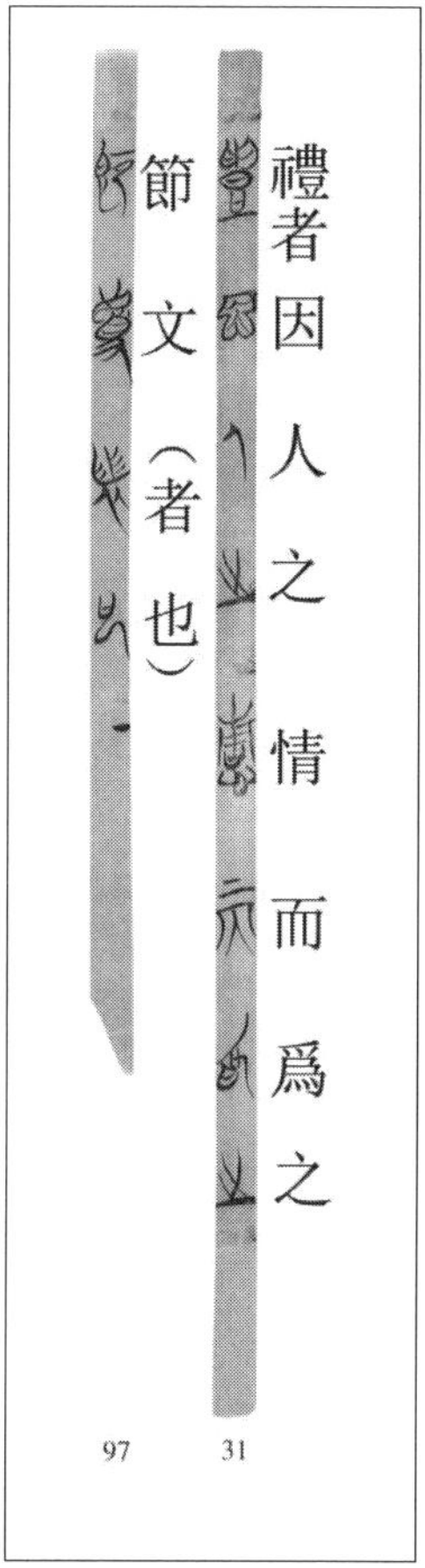

〔図16b〕『語叢（一）』31＋97 と『礼記』坊記の該当文字との対応

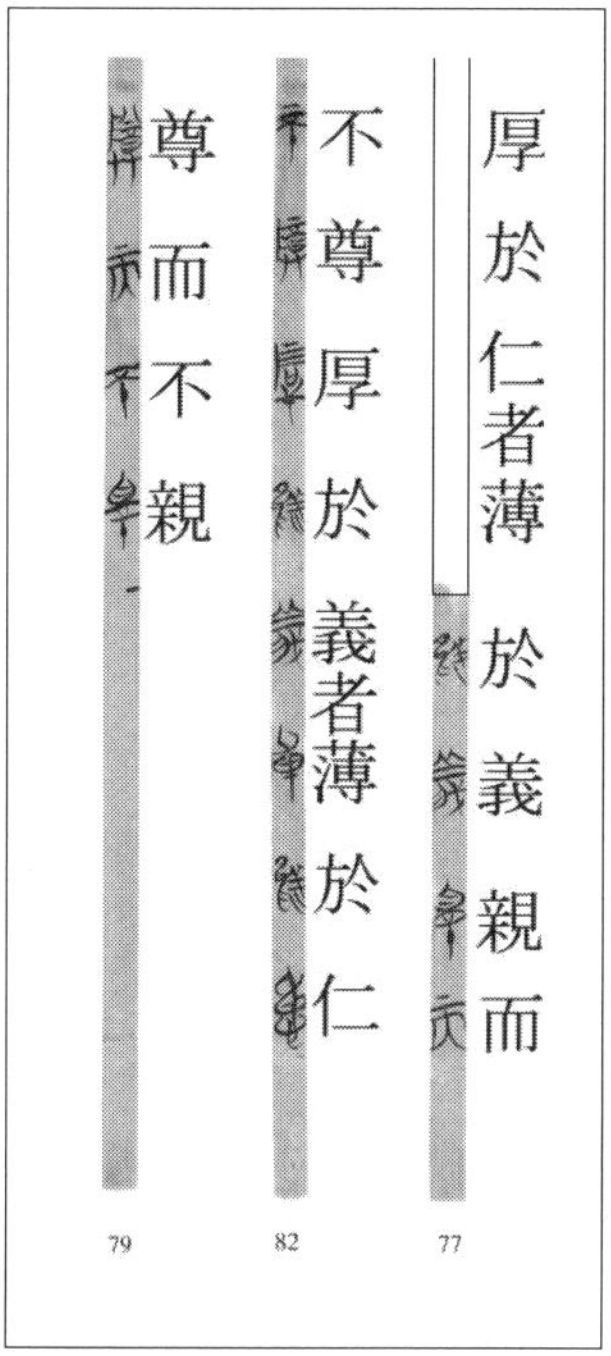

〔図16a〕『語叢（一）』77＋82＋79 と『礼記』表記の該当文字との対応

テキストの形態、性質、およびその学派については、典籍簡に常に見られる課題である。『老子』には伝世本があり、馬王堆漢墓から出土した帛書本もあり、議論はかなり活発である。郭店楚簡『老子』の内容は、伝世本の総量の三分の一ほどしかなく、これは当時の『老子』の全部なのか、それとも一部分なのか。崔仁義氏・尹振環氏は当時の全部であると見なし、王博氏・裘錫圭氏・彭浩氏・丁四新氏はただその一部分であると見なしている。そのうち王博氏・裘錫圭氏は、郭店楚簡『老子』は当時流伝していたテキストの抄録であると考えている[167]。邢文氏・龐樸氏は、郭店楚簡『五行』と馬王堆帛書『五行』のテキストで異なっている二つの箇所を分析し、帛書本の作者は竹書本のような底本を改編したものであると見なしている[168]。テキストの集合体については、李学勤氏・廖名春氏は郭店楚簡の中に「六経」が併称されている証拠があると指摘している[169]。

上博楚簡の『孔子詩論』では、詩を論じた者と作者についての議論が最も白熱している。馬承源氏・濮茅左氏は字形・辞例・語気などの角度から、詩を論じた者は孔子であると実証している[170]。その具体的な作者については、李学勤氏・江林昌氏は子夏であると見なしている[171]。廖名春氏は子羔であると見なしている[172]。陳立氏は孔門が弟子に伝授していった記載であり、いったいどの弟子によるものなのかは、はっきりとは断定しがたいと述べている[173]。

清華簡の尚書類文献については、学者の見解の食い違いがかなり大きい。たとえば『金縢』について、李学勤氏は清華簡本と伝世本とは異なる流伝の系統に属すると見なしている[174]。馮時氏は『金縢』の旧典〔古い書籍〕であるとすべきではなく、さらに『史記』魯世家が引用して述べるものと近く、儒家の書の教え〔『尚書』の教学〕と関連する可能性があると見なしている[175]。

郭店楚簡が公開されて間もなく、龐樸氏・杜維明氏は、当該儒家文献の歴史的位置を「孔孟の間」と鋭く概括した[176]。具体的な篇章については、李学勤氏は、『緇衣』『五行』『六徳』『成之聞之』『性自命出』『尊徳義』は子思と多かれ少なかれ関連があると見なしている[177]。葉国良氏はさらに、この六篇以外に『魯穆公問子思』『唐虞之道』『窮達以時』『忠信之道』を加え、これら計一〇篇はすべて曾子・子思の学の中に属すると見なしている。[178] 李沢厚氏は「竹簡に見える「仁内義外」の主張は、告子と同じであり、孟子に反するものであると明らかに見なすことができる。したがって、竹簡が「思孟学派」に属すると断定するのは熟慮を欠いており、必ずしも正確ではない」と指摘している。[179] 郭斉勇氏は「郭店楚簡を儒家文献のある一学派の資料とせず、孔子・七十子およびその後学の言論と論説の匯《い》編《へん》（総合的な編集）・集合体の一部であり、つまりある時期（孔子と孟子との間）の思想史の資料と見なすべきである」と提起している。[180]

郭店楚簡『老子』の思想上の一つの特色は、伝世本のような反儒家の傾向があまり強くないということである。甲組の冒頭には「知を絶《た》ち弁を棄《す》つれば、民の利は百倍す。巧を絶ち利を棄つれば、盗賊有る亡《な》し。偽を絶ち慮を棄つれば、民季子に復す（絶知棄弁、民利百倍。絶巧棄利、盗賊亡有。絶偽棄慮、民復季子）」の三句がある。[181] 伝世本の「絶聖棄知」「絶仁棄義」と比べると、差違が大きい。龐樸氏は「もしこの箇所が抄写上の誤りではないならば、それは我々の伝統的な知識を揺るがす大きな情報である」と指摘している。[182] 陳鼓応氏はさらに、「今本『老子』が仁義を強烈に批判する理由は、主に仁義道徳がすでに統治階層の道具に変わっていたことを批判しているからである。仁義道徳が形式化し、道具化した傾向については、荘子学派の反応が最も鋭い。しかしこの状況は、年代がさらに早い楚簡本『老子』の中には反映されていない」と推測している。[183] この解釈と異なるものとして、周鳳五氏は郭店楚簡『老子』は鄒・斉の儒者の版本であり、「儒家化」した道家経典であると推測している。[184]

資料の累積と学術の推進により、この段階では集成的成果がかなり多い。たとえば邴尚白氏による卜筮禱祠簡についての再整理、[185] 劉国勝氏と田河氏による喪葬記録についての考察、[186] 馮勝君氏による郭店楚簡・上博楚簡に含まれている斉系文字の特徴の分析、[187] 朱暁雪氏による包山文書簡・卜筮簡についての集釈、[188] などである。筆者が主導した教育部哲学社会科学研究重大課題攻関項目「楚簡綜合整理与研究」は、二〇名以上の国内外の専門家が参加し、赤外線の撮影システムを利用し、二〇〇三年以前に整理公開された簡冊資料について再整理を行い、また楚簡に対して総合的な研究を行った。その成果は『楚地出土戦国簡冊［十四種］』と『楚地出土戦国簡冊研究』（一〇巻）として相次いで出版され、竹簡の写真図版を備えた釈文・注釈本（『楚地出土戦国簡冊合集』シリーズ）も文物出版社から陸続と刊行される予定である。(189)

【注】

(1) 佉盧文とは古代インドの文字の一種であり、古代インド西北部およびアフガニスタンで通行した。紀元前後数十年内に、東西トルキスタンにおいて流行し、紀元後三世紀後半期には闐・鄯善（楼蘭）地区〔ともに新疆ウイグル自治区〕の流行の文字となった。

(2) 該墓の発掘の具体的な時期は、史樹青『長沙仰天湖出土楚簡研究』（群聯出版社、一九五五年版、一八頁）による。葉恭綽氏はこの書の序言の中で、これらの簡は一九五二年に出土したとも述べている。

(3) 中国科学院考古研究所『長沙発掘報告』、科学出版社、一九五七年版、一九、五四～六〇頁。

(4) 夏鼐「長沙近郊古墓発掘記略」、『科学通報』三巻七期、『文物参考資料』一九五二年第二期転載。

(5) 陳偉編『楚地出土戦国簡冊［十四種］』、経済科学出版社、二〇一〇年（第二刷）、四六七～四六八頁。

(6) 竹簡の長さと幅については異なる報告がある。ここでは、「長沙仰天湖戦国墓発現大批竹簡及彩絵木俑・彫刻花板」（『文物参考資料』一九五四年第三期）、および「長沙仰天湖第二五号木椁墓」（『考古学報』一九五七年第二期）による。『長沙楚墓』に掲載されているものはこれよりもやや小さく、おそらく水に濡れて縮んだのが要因と思われる。

(7) 羅福頤「談長沙出土的戦国竹簡」、『文物参考資料』一九五四年第九期。

(8) 饒宗頤「戦国楚簡箋証」、『金匱論古綜合刊』第一期、香港亜洲石印局、一九五七年版。この書には印刷された年月が示されていない。引用する時は、あるものは一九五五年と表示している。「戦国楚簡箋証」の文末の陳氏のあとがきでは、「乙未（一九五五年）秋陳仁濤識」と言っている。陳氏のあとがきの後、饒宗頤氏は「追記」で「本文の校正・印刷（校印）がまさに完了しようとした際に、史樹青『長沙仰天湖出土楚簡研究』の専著を入手し、その後、また李学勤「談近年発現的幾種戦国文字資料」の論文を読んだ」と言っている。実際に印刷されたのは李氏の論文が発表された（『文物参考資料』一九五六年第一期）後であることを明らかに示している。今、鄭煒明「饒宗頤教授論文目録初編」（鄭煒明編『論饒宗頤』、香港三聯書店、一九九五年版、四九七頁）の記すところに従う。

（9）前掲注（5）同『楚地出土戦国簡冊［十四種］』、四六九～四七四頁。

（10）湖南省文物管理委員会「長沙楊家湾六号墓清理簡報」、『文物参考資料』一九五四年第一二期。

（11）商承祚『戦国楚竹簡匯編』、斉魯書社、一九九五年版、二七二～二七三頁。

（12）江陵鳳凰山八号・九号漢墓から出土した竹簡には、奴婢俑の名前を列記した内容のものがあり（李均明・何双全『散見簡牘合輯』、文物出版社、一九九〇年版、五七～五九頁、六四～六五頁）、参考にすべきである。

（13）前掲注（5）同『楚地出土戦国簡冊［十四種］』、四七五～四七六頁。

（14）楚文化研究会『楚文化考古大事記』、文物出版社、一九八四年版、一二四頁。「九里」は誤って「九澧」に作る。

（15）楊啓乾「常徳市徳山夕陽坡二号楚墓竹簡初探」、『楚史与楚文化研究』、『求索』増刊、一九八七年。

（16）紀念徐中舒先生誕辰一百周年暨中国古文字学国際学術討論会（四川成都）論文、その後、『早期文明与楚文化研究』（岳麓書社、二〇〇一年版）に収録。

（17）高至喜編『楚文物図典』、湖北教育出版社、二〇〇〇年版、四三三頁。

（18）前掲注（5）同『楚地出土戦国簡冊［十四種］』、四七七～四七八頁。

（19）現在公開されている墓葬の方向、墓坑の規模、竹簡の幅などの数値は、その前に公開されたものと合わない。ここでは湖南省文物考古研究所等「湖南慈利県戦国墓」（『考古学報』、一九九五年第二期）による。

（20）湖南省文物考古研究所『湖南考古漫歩』、湖南美術出版社、一九九九年版、五二頁。

（21）張春龍「慈利楚簡概述」、『新出簡帛研究』、文物出版社、二〇〇四年版。

（22）湖南省文物考古研究所『里耶発掘報告』、岳麓書社、二〇〇六年版、一八〇頁。

（23）これは簡報と正式な報告から抽出したデータである。商承祚氏は最長の一簡は四二・五センチメートルであると指摘している（前掲注（11）同『戦国楚竹簡匯編』、二二三頁）。報告の図版によると、指しているのは九号簡のようである。

(24) 湖北省文物考古研究所『江陵望山沙冢楚墓』、文物出版社、一九九六年版、一〇九頁。湖北省文物考古研究所・北京大学中文系『望山楚簡』、中華書局、一九九五年版、五頁。
(25) 浅原達郎「望山一号墓竹簡の復原」。整理者がつなぎ合わせた後は最長五二・一センチメートルであると言っているものは、一号簡のことを指している（出土番号によると、二九三・八六・三二三・四五・一八の五段がつなぎ合わされている）。この簡の下部の「悼固」の二字の間には、一道の墨跡があり、おそらく下の一道の編痕であろう。その上は約四四・七センチメートルで、編縄以下の一六・五センチメートルを加えると、六一・二センチメートルとなる。商承祚氏は「七二号簡は整簡であり、長さは六〇センチメートル、四〇字が書かれている」と述べている（前掲注（11）同『戦国楚竹簡匯編』、二二三頁）。文例から見ると、この綴合は問題があり、浅原氏はそのことをすでに指摘している。
(26)『望山楚簡』の譚維四の序によると、模写は羅福頤氏が作成したとされる。
(27) 前掲注（25）の浅原氏の論文参照。
(28) その凡例に、「初稿が完成した後、原簡に基づいて釈文に対して照合を進めたところ、竹簡の写真図版は不鮮明な字がいくつかあり、釈文は原簡によって書いたものである。竹簡の写真図版は尺寸が異なる二つの写真が寄せ集められて作られたものであることから、竹簡の模写と長短が一致せず、このことから技術上の処理を少し行った」と言っている。このことは一・二号墓の釈文・注釈の前に書かれており、二墓から出た竹簡の状態を兼ねて指していると考えられる。
(29) 五五号簡は、出土番号によると一一六・三二二・三八六・二五八の四段を綴合したものである。そのうち二五八号は誤って綴合されたものである可能性がある。陳偉「望山楚簡所見的卜筮与禱祠」（『江漢考古』一九九七年第二期）参照。また、上掲の浅原氏の論文では、八枚の竹簡が二つずつ、すなわち四〇と五四、四一と四七、六四と六五、三九と六二が綴合できると指摘している。
(30) 二書を大まかに比較すると、前者の「補正」第六条は後者にはない。
(31) 前掲注（5）同『楚地出土戦国簡冊［十四種］』、二七〇～二八六頁。
(32) 同書、二八七～三〇〇頁。
(33) 荊州地区博物館「湖北江陵藤店一号墓発掘簡報」、『文物』一九七三年第九期。
(34) 荊州地区博物館「江陵天星観一号墓竹簡出土大批楚簡」、『光明日報』一九七八年七月二三日。

(35) 王明欽『湖北江陵天星観楚簡的初歩研究』、北京大学碩士学位論文、一九八九年五月、指導教員は高明氏。
(36) 黄錫全『湖北出土商周文字輯証』、武漢大学出版社、一九九二年版、図版一七九。
(37) 滕壬生『楚系簡帛文字編』、湖北教育出版社、一九九五年版、一一七一〜一一七五頁。
(38) 晏昌貴「天星観「卜筮禱祠」簡釈文輯校」、『楚地簡帛思想研究（二）』、湖北教育出版社、二〇〇五年版。修訂稿は、武漢大学簡帛網、二〇〇五年一一月二日に発表。
(39) ある一枚の竹簽は、蕭聖中氏が楚簡の重要課題項目で写真を撮影していた際に発見された。
(40) 「一背」という番号をつけられた一号簡の背面にはいまだ文字が見えず、形制もまた「一正」とは異なり、聞くところによると一号簡の写真ではないそうである。また、写真は赤外線のフィルムと普通のカメラで撮影したものとを用いているが、あまり鮮明ではない。
(41) 模写も一号簡の背面を欠している。
(42) 前掲注（5）同『楚地出土戦国簡冊［十四種］』、三四〇〜三七三頁。
(43) 『江陵九店東周墓』は竹簡が出土した墓として四一一号を挙げているが、写真と釈文が未公開であることにより、人々の関心を引いている。また、『九店楚簡』の中では、五六・六二一の二墓から竹簡が出土したと述べているのみである。
(44) 五六号墓の整理時期は、李家浩「対李零先生考釈楚国文字「娩」・「就」二字的有関問題的幾点説明」、簡帛研究網、二〇〇二年五月一四日参照。
(45) 前掲注（5）同『楚地出土戦国簡冊［十四種］』、三〇一〜三三三頁。
(46) 同書、三三四〜三三七頁。
(47) 晏昌貴「秦家嘴「卜筮祭禱」簡釈文輯校」、『湖北大学学報』二〇〇五年第一期収録。
(48) 報告では、六二〜六九・五センチメートルと述べているが、前の数値（六二）は誤りのようである。
(49) 『急就篇』巻一に、「急就の奇觚 衆と異なり」とあり、顔師古注に「觚とは、書を学ぶの牘、或いは以て事を記し、木を削りて之を為し、蓋し簡の属なり……其の形或いは六面、或いは八面、皆書くべし。觚とは、稜なり、以て稜角有り、故に之を觚と謂う」とある。
(50) 前掲注（5）同『楚地出土戦国簡冊［十四種］』、一〜一三七頁。

(51) 陳偉「楚国第二批司法簡芻議」、『簡帛研究』第三輯、広西教育出版社、一九九八年版。

(52) 李学勤・謝桂華編『簡帛研究二〇〇一』、広西師範大学出版社、二〇〇一年版。ただし、滕壬生氏は『楚系簡帛文字編』(湖北教育出版社)の二〇〇八年増訂本の「前言」では依然として「卜筮禱祠記録」であると述べている。おそらく以前の記載に沿って誤っているのであろう。

(53) 前掲注(5)同『楚地出土戦国簡冊[十四種]』、三三八~三三九頁。

(54) 李学勤「荊門郭店楚簡中的「子思子」」、『中国哲学』第二〇輯(『郭店楚簡研究』)、遼寧教育出版社、一九九九年版。

(55) 李零『郭店楚簡校読記』、北京大学出版社、二〇〇二年版、八三頁。

(56) 龍永芳「郭店遺簡」、『中国文物報』、二〇〇二年五月三日。

(57) 劉祖信・鮑雲豊「郭店楚簡背面記数文字考」、『新出楚簡国際学術研討会会議論文集(郭店・其他簡巻)』、武漢大学、二〇〇六年六月。

(58) 前掲注(5)同『楚地出土戦国簡冊[十四種]』、一三八~二六九頁。

(59) 張緒求「宜黄公路仙江段考古発掘取得重大収獲」、『江漢考古』一九九二年第三期。

(60) 陳振裕「湖北楚簡概術」、『簡帛研究』第一輯、法律出版社、一九九三年版。

(61) 前掲注(37)同『楚系簡帛文字編』序言、九頁。

(62) 郭若愚『戦国楚簡文字編』、上海書画出版社、一九九四年版、六一頁。

(63) 前掲注(5)同『楚地出土戦国簡冊[十四種]』、三七四~三九三頁。

(64) 宋華強『新蔡葛陵楚簡初探』、武漢大学出版社、二〇一〇年版、一二一~一三五頁。

(65) 前掲注(5)同『楚地出土戦国簡冊[十四種]』、三九四~四六六頁。

(66) 陳彦堂・左超・劉維「河南信陽長台関七号楚墓発掘簡報」、『文物』二〇〇四年第三期。

(67) 馬承源編『上海博物館蔵戦国楚竹書(二)』、本文一八九頁、前言二頁。陳剣「上博簡《子羔》・《従政》篇的拼合与編連問題小議」、簡帛研究網、二〇〇三年一月八日(後に『文物』二〇〇三年第五期に掲載)。

(68) 上海博物館が竹簡を購入した時期と対応させて推測すると、香港中文大学文物館が購入したこれらの楚簡もまた一九九四年に当たる。

(69) 饒宗頤「緇衣零簡」、『学術集林』、上海遠東出版社、一九九六年版。
(70) 陳松長「香港中文大学文物館蔵簡牘」(『香港中文大学文物館蔵品専刊之七』二〇〇一年刊行）の引用（一二頁）に見える。
(71) 廖名春氏は、この一〇簡は『武王践阼』『孔子間居』『周易』『季桓子』『緇衣』各二枚であると言っている（廖名春『新出楚簡試論』、台湾古籍出版有限公司、二〇〇一年版、二五九頁、二七一頁）。そのうち『孔子間居』は『上海博物館蔵戦国楚竹書（二）』の中で『民之父母』として発表されている。
(72)『従政』は整理者は甲乙篇に分けていたが、陳剣氏が実際には一篇であると指摘した。前掲注（67）同陳剣「上博簡《子羔》・《従政》篇的拼合与編連問題小議」参照。
(73)『競建内之』と『鮑叔牙与隰朋之諫』とは実際には一篇である。陳剣「談談《上博（五）》的竹簡分篇・拼合与編聯問題」（武漢大学簡帛網、二〇〇六年二月一九日）参照。
(74)『志書乃言』は八号簡が第六分冊の『平王与王子木』に編入できることを除き、その他はすべて『王居』に属する。復旦吉大古文字専業研究生聯合読書会「上博八《王居》・《志書乃言》校読」（復旦大学出土文献与古文字研究中心ウェブサイト、二〇一一年七月一七日）、沈培「《上博（六）》和《上博（八）》竹簡相互編聯之一例」（復旦大学出土文献与古文字研究中心ウェブサイト、二〇一一年七月一七日）、陳偉「上博楚竹書《王居》新編校釈」（武漢大学簡帛網、二〇一一年七月二〇日）参照。
(75) 朱淵清「馬承源先生談上博簡」、『上博館蔵戦国楚竹書研究』、上海書店出版社、二〇〇二年版。
(76) 孫飛燕「清華大学挙行「清華簡国際学術研討会」」、『光明日報』二〇一一年七月一八日。
(77) 前掲注（4）同「長沙近郊古墓発掘記略」。
(78) 前掲注（7）同「談長沙出土的戦国竹簡」。
(79) 史樹青・楊宗栄「読一九五四年第九期「文参」筆記」、『文物参考資料』一九五四年第一二期。文中では「合文」が誤って「重文」となっており、「綉」の字の簡の番号も誤っている。史樹青『長沙仰天湖出土楚簡研究』ではすでに訂正されている。
(80) 李学勤「談近年新発現的幾種戦国文字資料」、『文物参考資料』一九五六年第一期。
(81) 前掲注（8）同「戦国楚簡箋証」、六二、七二頁。饒氏は追記の中で「簡一一の「石（従竹）」の字は「席」と釈したが、李〔学勤〕氏は「笥」と見なし、衣服や器物を入れる笥〔箱〕であると言い、この説は妥当である」と述べている。これは楚簡文字の認識の過程での曲折を示している。
(82) 朱徳熙・裘錫圭「戦国文字研究（六種）」、『考古学報』一九七二年第一期、『朱徳熙古文字論集』（中華書局、一九九五年版）に収録。
(83) 裘錫圭「談談随県曾侯乙墓的文字資料」、『文物』一九七九年第七期。
(84) 中文系古文字研究室楚簡整理小組「戦国楚竹簡概述」、『中山大学学報』一九七八年第四期。
(85) 馬国権「戦国楚竹簡文字略説」、『古文字研究』第三輯、中華書局、一九八〇年版。
(86) 前掲注（4）同「長沙近郊古墓発掘記略」。
(87) 史樹青『長沙仰天湖出土楚簡研究』「葉恭綽序」、群聯出版社、一九五五年版。李学勤「戦国題銘概述（下）」、『文物』一九五九年第九期。
(88) 史樹青『長沙仰天湖出土楚簡研究』、三八頁。やや早くに、史樹青・楊宗栄「読一九五四年第九期「文参」筆記」において、すでにこの見解について触れている。
(89) 河南省文化局文物工作一隊「我国考古史上的空前発現——信陽長台関発掘一座戦国大墓」、『文物参考資料』一九五七年第九期。湖北省文化局文物工作隊「湖北江陵三座楚墓出土大批重要文物」、『文物』一九六五年第五期。
(90) 随県擂鼓墩一号墓考古発掘隊「湖北随県曾侯乙墓発掘簡報」、『文物』一九七九年第七期。同期の裘錫圭「談談随県曾侯乙墓的文字資料」参照。
(91) 前掲注（89）同「我国考古史上的空前発現——信陽長台関発掘一座戦国大墓」。
(92) 李学勤「信陽楚墓中発現最早的戦国竹書」、『光明日報』一九五七年一一月二七日。
(93) 中山大学古文字研究室楚簡整理小組「江陵昭固墓若干問題的探討」、『中山大学学報』一九七七年第二期。
(94) 陳振裕「望山一号墓的年代与墓主」（『中国考古学会第一次年会論文集（一九七九）』、文物出版社、一九八〇年版）より引用した。
(95) 裘錫圭・李家浩「曾侯乙墓竹簡釈文与考釈」、『曾侯乙墓』、文物出版社、一九八九年版。
(96) 湖北省荊沙鉄路考古隊『包山楚簡』、文物出版社、一九九一年版。
(97) 前掲注（24）同『望山楚簡』。包山簡の中の「速」の辞は、曾憲通氏・周鳳五氏もまた別に釈読を行い、それぞれ「包山

卜筮簡考釈（七篇）」（『第二届国際中国古文字学研討会論文集』、香港中文大学中国語言及文学系、一九九三年刊行）、「包山楚簡文字初考」（『王叔岷先生八十寿慶論文集』、台北大安出版社、一九九三年版）に見える。

(98) 郭若愚「長沙仰天湖戦国竹簡文字的摹写和考釈」、『上海博物館集刊』第三期、上海古籍出版社、一九八六年版。前掲注(24)同『望山楚簡』、一二二頁考釈六九。

(99) 前掲注(96)同『包山楚簡』、五七頁考釈四五一。

(100) 前掲注(24)同『望山楚簡』、一三〇頁補正一。

(101)「思」は李零「包山楚簡研究（占卜類）」（『中国典籍与文化論叢』第一輯、中華書局、一九九三年版）に見える。これ以前に、李学勤氏はすでに、この字は「思」あるいは「斯」と読むべきであると指摘している（「竹簡卜辞与商周甲骨」、『鄭州大学学報』一九八九年第二期）。「史」は、張桂光「楚簡文字考釈二則」（『江漢考古』一九九四年第三期）に見える。「枳」・「嵬（艹に従う）」の二字は、李家浩「信陽楚墓中的「柿枳」」（『簡帛研究』第二輯、法律出版社、一九九六年版）に見える。「蔽」は、李家浩「包山楚簡「蔽」字及其相関之字」（『第三届国際中国古文字研討会論文集』、香港中文大学中国文化研究所・中国語言及中文系、一九九七年）に見える。その他の諸字は、何琳儀・湯餘恵・劉釗・李天虹諸氏の解釈による。袁国華「《包山楚簡》文字諸家考釈異同一覧表」、『中国文字』新二〇期、芸文印書館、一九九五年版。

(102) 何琳儀『戦国文字通論』、中華書局、一九八九年版、一三五〜一五四頁。黄錫全「楚系文字略論」、『華夏考古』一九九〇年第三期、『古文字論集』収録（芸文印書館、一九九九年版）。

(103) 前掲注(95)同「曾侯乙墓竹簡釈文与考釈」、四八七、五〇一頁。

(104) 湖北省文物考古研究所『江陵九店東周墓』、科学出版社、一九九五年版、三三九〜三四〇頁。四二号簡はもとは誤って四〇に作る。

(105) 前掲注(95)同「曾侯乙墓竹簡釈文与考釈」、四八七頁。

(106) 陳偉『包山楚簡初探』、武漢大学出版社、一九九六年版、三一〜三三頁、四七〜四九頁。

(107) 李家浩「包山楚簡中的旌旆及其他」、『第二届国際中国古文字研討会論文集続編』、香港中文大学中国語言及文学系、一九九五年刊行。

(108) 陳偉「九店楚日書校読及其相関問題」、『人文論叢』一九八八年巻、武漢大学出版社、一九九八年版。

(109) 前掲注(98)同「長沙仰天湖戦国竹簡文字的摹写和考釈」。
(110) 前掲注(106)同『包山楚簡初探』、二三〜二六頁。
(111) 前掲注(96)同『包山楚簡』、九〜一二頁。彭浩「包山楚簡反映的楚国法律与司法制度」、『包山楚墓』、文物出版社、一九九一年版。
(112) 李学勤「包山楚簡中的土地買売」、『中国文物報』一九九二年三月二二日。
(113) 羅運環「論包山簡中的楚国州制」、『江漢考古』一九九一年第三期。
(114) 劉彬徽・何浩「論包山楚簡中幾処楚郢地名」、『包山楚墓』。何浩・劉彬徽「包山楚簡「封君」釈地」、『包山楚墓』。何浩「楚国封君封邑地望続考」、『江漢考古』一九九一年第四期。徐少華「包山楚簡釈地八則」、『中国歴史地理論叢』一九九六年第四期。同「包山楚簡釈地五則」、『江漢考古』一九九六年第四期。同「包山楚簡釈地十則」、『文物』一九九六年第一二期。同「包山楚簡地名数則考釈」、『武漢大学学報』一九九七年第四期。顔世絃「包山楚簡地名研究」、台湾大学中国文学研究所一九九七年修士学位論文。
(115) 周鳳五「《余睪命案文書》箋釈——包山楚簡司法文書研究之一」、台湾大学『文史哲学報』第四一期、一九九四年版。劉信芳「包山楚簡司法術語考釈」、『簡帛研究』第二輯、法律出版社、一九九六年版。
(116) 劉信芳「《包山楚簡》職名与官府通考」、『故宮学術季刊』第一五巻第一・二期、一九九八年。文炳淳『包山楚簡所見楚官制研究』、台湾大学中国文学研究所一九九七年修士学位論文。
(117) 李零「包山楚簡研究(文書類)」、『王玉哲先生八十寿辰紀念文集』、南開大学出版社、一九九四年版(『李零自選集』、広西師範大学出版社、一九九八年版収録)。黄盛璋「包山楚簡中若干重要制度発復与争論未決諸関鍵字解難・決疑」、『湖南考古輯刊』第六輯、一九九四年版。
(118) 前掲注(106)同『包山楚簡初探』、一二一〜一四九頁。
(119) 陳偉「楚簡第二批司法簡芻議」、『簡帛研究』第三輯、広西教育出版社、一九九八年版。
(120) 彭浩「包山二号楚墓卜筮和祭禱竹簡的初歩研究」、『包山楚墓』、文物出版社、一九九一年版、五五六頁。
(121) 前掲注(101)同「包山楚簡研究(占卜類)」、四二六頁。
(122) 湖北省荊州地区博物館「江陵天星観一号楚墓」、『考古学報』一九八二年第一期。

(123) 李学勤『東周与秦代文明』、文物出版社、一九八四年版、三三八～三四〇頁。
(124) 荊沙鉄路考古隊「荊州市包山大冢出土一批重要文物」、『江漢考古』一九八七年第二期。
(125) 前掲注（96）同『包山楚簡』、一二頁。
(126) 前掲注（120）同「包山二号楚墓卜筮和祭禱竹簡的初歩研究」。
(127) 前掲注（101）同李学勤「竹簡卜辞与商周甲骨」。
(128) 前掲注（101）同李零「包山楚簡研究（占卜類）」。
(129) 李零「考古発現与神話伝説」、『学人』、江蘇文芸出版社、一九九四年版。
(130) 前掲注（106）同『包山楚簡初探』、一五〇～一八〇頁。
(131) 前掲注（101）同李家浩「包山楚簡「蔽」字及其相関之字」。
(132) 前掲注（24）同『望山楚簡』、一三四～一三五頁。
(133) 前掲注（122）同「江陵天星観一号楚墓」。
(134) 河南省文物研究所『信陽楚墓』、文物出版社、一九八六年版、六八頁。
(135) 湖北省博物館『曾侯乙墓』、文物出版社、一九八九年版、四五二～四五七頁。
(136) 荊沙鉄路考古隊「荊門市包山大冢出土一批重要文物」、『江漢考古』一九八七年第二期。
(137) 包山墓地竹簡整理小組「包山二号墓竹簡概述」、『文物』一九八八年第五期。
(138) 湖北省荊沙鉄路考古隊『包山楚墓』、文物出版社、一九九一年版、二七五～二七七頁。
(139) 胡雅麗「包山二号楚墓遣策初歩研究」、前掲注（138）同『包山楚墓』。
(140) 前掲注（24）同『望山楚簡』、七～一〇頁。前掲注（24）同『江陵望山沙冢楚墓』、一六一～一六三頁。
(141) 李家浩「包山二六六号簡所記木器研究」、『国学研究』第二巻、北京大学出版社、一九九四年版。また、前掲注（107）同「包山楚簡中的旌旆及其他」参照。
(142) 前掲注（106）同『包山楚簡初探』、一八二～一九二頁。
(143) 前掲注（123）同『東周与秦代文明』、三四〇～三四二頁。彭浩「戦国時期的遣策」、『簡帛研究』第二輯、法律出版社、一九九六年版。劉信芳「楚簡器物釈名」、『中国文字』新廿二・廿三期、芸文印書館、一九九七年版。

(144)饒宗頤「説九店楚簡之武夷（君）与復山」、『文物』一九九七年第六期。徐在国「楚簡文字拾零」、『江漢考古』一九九七年第二期。李守奎「江陵九店五六墓竹簡考釈四則」、『江漢考古』一九九七年第四期。陳松長「九店楚簡釈読札記」、『第三届国際中国古文字学研討会論文集』、香港中文大学中国語言及文学系、一九九七年刊行。

(145)劉楽賢「九店楚簡日書研究」、『華学』第二輯、中山大学出版社、一九九六年版。劉信芳「九店楚簡日書与秦簡日書比較研究」、『第三届国際中国古文字研討会論文集』、香港中文大学中国文化研究所・中国語言及中文系、一九九七年刊行。

(146)中山大学古文字研究室楚簡整理小組「一篇浸透着奴隷主思想的反面教材——談信陽長台関出土的竹書」、『文物』一九七六年第六期。

(147)李家浩「従曾姫無恤壺銘文談楚滅曾的年代」、『文史』第三三輯、中華書局、一九九〇年版。

(148)李学勤「長台関竹簡中的《墨子》佚篇」、『徐中舒先生九十寿辰紀念文集』、巴蜀書社、一九九〇年版。『簡帛佚籍与学術史』（台湾時報文化出版企業有限公司、一九九四年版）に収録された時には、李家浩氏の「易」と釈する内容が加えられた。

(149)曾憲通「楚月名初探——兼談昭固墓竹簡的年代問題」、『古文字研究』第五輯、中華書局、一九八一年版。

(150)平勢隆郎「楚暦小考——対《楚月名初探》的管見」、『中山大学学報』一九八一年第二期。

(151)王勝利「《雲夢秦簡日書初探》商榷」、『江漢論壇』一九八七年第一一期。「関於楚国暦法的建正問題」、『中国史研究』一九八八年第二期。「再談楚国暦法的建正問題」、『文物』一九九〇年第三期。

(152)王紅星「包山簡牘所反映的楚国暦法問題」、劉彬徽「従包山楚簡紀時材料論及楚国紀年与楚暦」、前掲注(138)同『包山楚墓』。

(153)陳偉「新発表楚簡資料所見的紀時制度」、『第三届国際中国古文字研討会論文集』、香港中文大学中国文化研究所、一九九七年刊行。

(154)劉楽賢「九店楚簡日書補釈」、『簡帛研究』第三輯、広西教育出版社、一九九八年版。邴尚白「楚暦問題綜論」、『古文字与古文献』（試刊号）、楚文化研究会、一九九九年刊行。邴氏の論文はもともと台湾曁南国際大学中文系修士論文『楚国卜筮祭禱簡研究』（一九九九年）の附録であった。

(155)劉信芳「戦国楚暦譜復原研究」、『考古』一九九七年第一一期。

(156)劉信芳「関於上博蔵楚簡的幾点討論意見」、簡帛研究網、二〇〇二年二月一三日。

(157) 鄭剛「戦国文字中的「陵」和「李」」、『楚簡道家文献弁証』、汕頭大学出版社、二〇〇四年版、六一～七五頁。この字の議論に関しては、前掲注(55)同『郭店楚簡校読記』、一九六～一九七頁参照。李零氏は鄭剛氏の説に対して躊躇の態度を示した後、「ただ最近、我々は新しい資料(未公開)の中にこの字を見つけたことから、鄭氏の説は完全に信用できる」と述べている。李零氏は上博楚簡『容成氏』の整理者であり、その注釈を見ると、彼が当時述べた「新しい資料」とはこの篇を指していることがわかる。
(158) 陳偉「郭店楚簡別釈」、『江漢考古』一九九八年第四期。
(159) 荊門市博物館『郭店楚墓竹簡』、文物出版社、一九九八年版、一八九頁注釈一七。
(160) 李家浩「楚墓竹簡中的「昆」字処及従「昆」之字」、『中国文字』新廿五期、芸文印書館、一九九九年版。
(161) 李天虹「釈楚簡文字「㝃」」、『華学』第四期、紫禁城出版社、二〇〇〇年版。
(162) 李学勤「清華簡九篇綜述」、『文物』二〇一〇年第五期。
(163) 李家浩「関於郭店《老子》乙組一支残簡的拼読」、『中国文物報』、一九九八年一〇月二八日。
(164) 龐樸「初読郭店楚簡」、『歴史研究』一九九八年第四期。廖名春「郭店楚簡儒家著作考」、『孔子研究』一九九八年第三期。八号簡の残簡と連続して読むのは、廖名春氏による指摘である。
(165) 陳偉「《語叢》一・三中有関礼的幾条簡文」、『郭店楚簡国際学術研討会論文集』、湖北人民出版社、二〇〇〇年版。
(166) 前掲注(74)同沈培「《上博(六)》和《上博(八)》竹簡相互編聯之一例」。
(167) 寧鎮彊『《老子》「早期伝本」結構及其流変研究』、華東師範大学二〇〇二年博士学位論文、二五～三一頁。
(168) 邢文「楚簡《五行》試論」、『文物』一九九八年第一〇期。龐樸「竹帛《五行》篇比較」、『中国哲学』第二〇輯、遼寧教育出版社、一九九九年版。
(169) 李学勤「郭店楚簡与儒家経籍」、『中国哲学』第二〇輯、遼寧教育出版社、一九九九年版。廖名春「論六経並称的時代兼及疑古説的方法論問題」、『孔子研究』二〇〇〇年第一期。
(170) 馬承源「《詩論》講授者為孔子之説不可移」、濮茅左「関於上海戦国竹書中「孔子」的認定」、ともに『中華文史論叢』二〇〇一年第三期。
(171) 李学勤「《詩論》的体裁和作者」、江林昌「上博竹簡《詩論》的作者及其与今伝本《毛詩》序的関係」、ともに『上博館蔵戦国楚竹書研究』、上海書店出版社、二〇〇二年版。

(172) 廖名春「上博《詩論》簡的作者和作年」、簡帛研究網、二〇〇二年一月一七日。

(173) 陳立「《孔子詩論》的作者与時代」、『上博館蔵戦国楚竹書研究』、上海書店出版社、二〇〇二年版。

(174) 前掲注(162)同「清華簡九篇綜述」。

(175) 馮時「清華《金縢》書文本性質考述」、『《清華大学蔵戦国竹書(壹)》国際学術研討会会議論文集』、清華大学出土文献研究与保護中心、二〇一一年。

(176) 龐樸「孔孟之間——郭店楚簡的思想史地位」、『中国社会科学』一九九八年第五期。杜維明「郭店楚簡与先秦儒道思想的重新定位」、『中国哲学』第二〇輯、遼寧教育出版社、一九九九年版。

(177) 李学勤「先秦儒家著作的重大発現」、『中国哲学』第二〇輯、遼寧教育出版社、一九九九年版。

(178) 葉国良「郭店儒家著作的学術譜系問題」、『中国哲学』第二四輯、遼寧教育出版社、二〇〇二年版。

(179) 李沢厚「初読郭店竹簡印象記要」、『中国哲学』第二一輯、遼寧教育出版社、二〇〇〇年版。

(180) 郭斉勇「郭店儒家簡与孟子心性論」、『武漢大学学報』一九九九年第五期。

(181)「慮」の字の解釈は、裘錫圭「糾正我在郭店《老子》簡釈読中的一個錯誤」、『郭店楚簡国際学術研討会論文集』、湖北人民出版社、二〇〇〇年版。

(182) 龐樸「古墓新知」、『中国哲学』第二〇輯、遼寧教育出版社、一九九九年版。

(183) 陳鼓応「初読簡本《老子》」、『文物』一九九八年第一〇期。

(184) 周鳳五「郭店竹簡的形式及其分類意義」、『郭店楚簡国際学術研討会論文集』、湖北人民出版社、二〇〇〇年版。

(185) 邴尚白「楚国卜筮祭禱簡研究」、曁南国際大学中国語文学系一九九九年修士学位論文。

(186) 劉国勝『楚喪葬簡牘集釈』、武漢大学二〇〇三年博士学位論文、田河『出土戦国遺冊所記名物分類匯釈』、吉林大学二〇〇七年博士学位論文。

(187) 馮勝君「論郭店《唐虞之道》・《忠信之道》・《語叢》一－三以及上博《緇衣》為具有斉系文字特点的抄本」、北京大学博士後研究工作報告、二〇〇四年。

(188) 朱暁雪『包山楚墓文書簡・卜筮祭禱簡集釈及相関問題』、吉林大学二〇一一年博士学位論文。

(189)『楚地出土戦国簡冊［十四種］』は経済科学出版社から二〇〇九年に出版された。「楚地出土戦国簡冊研究」シリーズは武漢大学出版社から二〇一〇年に出版され、陳偉『新出楚簡研読』、丁四新『郭店楚竹書《老子》校注』、陳仁仁『戦国楚竹書《周易》研究』、曹建国『楚簡与先秦《詩》学研究』、虞万里『上博館蔵楚竹書《緇衣》研究』、宋華強『新蔡葛陵楚簡初探』、晏昌貴『巫鬼与淫祀──楚簡所見方術宗教考』、呉良宝『戦国楚簡地名輯証』、蕭毅『楚簡文字研究』、李明暁『戦国楚簡語法研究』の全一〇冊である。

第三章　整理と解読

二千年以上前の竹簡が現代によみがえる。これは、一つの奇跡である。そして、その奇跡を可能とするのが、出土竹簡に対する整理と保護の作業である。日本には、整理を終えた図版や釈文が提供されるが、その前に、実は大変な苦労があるということを教えてくれるのが、本章である。釈文に句読一つを打つにも、断裂した竹簡をどう接合させるのかについても、想像を超える苦心がある。そうした竹簡の整理と解読の状況が明らかにされる。

俗語に「乾千年、湿万年、不乾不湿只半年」〔乾燥していれば千年間保存され、湿潤であれば万年間保存され、乾燥しておらず湿潤でもない状態では保存できるのはただ半年間だけである〕と言う。長江中流の楚国の故地は、地下の水位が高く、そのため楚墓はしばしば墓坑が深く、また白膏泥《はっこうでい》〔墓葬の際に使用される白い泥〕で密封されている。それゆえ墓葬の発掘時に、細心の注意を払っていれば、竹簡を発見できる可能性が高い。

簡冊は文物と文献の特徴をあわせもち、非常に珍しく、また非常に壊れやすい。そのため、出土した竹簡は、特殊な整理と保護が必要である。

簡冊のテキストの復原と解読は、困難で複雑である。古文字学・古文献学・簡牘学の知識と方法を総合的に活用する必要があり、釈文・句読・綴合・編連などを繰り返し検討して、ようやく真相に近づくことができる。それらの難解な簡冊は、しばしば初期の発表後、学者たちの検討を経て、絶えず修訂されることにより、善本に達することが可能となる。「卒其功于一役」〔一挙に完成する〕のような願望や期待は、現実離れしたものにすぎない。

第一節　整理と保護

戦国時代から漢晋までの簡牘が保存され、出土する主な場所は三つある。一つ目は墓葬、二つ目は宮殿・役所・住宅地の跡、三つ目は井戸である。現在確認されている楚簡はいずれも墓葬から出土している〔原著執筆当時。現在の状況は「日本語版序文」参照〕。竹簡が出土した墓葬は、多くが大型・中型であり、墓道と多重の棺槨《かんかく》〔内棺と外棺〕がある。ただし、たとえば九店五六号墓、秦家嘴一・一三・九九号墓のようなものは、規模が比較的小さいながらも、竹簡が出土した。大型・中型の墓葬の竹簡は槨室の中に置かれ、しばしば種類によって分けて置かれている。たとえば信陽長台関一号墓の書籍簡は前室から出土し、喪葬記録簡は左後室から出土した。天星観一号墓の竹簡はすべて西室にあったが、卜筮禱祠簡と喪葬記録簡は分けて置かれていた。包山一号墓の文書簡・卜筮禱祠簡は北室にそれぞれ一束ずつ置かれ、喪葬記録簡はさらに六箇所に分散されていた。竹簡が出土した墓葬は、墓主が男性であるものが多いが、女性のものもある。長沙楊家湾六号墓・江陵望山二号墓・黄州曹家崗五号墓がその例である。竹簡はしばしば竹笥の中に置かれ、長沙楊家湾六号墓の竹簡は漆の容器の中に置かれていた。

【現場での竹簡の扱い方】

竹簡・木簡の整理については、『考古工作手冊』の規定に、

出土時の原状を保持するように注意しなければならず、たとえば馬王堆三号墓の簡冊は、もともとしまい入

れられていた漆の容器とあわせて取り出され〔研究室に〕持ち帰ったものである。散乱の程度が異なる竹簡については、たとえ数が多くなくても、もとの排列の順序をできる限り保持する必要があり、任意に拾い上げてはならない。たとえば馬王堆一号墓の遣冊は、漆の容器の上に置かれており、多くの竹簡がすでに散らばっていた。取り出す時に原状を保持して持ち帰ることにより、研究室内でさらに整理する時には、もとの順序のまま保存された一部の竹簡を参照し、すべての簡冊をかなり合理的に復原して排列することができる。

と述べられている。(1)

南方の墓葬中の竹簡を一枚一枚取り出すことについて、次のような指摘もある。

物理化学の観点から見ると、竹簡は竹の繊維からなるものであり、木の繊維と同じく、出土時には竹の繊維の中のあらゆる隙間に水分が充満しており、含水率は一般的にすべて一〇〇％以上であり、「飽水」〔水分を多量に含んだ〕竹簡となる。地下水の影響から、竹簡の内部の可溶性物質は基本的に溶解され、竹簡の繊維の性質はまばらで柔らかく、その上、水分が充満した後に重さが増え、いくつかの竹簡は出土時には水に浸った麺のようになっており、そのまま取り出すことができない。竹簡そのものから見ると、竹簡は文字を記録するものであることから、それぞれの竹簡の間には必然的に順序が存在し、つまり竹簡ごとに相対的な位置が必ずある。束になっている、あるいはあわせて置かれているいくつかの竹簡については、取り出す時に、どのようにすればできる限り〔発掘時の〕もとの状態を保てるかが非常に重要となる。

現場の整理・保護については、注意すべき事柄が五つある。

（1）束になっている、あるいは各所で積み重なっている竹簡については、さまざまな記録を取った後、最も良いのは、一回ですべて取り出すことである。

（2）薄い竹のナイフを用いて竹簡群の最も下側の部分とそこに接している他の物とをそっと剥がして分離させ、剥がしながら薄いプラスチックの板を差し込む。板の厚さは約一ミリメートルで、その上側の角と縁は磨いて滑らかになっていること。

（3）プラスチック板が竹簡をしっかりと支えた後、プラスチック板の下側に薄い木板を一つ挿入して支える。竹簡のまわりの汚物については、現場の臨時作業部屋の中で、水位を低く水流を小さくして、水でそっと洗い流してきれいにする。

（4）取り出した竹簡は、水をたっぷり満たした容器の中に浸してはならない。竹簡は水の中で漂いやすく動きやすいことから、相互の排列順序がただちに乱れ、それによって釈文・整理作業にきわめて大きな困難を引き起こし、計り知れない損失をもたらすことすらある。最も良いのは、竹簡の上側に白色の湿った薄い綿布を敷き、綿布の上には水を浸透させた一層の脱脂綿を敷いて湿度を保持し、外面は再びプラスチックフィルムを用いて包む。

（5）できるだけ早く整理・作図および写真撮影を進め、最初の最も鮮明な写真資料を得られるようにする。考古作業地の条件が備わっていない場合は、竹簡をできるだけ速やかに室内に送り、専門家が処理すべきである。(2)

河南省文物考古研究所の専門家は新蔡「平夜君」墓竹簡の発見・整理について、詳細に記録している。竹簡の発見については、南室の副葬品を整理していた時に、その室の東南側にばらばらになっていた木製の車があり、その傘状の天蓋の上で、一つの竹片を取り出した。まず頭に浮かんだことは、外棺を蓋う板の上に敷くものであるということである。しかし、一片一片が積み重なっているという様子と一片ごとの幅から判断して、ただちにこの推測を否定した。発掘者が慎重に竹片を裏返してその表面《おもてめん》を見た時、驚くべきことにそこには墨書の文字がいっぱいに書写されていたのを発見した。竹簡だ！数量は非常に多いようである。……いくつかのプランを検討した後、一九九四年八月二〇日午前九時から、すべての竹簡を取り出して箱に詰め、またその上側は水を含んだ厚みのあるスポンジとプラスチックフィルムで覆い、積み重なった竹簡群の保護を進め、脱水によって引き起こされる竹簡の乾燥と萎縮を免れるようにした。

と述べている〔図1〕。

【室内での作業】

室内の整理の段階については、次のように述べている。

〔図１〕新蔡「平夜君」簡の出土時の状況（一部）（河南省文物考古研究所『新蔡葛陵楚墓』、大象出版社、2003年版、カラー図版 44-2）

まず、作業場で取り出して持ち帰った竹簡をプラスチック板とあわせて作業台に運び、作図と写真撮影を進めた。その後、竹簡を区分して番号をつけ、堆積の状況によって竹簡を上・下の二層に分け、それぞれ甲区・乙区とした。甲区は残った墓室の泥が比較的多く、竹簡以外にも、鎧の残片や車の部品、銅戈などが比較的多く含まれている。乙区は多くが竹簡であり、保存状態は比較的良好であり、保存状況によって竹簡を四組に分けることができる。第一組は、保存状態が比較的良く、長さは比較的長く、束になっている竹簡である。第二組は、長短が入り交じった竹簡である。第三組は、整理時に破損した竹簡である。第四組は、ばらばらで細切れになった竹簡である。区分した後に、位置関係の図版を作成した。甲区の整理作業は、竹簡をもとの位置に置いたままで、先に竹簡の周囲のその他の堆積、たとえば馬の首・腹につける鎧や鉛・錫の装飾などを整理し、その後に竹簡の作図と写真撮影がなされた上で、番号がつけられて取り出された。乙区は、まず第一組の竹簡を整理し、泥を除いた遺物、たとえば木器の残片、席片〔筵《むしろ》〕、竹簡などがもとの位置に置かれ、作図と写真撮影の後に竹簡が取り出された。検討を経て、竹簡を取り出す際のいくつかの原則が定められた。

（1）各組の竹簡の排列順序と折りたたまれた状態との関係を明らかにし、順序に照らして上から下に一枚ずつ番号をつけた上で取り出す。

（2）取り出す前には必ず見取り図と断面図を作成しなければならない。

（3）現場の写真撮影は、整理作業と歩調を合わせなければならない。

（4）洗浄によって出現した文字は、できるだけ早く模写して、写真を撮影しなければならない。

（5）文字を傷つけてはならないことから、竹簡の表面の泥をこすり取ることは厳禁である。

（6）竹簡を取り出した後、混乱が生じて綴合と整理作業に影響を与えないように、番号順に方向を定めて、適切な位置に置いて保存しなければならない。

竹簡の洗浄・処理と色を鮮明にする作業については、主に方北松氏が担当した。……九月一六日までに、全竹簡の整理が終了した。九月一七日から二〇日まで、竹簡の化学処理を行い、復原して色を鮮明にしたものは理想的な状態になった。九月二五日から、竹簡を組に分けて撮影する作業を開始し、写真撮影作業は九月三〇日に終了した。全竹簡の模写と初歩的な接続・綴合を行った後、さらに竹簡に対して密封保護を施した。まず、竹簡一枚ごとにガラス片二枚でしっかりと挟み、その両端は縫合糸を用いて梱包し、蒸留水で満たされた試験管に挿入し、ゴム栓で密封する。密封前には、注射器で管内を真空にしておく。このようにすることで、竹簡は長期間、安全で理想的な環境の中で保存できる。最後に、番号が書かれたラベルを試験管に貼り、専用の木箱に入れた後、河南省文物考古研究所の文物倉庫に収めた。(3)

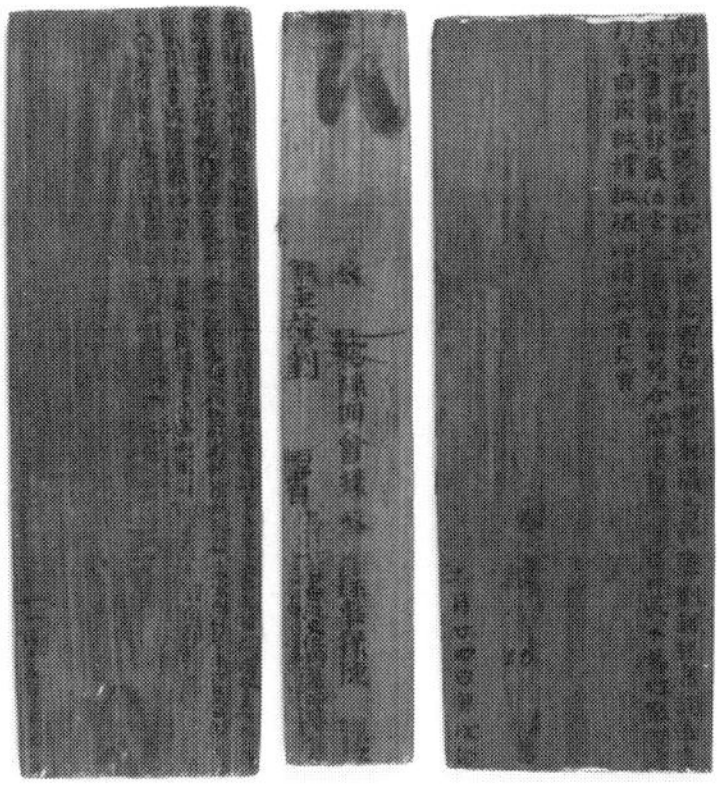

a　脱水前

b　脱水後

〔図２〕脱水前・脱水後の簡牘の写真
（走馬楼三国呉簡、長沙簡牘博物館提供）

竹簡が出土した後、洗浄・脱色・脱水などの多くの処理を進める必要があり、そうしてようやく字跡がはっきり

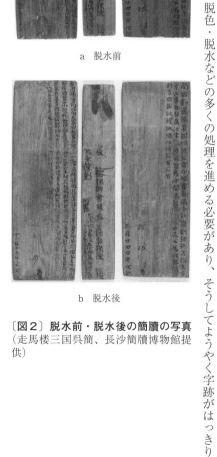

と現れ、保存と研究をするのに便利な状態になる。竹簡が出土したばかりの頃、竹は通常、淡黄色であり、墨跡は鮮明である。しかし、短期間、空気にさらされた後、竹の色はしだいに黒ずみはじめ、字跡も不鮮明になる。脱色は化学的方法を用いたものであり、発色する物質の構造を改変し、これを無色の物質にさせ、竹簡のもとの色を回復させる〔図2〕。

通常の技術での撮影は、一般的に脱色後にようやく進めることができる。仰天湖二五号墓竹簡は一九五三年七月に発掘され、翌年にまだ脱色されていない写真が発表され、一九五七年にはシュウ酸処理を経たかなり鮮明な写真が発表された〔第二章第一節参照〕。ただし、赤外線撮影設備を用い、簡牘の表面の汚染あるいは粘着物を除去しさえすれば、簡牘の表面が本来の色に復原できるかどうかにかかわらず、すべて鮮明な字跡を得ることができる。したがって、このような条件がある場合には、洗浄後・脱色前に、赤外線カメラで撮影し、かなり高い品質の画像を手に入れることを奨励すべきである〔図3〕。

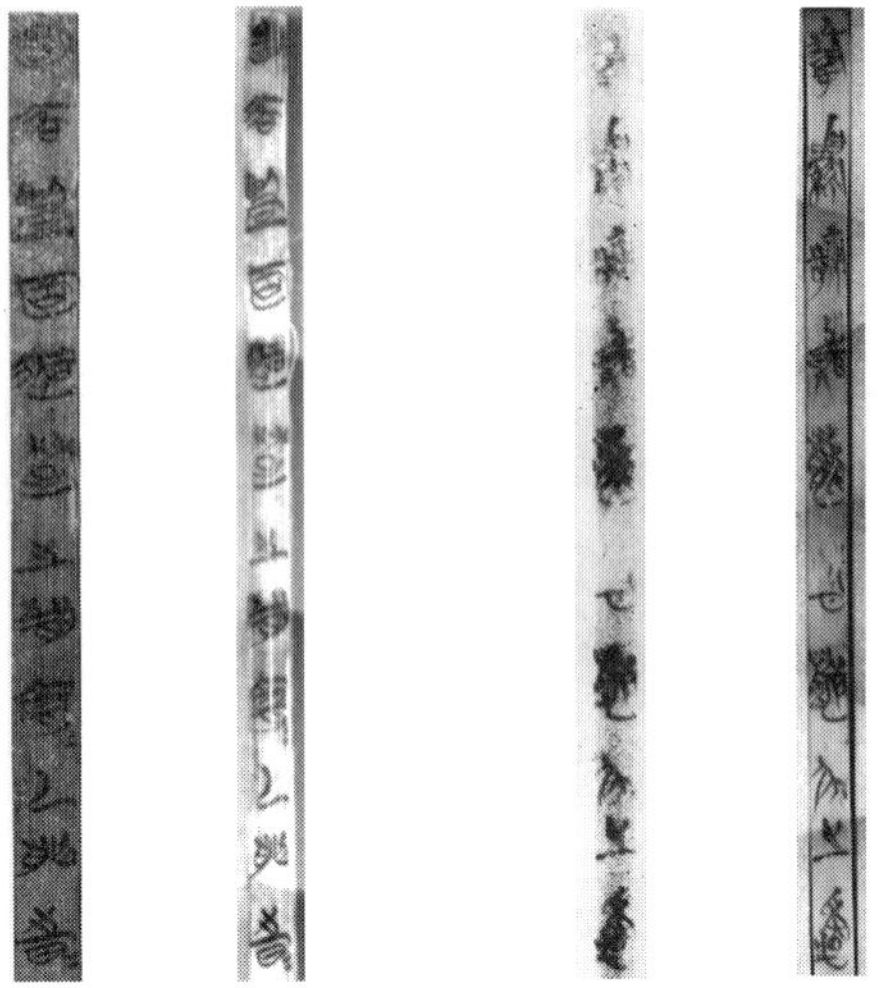

通常の写真—赤外線写真　　通常の写真—赤外線写真

〔図3〕赤外線写真の例（左より包山120号簡、曾侯乙41号簡）

竹簡は有機物であるため、自然界の多くの外的要因の影響の下で変化し、腐食・分解され、朽ち果ててしまう。地下で密閉され酸素が欠乏している条件の下では、このような変化はかなり緩慢に進行し、出土以後に加速するはずである。もし簡牘の中の水分が揮発すれば、簡牘がひび割れたり変形したりするであろう。したがって、出土した簡牘にただちに処理を加え、科学的な整理と保護を進め、長く保存させる必要がある。中国の簡牘の科学保護作業は近年来、迅速に発展し、簡牘本来の状態に近い形で復原することができ、また適切に保存することができる。

南方で出土した湿った状態の竹簡については、蒸留水あるいは清浄水を用いて完全に浸すのが簡単で有効な方法である。中国古代に使用されていた墨は吸着能力が非常に高く、字跡は水の中でも簡単に溶けて落ちることはない。そのため、一般的に、出土後に水の中に浸すことで字跡が不鮮明になることを懸念しすぎる必要はない。考古発掘現場で簡牘が発見され、記録された後、ただちに大量の水に浸すことは、簡牘保護の基本的な措置である。

早期に出土した簡牘は通常、長期間、ガラスの試験管の中に詰めて蒸留水で浸されている。このようにすると、注意深く観察したり整理するのに不便であり、また定期的に水を交換する必要がある。現在、一般的には錆びない銅製の浅いトレーの中に簡牘を置き、蒸留水あるいは清浄水を加えて浸す。すでに写真撮影を終えた竹簡については、トレーを薄い膜で密封してもよい。このようにすれば、細菌の発生率が下がり、水分の蒸発も少なくなる。

脱水については、現在使用されている方法は、以下の数種である。溶剤法（アルコール—エタノールを続けて用いて浸す方法）、真空冷凍乾燥法、聚乙二醇（略称ＰＥＧ）〔ポリエチレングリコール〕滲透加固〔浸透補強〕法、自然乾燥法、乙醇—十六醇〔アルコール—一六酵素〕法。脱水とそれに関連する処理を経た後の簡牘は、良好な条件の下で比較的長く保存できる。(4)

竹簡には価値と利益が備わっていることから、おおよそ二〇世紀の一九九〇年代以降、偽物の製造がかなり多くなった。上海博物館が竹簡を購入した前後、香港・台湾・日本などの地において、いくつかの機関あるいは個人が香港の骨董市場で購入した竹簡がある。そのうちすでに知られているものは多くが偽物である。(5) 清華簡の認識については、李学勤氏は、「これらのきわめて珍しい戦国竹簡は、二〇〇六年冬にはすでに香港に流出していたと聞いており、当時氾濫した偽簡の間に埋もれ、さまざまな曲折を経て、その真の価値の確認が非常に遅くなった」と回顧して述べている。[6]したがって、非科学的な発掘で得られた竹簡については、必ず科学的鑑定を通過しなければならない。技術の方面では、通常、炭素一四の年代測定、含水率測定、竹の降解度〔降解とは、炭素分子の数が減少し、分子量が低下すること〕の分析を用いる。学術の方面では、簡牘学の専門家による簡冊の形制、書写の特徴、テキストの内容についての総合的な考察が必要になる。

第二節　文字の釈読と文意の解釈

楚簡の解読については、文字の釈読が最も重要であり、また最も難しい問題である。裘錫圭氏は、「古文字を考証・解釈する際に証拠となるものは、主に字形と文例である」と指摘している。[7]字形と文例の統一の双方に配慮し、できるだけこの二つの方面すべてにおいて確証がある結論を出さなければならない。すでにどのような意見や考えがあったとしても、盲従したり自信過剰になったりしてはならず、細心の注意を払い、字形と文例の二重の規準を用いて慎重に研究し、合理的な解釈を選択あるいは追究しなければならない。

【例①「席」】

たとえば、学界における「席」の字についての釈読は、楚文字の考釈の中でも非常に困難で紆余曲折があったと言える。長沙仰天湖二〇・二一号簡にはそれぞれ一つの「竹」に従い「石」に従う字がある。[8]初期の検討では、史樹青氏は「簮」と釈読し、[9]李学勤氏は「笥」と釈読した。[10]饒宗頤氏は一九五七年に刊行された『戦国楚簡箋証』の中で、「席」と正確に釈読した。[11]饒氏は、この字は字書にはなく、下部が従うところは「石」の字であると指摘した。『説文解字』には、「席は、籍なり、古文は㐭に作り、石の省略体に従う」とある。この字は「竹」に従い「石」に従い、しかも石の形が省略されず、⿱竹席であるとわかった。しかし、饒氏はその文末の追記の中で、李学勤氏の説に傾き、その字は「私は⿱竹席と釈読するが、李氏は「笥」とし、衣服や器物を盛る笥であると言い、これは優れた解釈であろう」と述べている。二〇世紀の一九八〇年代に至って、郭若愚氏は「席」と釈読する説を重ねて唱えた。(12) 朱徳熙氏・裘錫圭氏・李家浩氏は望山簡を整理した時にも、「この字はまた仰天湖および信陽楚簡に見え、饒宗頤氏が「席」と釈読したのは、信用できる。「席」はもともと「石」声に従い、「席」「庶」の二字が従うところの「⿸广屮」はみな「石」の変形である」と指摘している。(13) これにより、「席」と釈読する説はついに確定した。

【例②「弁」】

「弁」の字の釈読も、楚文字の認識過程の複雑さを明らかに示している。天星観簡の中のある一字は〔「」〕について、朱徳熙氏は、下部が従うところは人が冠をかぶる形のようであり、すなわち『説文解字』が「冠なり」と訓じている「覍」字であり、別体は「弁」に作る。この「竹」に従い「覍」に従う字はまさしく「笲」である、と見なしている。李家浩氏が一九七九年に発表した論文は、朱氏の説を転載した後、楚系文字の中の関連する字について分析し、次のように指摘する。曾侯乙墓の編鐘の銘文に見える「弁」に従い「音」あるいは「攵」に従う字は、まさに「変」と読むべきである。長台関二〇七号簡の「弁」はおそらく「辯」と読み、天星観簡の人名「弁丑」の「弁」は、まさに「弁（あるいは「卞」に作る）」姓である。信陽簡の中の「竹」に従い「弁」に従う字は、おそらく「笲」の字であり、一種の竹の器である、と。(14) 郭店楚簡の中で、この釈読は検証され、さらにいくつかの関連する文字が解明された。『五行』二一号簡の「不弁不悦」については、「弁」の字は馬王堆帛書『五行』の経文では「⿱般目」に作り、解説部分では「変」に作っている。『性自命出』四三号簡の「用心之弁者、兌為甚」については、「弁」は「急」と解釈されており、文意との調和が取れている。しかしながら、郭店楚簡や包山簡の資料に基づき、類似の形体をすべて「弁」と釈読できるかどうかについて、異論も出ている。

張桂光氏の解釈によると、類似の書写法の字は、下部は一般的に「又」に従うものと「人」に従うものとの区別がある。また、「弁」の下部は「又」に従うと同時に、その中間部分に左右対称の短い字画がある。ゆえに、以前は「弁」あるいは「弁」に従う字の中から、「史」および「史」に従う字が見分けられた。たとえば、天星観簡の「弁丑」を「史丑」、包山簡の「大～」「右～」を「大史」「右史」とし、「竹」に従う字を「笥」と釈読している。[15]また、郭店楚簡の関連する字に対して、張氏は、『老子』甲組の二号簡の、原釈が「弁」と釈し「辨」と読む字は、「史」と釈して「使」と読むべきで、「使用」の意味である。簡文の「三言以為史（使）不足」とは、前文に掲げた「三言」を用いるにはまだ足りない、という意味である」と指摘する。[16]李零氏は、この字の書写法と三五号簡の「使」と読む字とは同じであることから、ここでも「使」と読むべきであるとしている。そして、馬王堆帛書『老子』甲本・乙本と王弼本が「文」に作るのは、実は「吏」の誤写である、と述べている。[17]裘錫圭氏は郭店楚簡『性自命出』三二号簡を校閲した際に、抄写者が「吏（使）」と「弁」の二字を混同して一つの字としたのではないかと考えた。[18]李零氏や筆者は、「弁」「史」の二つの字形は近く、混同しやすいものであり、文脈によって具体的に釈読する必要があることを指摘している。[19]

【例③「龕」】

楚簡の中で、その文脈が明らかで、特に伝世文献と対照できる資料は、文字釈読において特別な役割を備える。たとえば「龕」の字は、二〇世紀の一九五〇年代に出土した『鄂君啓節』においてはじめて出現し、その後いくつかの楚簡、たとえば包山簡、望山簡、天星観簡などにも現れ、学者たちの間でさまざまな推測がなされた。そして、

郭店楚簡が整理されるに至って、この疑問はついに解明された。『五行』一六号簡には、

淑人君子は、其の義罷なり。能く罷を為し、然る後に能く君子と為る。君子は其の独を慎むなり。
（淑人君子、其義罷也。能為罷、然後能為君子。君子慎其独也。）

とある。『詩経』曹風・鳲鳩には、「淑人君子は、其の儀一なり（淑人君子、其儀一兮）」とあり、『五行』に引用されている『詩経』と比べると、「罷」はもともと「一」の字であることがわかる。[20]

【例④「視」「見」】

また、包山簡の「視」の字は、かつて「見」と釈読されていた。郭店楚簡『老子』甲組の二号簡に記された「視素保樸」について、整理者による注釈は、「「視」の字の下部は立っている「人」を示し、簡文の「見」の字が「」に作るのと比べて区別がある」と言う。[21]

【例⑤「殺」】

さらに、郭店楚簡『語叢（一）』九三号簡には、「礼不同、不豊、不殺」とある。「殺」について、整理者は「方」に従い「虫」に従う字と釈し、「妨」と釈読している。筆者は、簡文が述べているのは『礼記』礼器に引用されている孔子の言葉であり、また『説文解字』の「殺」の字の古文と対照すると、これは「殺」の字であり、簡文では節約するという意味であることを発見した。[22]

李零氏は、「簡帛文字の大量の出土は、我々を「大規模識字」（大規模に古文字を釈読する）という段階に進ませた」

と述べている。[23] これは確かに喜ばしいことである。しかし、楚簡研究の中では、文字の釈読は依然として重大な任務であり、前途がまだまだ遠い状態である。現時点で、我々は少なくとも三層の問題に直面している。第一は、いくつかの字については、まだ釈読できないということである。たとえば、郭店楚簡『老子』甲組の三四号簡の「朘」と対応する字、『緇衣』一六号簡の「従」と対応する字などである。第二は、いくつかの字がある場合には読むことができるが、別の場合にはどのように読むのかまだわからないというものである。たとえば、前に掲げた「罷」の字については、禱祠簡の中の読み方にはまだ定論がない状態である。また、上博楚簡『周易』三三号簡の「噬」と読まれている字（「」）[24]は、包山簡の一三七号簡の背面にも記されているが、ここでの読み方はまだ確定できていない。第三は、いくつかの字の読み方はわかっているが、その字形については文字学の上ではまだ確実な解釈がないというものである。たとえば、「察」あるいは「竊」（包山簡一三七号簡や郭店楚簡『五行』一三号簡に見える）と読む字などである。

文意の解釈については、字形の考訂が完成した後に、当該文字は簡文の文脈の中でどのように読むべきか、あるいはどのような意味で解釈すべきかを検討する必要がある。これも多方面にわたって探究し、最も適切な解釈を探し出さなければならない。

【例⑥「詎」】

包山文書類の中には、「詎」の字が何度も出現する。「詎」する者の記述も、「詎」される者の記述もあり、しかも身分がかなり確定的な場合には、前者の地位は後者より高い。たとえば、次のような例がある。

君王詎僕於子左尹　〔15―16〕

子左尹詎之新告赴尹〔16〕
子宛公詎之陰之勤客〔134〕
視日以陰人舒慶之告詎僕〔137背面〕

「豆」「主」の上古音は侯部畳韻であり、通仮できる。簡文の「詎」はおそらく「注」である。「注」「属」はいずれも章母双声に属し、古典籍の中では通仮の例がよく見られる。たとえば、『戦国策』秦策四「頃襄王二十一年」章の「一たび衆を挙げて地を楚に注《そそ》ぐ」について、高誘注に「注は、属なり」とある。また、『国語』晋語五の「則ち恐らくは国人の耳目を我に属《そそ》がんとするなり」について、韋昭注に「属は、猶お注のごときなり」とある。このことから、筆者は、簡文のこの字は「属」と読み、委託・交付の意味であり、上級の者が下級の者に訴状を交付して処理させていることを表していると推測している。(25) 郭店楚簡『老子』甲組の二号簡には、「或命之或唬豆」と記されており、これについて裘錫圭氏は、「唬豆は、帛書本では「所属」に作る。「豆」と「属」とは上古音では近い」と述べている。(26) これは包山簡の「詎」の釈読に対してさらに直接的な証拠となっている。

【例⑦「逾」】

郭店楚簡『老子』甲組の一九号簡には、「天地相い合《あ》し、以て甘露を逾す（天地相合也、以逾甘露）」と記されている。原注では「逾」について、「帛書本は「俞」に作り、整理者は「「俞」はおそらく「揄」あるいは「輸」と読むべきである」と見なしており、これは従うべきである」と述べている。(27) 帛書『老子』の甲本・乙本はいずれも「俞」に作り、高明氏は「雨」と読むべきであると見なしている。郭店楚簡『老子』の中の「逾」について、劉信芳氏は「霣」と読むべきであると述べている。(28) 伝世本『老子』第三二章では、この字は「降」に作り、これらの解釈はつまり「降」

の字義をめぐって展開しているものである。実は、先秦時代において、少なくとも長江中下流域の楚・呉の地では、「逾」の字は明らかに、上から下へ運行するという意味が含まれている。『国語』呉語は、越が呉を滅ぼす戦争について、次のように記している。

　是《ここ》に於《お》いて呉王 師を起して、江北に軍し、越王 江南に軍す。越王乃ち其の師を中分して以て左右軍を為《つく》り、其の私卒君子六千人を以て中軍を為る。明日将に江に舟戦せんとし、昏に及び、乃ち左軍をして枚《ばい》を銜《ふく》み江を溯《さかのぼ》ること五里にして以て須《ま》たしめ、亦た右軍をして枚を銜み江を踰ること五里にして以て須たしむ。夜中、乃ち左軍・右軍に命じて江を渉り鼓を鳴らし中水にして以て須たしむ。呉師 之を聞き大いに駭《おどろ》きて、曰く、「越人分かれて二師を為る。将に以て我が師を夾攻《きょうこう》せんとす」と。乃ち旦《あした》を待たず、亦た其の師を中分して、将に以て越を禦《ふせ》がんとす。越王乃ち其の中軍をして枚を銜み潜かに渉り、鼓《つづみう》たず譟《さわ》がずして以て之を襲攻せしむ。呉師大いに北《に》ぐ。越の左軍・右軍乃ち遂に渉りて之に従い、又た大いに之を没に敗り、又た郊に之を敗り、三たび戦いて三たび北げ、乃ち呉に至る。

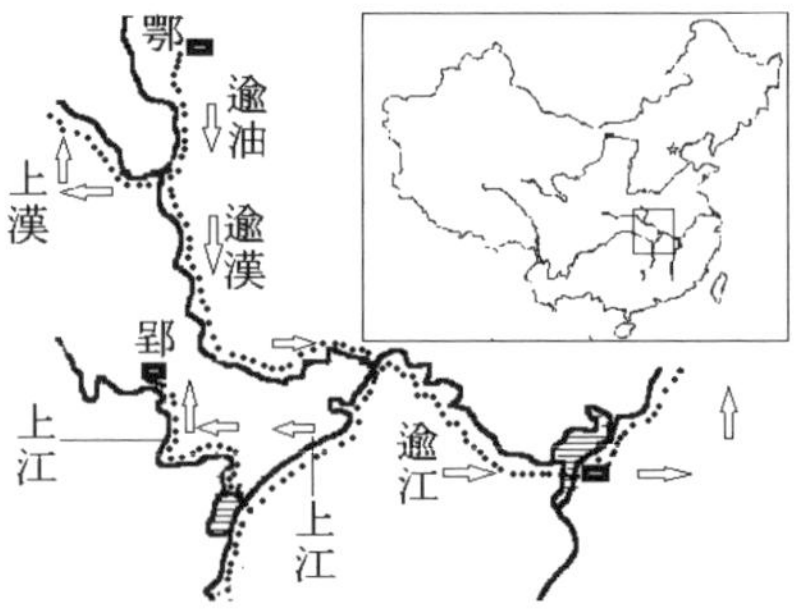

〔図４〕『鄂君啓節』舟節のルート（一部）（譚其驤編『中国歴史地図集』第１冊、地図出版社出版、1982年、図45～46をもとに作図）

「踰」と「逾」とは同じ字であり、韋昭注に「踰は、度なり」と言うが、これは不正確である。ここでは、「踰」と「溯」とは相対しており、しかも左右の軍はその後（夜中）になってようやく「渉江」して（江を渡って）「中水」（韋昭注に「中水は、水の中央なり」とある）に至っており、「踰」は「江」に沿って下ることを指し、「溯」が「江」

に沿って上ることを指していることと対応する。[29] 楚国の金文『鄂君啓節』舟節の中では、「逾」と「上」とは相対して用いられている。舟節の銘文に記されている鄂君の商船が免税のまま通行しているルートは、鄂邑（今の河南省南陽市の北）から「逾油」（淯川、おそらく今の白河に当たる）し、漢に入った後に、「上漢」「逾漢」の二つのルートに分かれ、再び長江に入った後に「逾江」「上江」の二つのルートに分かれる（図4）。銘文の「逾」は、『国語』呉語の「踰」と明らかに類似し、水の流れに従って下っていくという航行を指している。[30] これらを比較してみると、郭店楚簡『老子』の「逾」は、『鄂君啓節』舟節の「逾」および『国語』呉語の「踰」と同じ意味であるとすべきであり、伝世本『老子』の「以降甘露」の「降」に相当することがわかる。馬王堆帛書『老子』の中の「俞」は「逾」の省略体であることから、これも「下」（降る）の意味である。

【例⑧「夔」】

郭店楚簡『唐虞之道』一二号簡の上端に記されている文字について、原釈文は「□礼畏守楽孫民教也」と釈読している。『唐虞之道』の一〇号簡中段・下段と一二号簡には、虞舜時代の功臣について述べられており、原釈文で指摘されている人物として禹《う》・益《えき》・后稷《こうしょく》（以上は一〇号簡に見える）および皋陶《こうよう》（一二号簡の中に見える）がいる。「畏守楽」は「后稷」の後ろ、「皋陶」の前に位置し、「守楽」はその他の四人とは関係がなく、述べているのは別の人物あるいは別の事柄であると考えられる。春秋時代の夔《き》国は、『公羊伝』僖公二十六年では「隗」に作り、『史記』楚世家の『史記索隠』は譙周の説を引用して「帰」に作る。古典籍では「畏」と「鬼」とは通仮し、しかも「鬼」に従う字はまた「帰」の字と通仮する。[31] したがって、「畏」を「夔」に読むのは問題がないと思われる。『大戴礼記』五帝徳には、次のように記されている。

宰我曰く、「請う帝舜を問う」と。孔子曰く、「蟜牛《きょうぎゅう》の孫、瞽叟《こそう》の子なり。重華《ちょうか》と曰う。……禹をして土を敷き、名をして山川を主《つかさど》らしめ、以て民に利せしむ。后稷をして播種《はしゅ》し、嘉谷を務勤し、以て飲食を作らしむ。羲《ぎ》・和《か》をして暦を掌《つかさど》らしめ、敬《つつし》んで民に時を授けしむ。益をして火を行《や》り、以て山萊を辟《ひら》かしめ、伯夷をして礼を主り、以て天下を節せしめ、夔《き》をして楽を作《おこ》し、以て歌い籥舞《やくぶ》し、和するに鐘鼓を以てし、皐陶をして士と作《な》し、忠信疏通し、民の情を知らしめ、契をして司徒と作し、民に孝友を教えしめ、政を敬み経に率《したが》わしむ。……」と。

ここで述べられていることは簡文の内容とほぼ同じである。

【例⑨「廢」「夜」】

上博楚簡『昔者君老』四号簡には、「各爾《おのおのなんじ》の事を恭し、命を発するに夜ならず（各恭爾事、発命不夜）」と記されている。整理者による注釈には、「命令を出すのに夜を待たない。『礼記』月令は季夏の月について、「大事を挙げて以て養気を揺《うごか》すこと毋かれ、令を発して待たしめ、以て神農の事を妨ぐること毋かれ」と言う」と書かれている。実際には、「発」は「廢」に読むべきであり、「夜」は「赦」に読むべきである。「廢」は「発」を声符としていることから、通仮できる。高亭氏はかつてこの二つの字の通仮の例を一〇条あまり収集しており、これは参照すべきである。[32] 楚簡の中では、「廢」の字はしばしば「法」の字を仮借として用いているが、郭店楚簡『老子』丙組の三号簡の「大道廢」の「廢」は「発」字を仮借として用いており、これと同じである。「廢命」は古代の慣用語である。たとえば、『左伝』僖公五年に、「官を守り命を廢するは、敬《つつし》まざるなり」とあり、哀公十一年に「爾の君事を奉じ、敬みて命を廢すること無かれ」とある。「夜」「赦」の二字はいずれも鐸部畳韻であり、声母はまた喩母、審母の旁紐であり、上古音の中では近いことから、通仮することができるかもしれない。「夜」は「亦」（「亣」）を声符としている。『説文解字』は「赦」の字の下に「⿰亦攵」の字があり、「赦或従亦」と解説している。『古文四声韻』巻四は「赦」の字の下に『汗簡』の「亦」の字を収録している。西周時代の金文『𩞁匜』や雲夢睡虎地秦簡『法律答問』『封診式』『為吏之道』などは、「赦」は「⿰亦攵」に作る。[33]これらは「夜」「赦」が通仮するという間接的な証拠と見なすことができる。『尚書』盤庚上に、「今自《よ》り後日に至るまで、各《おのおの》爾の事を恭し、乃《そ》の位を斉《ととの》え、乃の口を度《と》じよ。罰爾の身に及ばば、悔ゆべからず」と言う。また、『左伝』昭公二十五年に、「若し夫れ宋国の法、死生の度は、先君命有り。群臣死を以て之を守り、敢えて失隊せず。臣の職を失い、常刑赦さず」と言う。これらは竹簡が述べている内容に近い。

第三節　句読

前述のように、楚簡の中には句読符号がかなり多く使用されているが、必ずしも文の区切りすべてに標識があるわけではない。同時に、通常、句読を示す点状符号は、人名・地名あるいはその他の場合にも用いられ、簡文の区切りはしばしば複雑な状態になっている。簡冊が提供する関連情報をできるだけ利用し、繰り返し検討し、正確な読み方を探し求めるべきである。

人名の提示符号を紹介した際には、包山楚簡九一号簡の例を挙げた（第一章第四節参照）。この竹簡には句読符号があり、人名の提示符号もある。原文は、

九月戊申之日佸大烈六令周殺之人周雁訟付挙之関人周瑶周敓▬ 謂葬於其土▬ 瑶▬ 敓▬ 与雁▬ 成唯周鼷之妻

葬焉▬

となっている。原釈文の句読点は次の通りである(34)。

九月戊申之日、佸大烈六令周殺之人周雁訟付挙之関人周瑶・周敓、謂葬於其土、瑶・敓・与雁・成唯・周鼷之妻葬焉。

ここでは、「瑶」「敓」「雁」の三字の下の点状符号はみな人名を提示しており、「与」は接続詞であり、「成」は契約が成立するという類の意味を指す。そうであるならば、句読点は、「……瑶・敓与雁成、唯周鼷之妻葬焉」とすべきである。

包山一三七号簡も句読符号と人名の提示符号が同時に出現するものである。原文は、

信竊聞知舒慶之殺桓卯▬ 逌▬ 緹与慶皆▬ 竊聞知苛冒桓卯不殺舒昒

となっている。「卯」「逌」の二字の下の点状符号は、人名を提示したものであるとすべきであり、「皆」の字の下の符号は句読符号である。「皆」は「偕」に読むべきで、舒慶が桓卯を殺した際、逌・緹・慶の三人はみなその場にいたことを述べている。ゆえに「皆」の字の下は区切って読むと考えられる。その後の「竊聞」と前文の「信竊聞」とが相対していることから見れば、「皆」の後は区切って読むという判断も支持できる。この簡文の正確な句読点は、以下の通りである。

信竊聞知舒慶之殺桓卯、逌・緹与慶皆（偕）。竊聞知苛冒・桓卯不殺舒昍。

原釈文は「皆」の下の句読符号を見落として、その前後を連続して読んでいるが、これは正確ではない。

本章の第二節では、郭店楚簡『唐虞之道』一二号簡の「畏」は「夔」と読むべきであり、虞舜時代の別の臣下の一人を指すことに言及した。このように理解した後は、もともと連続して読んでいた語句も分けて、「□礼、夔守楽、孫民教也」とすべきである。一〇号簡の中下段には「禹治水、益治火、后稷治土、足民養【也】」と書かれており、この句型と同じであり、その証拠となる。

区切って読むべきであるのに区切って読んでいない釈文の例としては、郭店楚簡『成之聞之』二九～三〇号簡の中の語句が挙げられる。この原釈文は、

君子曰、唯有其亟而可能終之為難。

となっている。

類似の句型は『礼記』祭義にも見え、「養いは能《よ》くすべきなり、敬を難《かた》しと為す。敬は能くすべきなり、安んずるを難しと為す。安んずるは能くすべきなり、卒《おわ》るを難しと為す（養可能也、敬為難。敬可能也、安為難。安可能也、卒為難）」と書かれている。対照すると、この「君子曰」の句は、「唯だ其れ亟《すみ》やかにして能くすべきこと有り、之を終るを難しと為す（唯有其亟而可能、終之為難）」と読むべきであると考えられる。

以上のように、簡文の句読点については、通常、文字の釈読と文意の解釈とが関連しており、孤立するものではない。以下、さらにこのような例を二つ挙げてみたい。

郭店楚簡『成之聞之』一三号簡の中の一文は、原釈文は「戎（農）夫務食不強、加糧弗足矣」としている。裘錫圭氏は、「糧」の上の一字は「加」と読むべきではないかもしれないと疑っている。[35] 周鳳五氏はこの字を「耕」と釈読し、上文に属して読むように改めており、[36] これはさらに信用できる。

上博楚簡『従政』甲本の二号簡の一文は、原釈文は「其乱、王余人邦家土地、而民或弗義」としている。この前の一号簡には、「昔三代之明王之有天下者、莫之余也、而□取之、民皆以為義」と書かれている。二号簡の句と相対しているため、「王」は上の文に属して読むべきであり、「其乱王」と「三代之明王」とが対応する。「余」は「予」に読むべきである。簡文がおおむね述べていることは、三代の明王たちが天下を取ると、民衆はそれが正義だと考える。三代の末世の乱王が天下を失うと、民衆はそれが不義だと考える、ということである。

句読の改変は、時には文意に重大な相違を生じさせる。今本『老子』第一八章は、「大道廃れて、仁義有り。智慧出でて、大偽有り。六親和せずして、孝慈有り。国家混乱して、忠臣有り（大道廃、有仁義。智慧出、有大偽。六親不和、有孝慈。国家混乱、有忠臣）」とあり、郭店楚簡『老子』丙組の二・三号簡の釈文は、「故大道廃、安有仁義。六親不和、安有孝慈。邦家昏【乱、安】有正臣」に作る。ある学者は、竹簡本『老子』には儒家の倫理観念と鋭く対立する文字がないと見なしており、この部分の釈文は主要な論拠の一つとされている。[37] またある学者は、釈文のこのような処理と老子のもともとの意図とはおそらく相反しており、いくつかの「安」の字は「焉」と読むべきであり、上文に属して読み、句末の助詞であると指摘している。[38]

第四節　綴合と編連

（一）編連の検討

編連は、簡牘類文献の整理の際の特殊な作業である。その目的は、竹簡の順序が乱れ、そのテキストの内容に混乱が生じている場合に復原することである。もしテキストの復原に関する各段階がすべて重要であると言うならば、編連が及ぼす影響はとりわけ突出している。比較的複雑な簡冊を整理する際、編連中の「錯簡」の問題はほぼ避けることができない。そして、正確な順序の発見と改善は、しばしばテキストの復原中の「点睛の筆」（最後の仕上げ）となる。

編連の作業は、簡牘の外在形態〔「（二）綴合の分析」で後述〕の分析、すなわち簡牘を形制や書写の風格によって分類することから始まる。一般的に言えば、同一篇の簡牘の長さと幅はほぼ同じであり、書写の風格も基本的に一致する。しかし、異なる形制の簡牘が編連される可能性もあり、また同一篇の文字が異なる人物によって書写された可能性もあり、異なる篇が一巻に編成されている可能性もあるなど、かなり複雑な状況が存在する。そのため、外在形態の分析は参考に値すると言えるだけであり、絶対的な標準となることはできず、簡牘のテキストの分析とあわせて活用する必要がある。

簡牘のテキストの内容は、編連の内在的な根拠となる。異なる簡牘を編連した結果、文章が通り、また論理や書写・閲読の習慣に合わなければならない。いわゆる文章が通るとは、簡牘を跨いで組み合わせた語彙や語句を言い、当時の表現の習慣に合致すべきであり、最も良いのは同時代の文献（伝世文献と出土文献を含む）の中に対照できる辞例・文例が見つかることである。いわゆる論理に合うとは、主としてさらに大きなテキストの中、すなわち篇章の中で、時間・事件・筋道などに関する論理的な順序と合致することを指す。テキストの復原を検討する中で、古代の人々が文を書く際に、思考が厳密で論理的であるとは限らないと考える人もいる。このような認識は一定の道理があるが、もし復原したテキストが雑然として乱れているならば、必ず問題があると考えられる。書写・閲読の習慣に合うとは、通欄あるいは分欄の処理の際の様々な規則を指す。

語句については、ある時は一篇の竹書に複数の解釈が存在することもある。この時には注意深く対照し、検討を繰り返し、最適な選択をし、多くの、あるいはすべてのつながりが完璧に解明できることが望まれる。これは非常に難しく、また非常に興味深い。顧史考〔スコット・クック〕氏はかつて、「筆者は幼い頃からジグソーパズルで遊ぶことを好んだ。今はすでに而立の年〔三〇歳〕を過ぎたが、その嗜好は変わっておらず、ただ遊ぶ対象は竹簡の排列になり、甚だしきに至っては諸子の繫年などのジグソーパズルのような学術課題の並び換えになっている」と述べた[39]。簡牘の編連に対する挑戦と興味については、外国人学者も同じように感じていると言えよう。

以下、いくつかの実例を見ていきたい。

【実例①】

まず、包山一三一号簡〜一三九号簡について。包山簡が発表された時、整理者はすでにこの九枚の竹簡をその他の竹簡と正確に区別していたが、この一組の竹簡の内部の処理については、明らかに問題がある。整理者はこの九枚の竹簡を一つの完整した文書であると見なしている。具体的には、竹簡の表面に書写されている内容について、一三一号簡から一三九号簡まで順番に並べ、その後に一三八号簡の背面を挿入し、その後は再び一三九号簡の表面につなげ、一三五号簡の背面、一三七号簡の背面、一三九号簡の背面、一三二号簡の背面という順序で並べている。

このような処理には多くの問題が存在する。

第一は、簡牘の時代の書写や閲読の習慣に合わないことである。これはさらに二つの点に分けて言うことができる。一つは、表面の文章の中間に背面の文章（一三八号簡）を挿入していることである。もう一つは、簡冊を裏返した時は、右（一三九号簡の背面）から左（一三二号簡の背面）には読まれないということである。

第二は、つなげた部分の文辞や論理が通らない箇所が多いということである。たとえば、一三一号簡の下部分は、「陰司敗某旱告湯公竟軍言曰、執事人属陰人宣精・苟冒・舒逃・緹・舒慶之獄於陰之正」と言い、一三二号簡の上部分は「秦竟夫人舒慶坦居於陰侯之東窮之里、敢告於視日」と言い、前者の語句はまだ終わっておらず、後者は主語がすでに変わっている。また、たとえば、一三五号簡の最後の一句は「僕不敢不告於視日」と言い、一三六号簡の冒頭の一句は「思聴之」と言う。互いに何らかの関係があるとは思えない。

第三は、形式から見ると、いくつかの竹簡の下端には比較的多くの空白があることから（一三七号簡・一三八号簡の背面・一三九号簡）、関連する文書はこれらの部分においてすでに終わっているとわかることである。換言すれば、この九枚の竹簡にはいくつかの文書が含まれており、整理者の理解のようにただ一つの文書だけではないのである。

総合的に見ると、この九枚の竹簡は、かなり長い時間を経ており、文書の構成もかなり複雑である。実際に、この九枚の竹簡は、同じ司法案件に関するいくつかの文書であり、おそらく三つのグループ、八つの文書からなるものである。すなわち、

第一組：A①一三二～一三五号簡表面、A②一三五号簡背面、A③一三二号簡背面
第二組：B①一三一・一三六・一三七号簡表面、B②一三七号簡背面
第三組：C①一三八・一三九号簡表面、C②一三九号簡背面、C③一三八号簡背面

である。このように考えると、古代の人々の閲読の習慣（表面はみな右から左に向かって読む）に合致し、案件の脈絡と時間の段階もはっきりとわかる。

A①の一三二～一三五号簡の表面に書写されているものは、訴状の一つである。この訴状は、出土した別の三つの訴状（包山一五～一七号簡、江陵磚瓦廠簡）の書式と完全に同じである。すなわち冒頭は訴状の提出者の住所と姓名とを説明し、続いて「敢告於視日」と言い、その後に起訴に至った経緯を述べ、最後に「不敢不告於視日」をもって終了する。この訴状の中で、舒慶は苛冒・桓卯がともに彼の兄である舒眆を殺したことを告発している。彼は地方役人に起訴状を提出し、地方役人は容疑者を追跡して逮捕することを命じ、苛冒は捕まり、桓卯は自殺した。しかしながら、地方役人はこの案件に裁決を出さず、逆に彼の父の舒逬ともう一人の兄の緹を拘禁した。彼はそのために王朝に訴えた。

A②の一三五号簡の背面は、二つ目の文書である。左尹が湯公（おそらく郡級の役人）に楚王の命令を伝達したことを書写している。表面の訴状の要点を摘録した後、速やかに裁断して結果を報告することを要求している。

A③の一三二号簡の背面に書かれているものは、三つ目の文書である。文書が郵駅〔旧時、公文書伝達の受け渡し場〕を通過して楚の都から当地の役所に送付されたという記録である。

B①は、一三一・一三六・一三七号簡の表面に書かれている。案件が発生した地、すなわち陰県の役人が湯公に、楚王の命令（A②）を受けた後に処理した結果を報告したものである。陰県は、案件について審理を進め（竹書は「聴獄」と称す）、訴訟では双方とも自分の主張を曲げていない。舒逬・緹は舒慶の訴状（A①）の告発について重ねて言明し、宣精・苛冒は舒慶父子が桓卯を殺害したと告発している。続いて、陰県の役人は誓いを立てて証拠を求め、合計二一一人すべてが桓卯・苛冒に有利な証言をした。一三一号簡の「属陽人……之獄於陰之正」は、一三六号簡の「思聴之」とつながり、その中の「嘱」と「思」（令・使の類の意味）とは呼応し、「聴」と「獄」とは関係があると考えられる。

Ｂ②は、一三七号簡の背面に書かれている。湯公が陰県の役人の報告を左尹に上申した文書である。

Ｃ①は、一三八・一三九号簡の表面に書かれており、舒絽が改めて誓いを立てて証拠を求めることを請求し、何人かの証人の名前を書き連ねている。これはＢ①に記された舒氏家族に不利な状況に対して提出しているものであると考えられる。

Ｃ②は、一三九号簡の背面に書かれており、左尹が郡級の役人に楚王の命令を伝達したものであり、舒絽の請求によって、もう一度誓いを立てて証拠を求めることを要求している。

Ｃ③は、一三八号簡の背面に書かれており、その内容は、舒絽の仇（訴訟をしている相手、つまり桓姓・苛姓の家族）が、舒絽が提出した証人の名簿について異議を申し立てており、もし当事者との間に怨みがある、当事者と同官（同僚）・同社（同郷）・同里（同村）である、あるいは従兄弟のような親族に属するならば、すべて証人を務めることはできない、というものである。

【実例②】

包山喪葬簡の中には、車について記録した簡冊が一組ある。すなわち二六七～二七六号簡であり、全部で五つの車について記されている。そのうち第一、第二の車は文章が比較的長く、二六七～二七二号簡の全六枚である。整理者は二六七～二七〇号簡を一車とし、二七一～二七二号簡を一車としている。

李家浩氏は、次のように指摘している。

整理者は二六九号簡と「甬車」について記す二六七・二六八号簡とを連接させ、二七二号簡と「正車」について記す二七一号簡とを連接させ、二七六号簡と「羊車」について記す二七五号簡とを連接させている。このような連接には不合理な箇所があり、具体的に言えば「正車」について記す簡文に「面」と呼ばれるものが二度出現する。すなわち「四馬之臼面」と「白金錫面」であり、他の車に関する簡牘文字にはいずれもこのような内容が見られないことから、我々は「甬車」について記す二六七・二六八号簡と二七二号簡とが連接し、また「正車」について記す二七一号簡と二七六・二六九・二七〇号簡とが連接すると見なすことができる。このような連接は、上に述べたような不合理の箇所を免れるだけでなく、さらに簡文に記されている正車の装備品・車馬器と、牘文に記されている正車の装飾品・車馬器ともおおむね合致する。(40)

李氏がこの組の竹簡の順序を調整した理由は、主に二つある。一つは「面」と呼ばれるものの出現回数について、もう一つは同じように「正車」が記されている包山一号牘と対照できることについてである。

筆者は、包山一号牘は実は贈り物に関する記録であることを発見した。葬儀を営む際の贈り物は副葬に用いることができ、副葬品を記録した遣策の上に出現しても不思議ではない。このように考えると、簡文と牘文に記されていることはただ角度が異なるだけであり、内容は一致する。李家浩氏が、一号牘を参照して車について記されている竹簡の編連を調整したことは、ここにおいて支持を受けることができるのである。

【実例③】

郭店楚簡『語叢（一）』の釈文の中には、それぞれ三枚の竹簡と二枚の竹簡によって構成されている二つの文章があり、七七・七八・七九号簡の簡文は「□□□於義、親而／□□。父有親又尊。／……尊而不親」と、八二・八三号簡の簡文は「不尊厚於義、専（博）於仁／人亡能為」となっている。この他、竹簡の残片である八号簡には「仁人也義」と書かれている。『礼記』表記の中には孔子の言葉が記されており、「仁は、人なり。道は、義なり。仁に厚き者は、義に薄し、親みて尊ばず。義に厚き者は、仁に薄し、尊びて親まず（仁者、人也。道者、義也。厚於仁者、薄於義、親而不尊。厚於義者、薄於仁、尊而不親）」と言っている。この部分と対照させ、残簡である八号簡と『語叢（一）』の七七・八二・七九号簡とを順番に編連すれば、内容はこの孔子の言葉とほぼ同じになる。(41)

『語叢（一）』の三一・九七号簡にはそれぞれ「礼因人之情而為之」と「即文者也」と書かれている。整理者が作成した釈文の中では、もともと三一号簡は三二号簡とあわせて一句となっていた。三二号簡は「善里（理？）而後楽生」と言い、三一号簡と連続して読むには明確な根拠がない。『礼記』坊記は「礼は、人の情に因《よ》りて之が節文を為して、以て民の坊を為す者なり（礼者、因人之情而為之節文、以為民坊者也）」と言い、『管子』心術上は「礼は、人の情に因り、義の理に縁《よ》りて、之が節文を為す者なり（礼者、因人之情、縁義之理、而為之節文者也）」と言い、これらと比べ合わせると、三一号簡は明らかに九七号簡と連続して読むべきである。一九九九年、筆者がこの見解を提示した時、「文」についてはまだ正確な釈読ができなかった。(42)その後、李天虹氏らがこの字を「文」と釈読したことにより、このような調整はいっそう確実になったように思われる。(43)

喪葬簡について、劉国勝氏はかつて試みに長台関一号墓第二組簡の中の九号・七号・一〇号・一五号・一三号・二号の六簡と二一号・二三号・一九号・二八号の四簡は、それぞれ編連して一組となるという説を提示した。主な内容は、前者は服飾、後者は日用品である。前者の一〇号簡と一五号簡とをあわせて読むと、次のようになる。(44)

一□革帯、有金鉤。其佩。一小環、径二寸。一□□堯、長六寸、泊組之緌。一青□□之璧、径四寸間寸、[10] 博一寸少寸、厚銭寸。[15]

この二簡は同じ玉飾の尺寸について記述しており、この編連はかなり信用できると考えられる。

（二）綴合の分析

編連は、いくつかの簡牘の順序を並び換えるものである。一方、綴合は、一つの簡牘が断裂した後に残片を組み合わせ、もとの状態に復原することである。

綴合の根拠は、簡牘の外在形態とテキストの内容の関連の二つに分けられる。いわゆる外在形態とは、簡牘の長さ、幅、厚さ、叉口《しゃこう》（簡牘の断裂面、茬口《しこう》とも言う。用語15）、色合い、書写の風格などを指す。横向きに断裂している簡牘について、長さの方面で考慮することは、組み合わせた後の完整簡の長さが同一簡冊の他の完整簡に相当するということである。叉口とは簡牘の断裂面を指し、残片が隣接する部分は、互いにぴったり合うはずである。幸運な時には、断裂面の組み合わせはほぼ天衣無縫（天女の衣には縫い目がない＝少しのすきもなく完全であること）に達する。いわゆるテキストの内容の関連は、綴合された残片の文字が互いに関連し合い、筋が通っていて、続けて読むことができる状態を指す。幸運な時には、異なる残片に残った筆画を組み合わせて、文字を復原できることがある。

綴合にはいわゆる「遥綴《ようてつ》」という言い方があり、簡牘の形体上、いくつかの残片が継ぎ目なく組み合わすことができない場合を指し、欠字あるいは欠筆が存在する。ただし、簡牘のおおよその形態と文字の内容を根拠に、同一の簡牘に属すると推定し、それによって不完全な復原を行うことができる。このような綴合は、簡牘の一部が欠損し、語句も一部が欠失しているため、「遥」の字を使用するのは適切ではないように思われる。「非緊密綴合」（緊密ではない綴合）という言い方を考慮すべきであり、これは「緊密綴合」（緊密な綴合）と対応する（当然、この時には「緊密」の二字を用いる必要はない）（用語17）。

すでに発表された資料の中には、はじめに整理者が作成した綴合が、信用できるものもあれば、信用できないものもある。そのため、初期の整理に対して再整理を行う際には、もともと綴合されているものについて細心の注意を払い、改めて仔細に観察し、以前の「段位」（すなわち残片の完整簡牘に相対する位置）と関連する不正確な判断を訂正し、誤って綴合された残片を分離して、最適な綴合案を求めるべきである。

【例①】

『老子』乙組一〇号簡の下端は残欠しており、李家浩氏は残簡二〇号がその後に綴合できることを発見し、二字分が補われた。(45)

上士聞道、僅能行於其中。中士聞道、若聞若亡。下士聞道、大笑之。弗大［9］笑、不足以為道矣。是以建言有之、明道如曹、夷道［10］如纇、［残20］【進】道若退。上徳如谷、大白如辱、広徳如不足、建徳如□□真如愉。［11］

字体と語句から見ると、これは完全に信用できる。

【例②】

上博楚簡の第七分冊の『呉命』は、残欠が深刻な竹書であり、その内容は呉・楚の間の関係についてである。一号簡には、次のように書かれている。

二邑。非疾痼焉加之、而慎（殄）絶我二邑之好。先人有言曰、「馬将走、有童（沖）之、速衢。」灶来告曰、

また、三号簡には、次のように書かれている。

君之順之、則君之志也。両君之弗順、敢不芒道以告。呉請成於楚。昔上天不中、降禍於我

文字の内容から見ると、一号簡は三号簡の下に接続でき、連続して読むと次のようになる。

君之順之、則君之志也。両君之弗順、敢不芒道以告。呉請成於楚。昔上天不中、降禍於我［3］二邑。非疾痌焉加之、而慎（殄）絶我二邑之好。先人有言曰、「馬将走、有童（沖）之、速衢。」灶来告曰、□□［1］

このように連接すると、文意はおおむね筋が通る。しかも、三号簡の最後の一字は一号簡の冒頭の二字とつながって「我二邑」となり、一号簡の下側の「我二邑」と対応する。問題は、三号簡の上端は欠損がなく、下端が残欠していることである。整理者の判断によると、残存部分には第二、第三の契口があり、つまり完整簡の上段に位置する。これは整理者が作成した『呉命』の全竹簡の図版の中に見える。このような状況下では、二つの残簡はいずれも残欠が比較的多い下段であり、綴合できる可能性がない。

しかし、一号簡は上・下がみな残欠していることにより、残存部分が上段に属する可能性も、下段に属する可能性もあると考えられる。筆者は試みに一号簡を下段とし、整理者が第一契口と認定したものを第二契口と見なしたところ、その下端はおおむね完整である九号簡の下端からまだ少し距離があり、これは一号簡がもともと下段であった可能性もあることを意味している。同時に、喜ばしい発見があり、このような場合、三号簡の残片と一号簡はまさに一つが上段、一つが下段の関係であり、おおよそ綴合することができ、その間にはただ「我」の字の下半分が

残るのみである。綴合した後の文章は基本的に筋が通っており、また竹簡の長さ（下端の残欠は約二字）や契口の位置もすべて同篇の竹書と一致し、信頼性はかなり高い[46]。

【例③】

上博楚簡の第五分冊の『君子為礼』九号簡は、整理者は「この竹簡の長さは四七・八センチメートル、上端は平斉、下端は残欠。現存二九字」と述べ、その釈文は「回、独智人所悪也、独貴人所悪也、独富人所悪也。貴而能譲□、斯人欲其長貴也。富而」と書かれている[47]。陳剣氏は九号簡を一・二・三号簡の下に置いて一つの編連の組とし、また四号簡は「前に引用した九号簡の後に並べられる可能性がある」と指摘している[48]。

四号簡の原釈文は、「淵起、逾席曰、敢問何謂也。夫子智而□信斯人、欲其」である。「敢問」以後の文字は、陳剣氏は改めて「敢問何謂也。夫子、智而□信、斯人欲其……」と読んでいる。いずれにせよ四号簡の内容と九号簡とは密接に関連し、疑いもないと考えられる。しかし、四号簡は直接、九号簡の後に接続することができない。ここには二つの問題がある。一つは、九号簡の前文では智・貴・富という順序になっており、後文では先に貴・富と言ってから智と言っていることである。もう一つは、孔子が「独智人所悪也」などの三つの命題を説明した後、その中の二つの命題について解釈し、残った一つは顔淵に言わせている（原釈文による）、あるいは顔淵から伝達されている（陳剣氏の釈文による）ことである。

この問題は、九号簡の綴合によって生じている可能性がある。九号簡は四つの残片を綴合したものである。整理者は説明していないが、図版を見ると一目瞭然である（拡大図版ではさらにはっきりしている）。そのうちA段は「回」から「独富人所」までであり、釈文の中の「悪」の字はわずかに筆画が残っている。以下の三段の内容はつながっており、整理者が一つの簡と見なしているのは、信じられるようである。便宜上、これらをあわせて9Bと称す。

拡大図版を見ると、A・Bの二段の叉口は密接につながっているが、白黒写真（原寸大）を見ると、互いのつながりは決して緊密ではない。重要なことは、もしA段の下端の墨跡が「悪」の字であるならば、B段の上端の「也」の字との間の距離があまりにも近いことである。これは我々に疑問を抱かせる。つまり、この二段の綴合はおそらく元の状態ではなく、その綴合自体が不適切である可能性すらある。

書写の内容から見ると、9Aはもともと四号簡と同じ一枚に属していた可能性が高い。9Aはこの簡の上段であり、四号簡はその下段であり、二つを互いにつなげると、その間はなお約二字分を欠いている。

9Bの内容はおおよそ四号簡の後に接続し、これにより9A+四号簡の後につながる残片であるとすべきである。その簡冊の中の上下の位置については、字数から推測すると上段に置くべきであるが、ただし簡首はすでに約二字分を欠いている。

原釈文では、四号簡の「夫智」の間には一つの「子」の字がある。図版によると、実はそれを見分けることは非常に難しい。この部分の空間は、一般的な二字の間隔よりやや大きい。しかし、その右側には契口が一つあり、この間の距離は編縄を避けるためのものであり、別に一字があるためではない。もしこの推測が誤っていなければ、この「夫」の字はただ発語の辞である可能性がある。

以下は、復原した簡文を抄録したものである(49)。

顔淵侍於夫子。夫子曰、［3］「回、独智人所悪也、独貴人所悪也、独富人所悪［9A］【也。」顔】淵起、去席曰、「敢問何謂也。」「夫智而□信、斯人欲其［4］【□智】也。貴而能譲□、斯人欲其長貴也。富而［9B］……」

【例④】

上博楚簡の第五分冊の『季康子問於孔子』の中で、陳剣氏は二組の綴合を発見した(50)。一つは、22Aと一三号簡、もう一つは15Aと九号簡である。22Aと一三号簡の組み合わせは、叉口がおおむね合致している。15Aの下端の残筆は、九号簡の上端の「異」の字とつなぎあわせることができる。文章の上では、このような綴合の結果も筋が通っている。

……大罪殺［21］之、臧罪刑之、小罪罰之。苟能固守［22A］而行之、民必服矣。古子以此言為奚如。」孔子曰、「由丘観之、則散［13］言也已。且夫列今之先人、世三代之伝史、豈敢不以其先人之伝等（志）告。」康子曰、「然其主人亦曰、古之為［14］邦者必以此。」孔子曰、「言則美矣。然［15A］異於丘之所聞。丘聞之、臧文仲有言曰、君子強則遺、威則民不［9］……

この二組の綴合の中で、15Aはもともと15Bと綴合され、22Aはもともと22Bと綴合されていた。このままでは文意が通らないため、分離して綴合の対象を改めて探す必要がある。

【例⑤】

いくつかの特殊な簡冊について、たとえば卜筮禱祠簡は、綴合の時に形式面で慎重に推考すべきである。たとえば、包山簡の中で出現頻度がかなり高いいくつかの神祇〔天神地祇の略、神々のこと〕に供える祭礼品を分析すると、これらの祭礼品の変化には規律があることがわかる。すなわち、同じ祭礼の供物を受けた神祇は、どのような場合でも同じ祭礼の供物が用いられ、そして、異なる祭礼の供物を受けた神祇は、どのような場合でも異なる祭礼の供物が用いられる。これは当時の楚人の各種神祇に対する享祭〔物を供えて神を祭ること〕の物品に、一定の規範があることを明らかに示している。望山簡の中にも類似の現象が見られる。一〇九号簡は「聖亘王・悼王各佩玉一環、東宅公佩玉一環」と言い、二人の楚王と東宅公とが分けて記されているが、祭礼品はいずれも「佩玉一環」である。一一〇号簡は「聖王・悼王・東宅公各特牛」と言い、三人があわせて記されており、祭礼品はいずれも「特牛」である。五四号簡は「与禱太佩玉一環、侯土・司命各一少環、大水佩玉一環」と言い、〔整理者が二つの残簡を組み合わせている〕五五号簡の上段は「太一牂、後土・司命各一羖、大水」と言う。太〔神の名〕が一つの環を受けた時、侯〔後〕土・司命が受けたのはそれぞれ一つの小環であった。また太が一つの牂《そう》〔羊の一種〕を受けた時、後土・司命はそれぞれ一つの羖《こ》〔羊の一種〕を受けている。異なる佩玉・玉環が用いられ、異なる羊が用いられるという、その差違は神祇と対応している。五五号簡の下段には「一環、与禱於二天【子】」と記載されている。上段と連続して読むと、「大水一環」となり、上段に述べられている太と後土・司命とが異なる羊を用いて祭礼品としたことに合わなくなる。筆者は、本簡の上段・下段の組み合わせはおそらく妥当ではなく、上段の後に接続する簡文は実際には「一牂」とすべきであり、つまり五四号簡と同じく、大水と太〔いずれも神〕とは同じ種類の祭礼品を受けたのではないかと推測している(51)。

【例⑥】

例②の『呉命』三号簡と一号簡の綴合は、依然として緊密さに欠けている。比較的典型的な非緊密の綴合は、郭店楚簡の二つの例を挙げて説明できる。一つは、『老子』乙組一一号簡であり、その二つの残簡の間は約二、三字を欠いているが、伝世本によると、これらは非緊密の綴合であるものの、完全に信用できることがわかる。もう一つは、『五行』一一号簡であり、その上段と下段の残片とは字形が異なり、その間は約二字を欠いているものの、馬王堆帛書『五行』によると、整理者の綴合は信用できると考えられる。

第五節　篇章の分析

篇は、始めと終わりがあり、自ら体系をなしているテキストの単位である。章は、篇の中で相対的に独立した部分である。『論衡』正説に「文字に意有りて以て句を立て、句に数有りて以て章を連ね、章に体有りて以て篇を成し、篇は則ち章句の大なる者なり」と、『文心雕龍』章句に「夫れ人の言を立つるに、字に因りて句を生じ、句を積みて章を為し、章を積みて篇を成す」と言い、これらの関係を説明している。『礼記』学記に「一年に経を離し志を弁ずるを視る」と、鄭玄注に「経を離すとは、句を断ちて絶するなり」と、孔穎達疏に「経を離すとは、経理を離析し、章句をして断絶せしむるを謂うなり」とあり、分章と句読は学生の基本的な訓練であることを言っている。簡冊の篇章の分析は、釈文・句読・編連などの作業の基礎の上で、さらに当初のテキストの様相を復原できる。

一般的に、編連を経て、そのいくつかの編連を組にすることができると言われている。篇を分ける時には、文脈を根拠として、関連する編連の組をつなぎあわせ、一つのまとまった篇となるようにする。

ある時は一編に複数の篇が含まれることがあり、たとえば上博楚簡の第四分冊の『昭王毀室』と『昭王与龔之脽』、第五分冊の『鬼神之明』と『融師有成氏』、第七分冊の『荘王既成』と『申公臣霊王』および『平王問鄭寿』と『平王与王子木』は、いずれも二つの篇が一編にあわせて抄写されたものである。これらの二篇をあわせて抄写するものは、いずれも上の一篇の末尾と下の一篇の冒頭が同一の竹簡に書かれており、その間にはまた標識あるいは空白があり、比較的容易に見分けられる。

郭店楚簡『老子』丙組と『太一生水』の竹簡の形制と書写の風格は同じであり、内容はいずれも道家文献である。崔仁義氏はこれらを一篇と見なしている。[52] 後世に見られる各種版本の『老子』の中には、『太一生水』のような語句が存在するものはなく、したがって二つの篇に分ける可能性が高い。この二つの篇は当初、一冊に編まれていた可能性が高いかもしれないが、〔『老子』丙組を〕抄写し終えた後に竹簡を換えて別の一篇〔『太一生水』〕を抄写した可能性もある。いずれにせよ、編縄が何も残っていないため、判断することは容易ではない。

上博楚簡の第一分冊と第二分冊で公開された『孔子詩論』『子羔』『魯邦大旱』は、李零氏は一篇であると見なしているが、[53] 整理者は三篇に分けている。内容から見ると、これらはおそらくもともと三篇があわせて抄写された一巻であり、やはり分けるほうが良いと考えられる。

上博楚簡のいくつかの篇の分け方には、さらに検討の余地がある。たとえば第二分冊の『従政』甲・乙篇、第五分冊の『競建内之』と『鮑叔牙与隰朋之諫』は、陳剣氏はいずれもあわせて一篇としており、[54] これは従うべきである。第八分冊の『志書乃言』の八号簡は、第六分冊の『平王与王子木』に編入でき、[55] その他の七枚の竹簡はすべて『王居』に編入できる。[56] このような状況は、閲読・利用する際に最も注意すべきである。

ここまでで取り上げたものはすべて通欄〔全段抜き〕の書写の状況である。分欄で書写されている時には、異なる欄の内容は異なる篇に属すると考えられる。たとえば第一章の中で分欄を紹介した際にすでに言及したように、九店日書三七〜四〇号簡の上欄および四一・四二号簡の通欄に書かれているものは一篇であり、三七〜四〇号簡の下欄に書かれているものは別篇である。

一篇の竹書の中で章を区分することは、戦国期にはすでに広く行われていた。この点については、郭店楚簡『老子』『緇衣』中の分章の標識を用いて区分する章と伝世本とを対照し、特に『緇衣』の篇末に見える章数の記載を見れば、非常に理解しやすい。このことを十分に考え、できるだけ正確に章を分け、その上で竹書の起承転結を把握することにより、章の主旨や文意を理解することができる。

非書籍類の簡冊の中では、必ずしも篇章の概念をそのまま踏襲できるとは限らないが、類似の作業は不可欠である。本章第四節の「一、編連の検討」の中で述べたように、包山一三一～一三九号簡は、実は一つの文書群であり、三組八件の文書に分けることができる。これは実際は、立体的な文書の構造がある。また、たとえば、整理者が時間の順序によって排列した包山卜筮簡は、実は一つのものが二つに分けられ、通常の占いと非常の占いの二種類に区別できる〔原著、第六章第一節参照〕。ここでは、包山「受幾」簡の分類の問題を例として、文書簡の分篇作業を具体的に示していきたい。

包山簡の「受幾」の二字の篇題は、三三号簡の背面に書かれている。この竹簡の表面には以下のように記されている。

八月辛巳之日、贏陽之駆司敗黄異受幾、癸巳之日不将五皮以廷、阩門有敗。

簡文には四つの内容が含まれている。すなわち、

①期日Ⅰ…八月辛巳之日
②某某受幾…贏陽之駆司敗
③期日Ⅱ…癸巳之日
④「不」の字句…不将五皮以廷、阩門有敗

である。

整理小組は、「受幾」類は一九号簡から七九号簡までの全六一枚と見なしている。筆者は三三号簡を標準として、これらの竹簡をおおむね四種類に分けている。

甲、形式が三三号簡と完全に一致するもの。三〇・四七・五六・七三号簡の全四枚がある。

乙、本文の形式が三三号簡と完全に一致するが、その後に一人あるいは二人の署名が附されているもの。この類は数量が最も多く、一九・二〇・二二〜二五・二七〜二九・三一・三五〜三八・四一〜四六・四八・五〇〜五五・五七・六〇〜六二・六四〜七二・七四〜七六・七八・七九号簡の全四五枚がある。

丙、本文の形式が三三号簡と完全に一致し、その後に署名も附されているもの。乙類と異なるのは、署名した人の名前の後に「哉之」の二字があることである。二一・二六・三二・三四・三九・四〇・四九・五九号簡の全八枚がある。

丁、形式が三三号簡と大きく異なるもの。五八・六三・七七号簡の全三枚がある。

以上のうち、甲類は「受幾」簡に属し、多言する必要はない。

「受幾」簡との関係が密接な「疋獄」類簡の中にも、署名がない例がある（九五号簡）。これによって類推すると、乙類の竹簡も「受幾」に属すると考えるべきである。注目すべきは、乙類二二・二四号簡と甲類三〇号簡の三簡の内容はほぼ同じであり、同一の性質の簡書と見なすことができ、署名の有無によってそれらを区別することはできないことである。

丙類は乙類の変体（別の形態）であるとすべきである。「疋獄」簡の中でも、署名の後ろの「哉之」などの字は省略されることもあり、その有無は決して簡文の性質に影響するものではない。したがって、丙類も「受幾」簡に属すると考えるべきである。「疋獄」簡の状況を参考にすると、おそらく実際には丙類は「受幾」簡の完全形態であり、甲類・乙類は異なる程度の省略がなされた変体であると考えられる。

丁類に属する三条の簡文は、次の通りである。

東周之客許盈帰胙於蔵郢之歳九月戊午之日、宣王之窀州人苛矍・登公[illegible]之州人苛疽・苛趄以受宣王之窀市之客苛適。執事人早暮救（求）適、三受不以出、阩門有敗。［58］

九月癸亥之日、鄝之市里人殷何受其兄殷朔。執事人早暮求朔、何不以朔廷、阩門有敗。［63］

爨月辛未之日、赴命人周甬受正李烈耴以□田於章域□邑。正義牢戠之。［77］

三三号簡と比べると、これらの簡書には共通する違いが二つある。第一に、これらの簡書の中で、「某某受」の対象は人であり、「受幾」簡のように受けられるものが「幾」ではないようである。したがって、この三簡と〔乙類の〕三七・五五号簡とは「幾」の字を脱しているという点が異なっており、この三簡は「受」の字の後に「幾」の字が存在する可能性はない。当然、「受幾」簡と称することもできない。第二に、この三簡の中の期日と「受幾」簡の中の期日Ⅰとはおおむね同じであると言うことができるが、期日Ⅱはこの三簡では全く言及されていない。また、期日Ⅱは「受幾」簡で定められている時間であり、この類の簡書の中では欠かすことができない要素である。このほか、五八・六三号簡にも「不」の字句があるが、句の前に主語（「三受」と「何」）があり、これは前述の「受幾」簡の中には存在しないものである。七七号簡にはこの部分の内容が全くない。七七号簡については、特徴がもう一つある。一九号簡から七八号諸簡までの竹簡の月日は、七七号簡を除くと、すべて前後に接続することができ、おおよそ同じ一年間に属する。簡書に見られるこの年の十月の干支は、最も早いものが辛未（六〇・六一号簡）であり、最も遅いものが乙未（七〇・七四・七五・七六号簡）である。爨《さん》月（十一月の別名）の干支で最も早いものは己亥（七八号簡）であり、最も遅いものは辛亥（七一・七三号簡）である。このように、当年の爨月で最も早いものは丙申に始まるもののみであり、最も遅いものは次の干支の周期〔六〇日〕の己巳（大の月は三一日で計算）に終わるもののみである。七七号簡に記されている爨月の辛未はこの範囲を越えており、おそらく別の一年に属するものである。これらの要因に照らしてみると、この三簡は「受幾」簡の中から除くべきであると考えられる。

【注】

（1）中国社会科学院考古研究所『考古工作手冊』、文物出版社、一九八二年版、九四～九五頁。
（2）李玲「江陵地区戦国楚墓出土文物的現場保護――漆木器竹簡及紡績品保護」、『考古与文物』二〇〇〇年第六期。
（3）宋国定・賈連敏「新蔡「平夜君成」墓与出土楚簡」、『新出簡帛研究』、文物出版社、二〇〇四年版。
（4）趙桂芳「簡牘保護概論」、『中国文物科学研究』二〇〇六年第二期。
（5）「「戦国の竹簡」はやはりニセモノ」、『書道美術新聞』（東京）、一九九六年二月一一日。
（6）李学勤氏の「序」、劉国忠『走近清華簡』、高等教育出版社、二〇一一年版。
（7）裘錫圭「以郭店《老子》簡以例談談古文字的考釈」、『中国哲学』第二一輯、遼寧教育出版社、二〇〇〇年版。
（8）仰天湖簡の編号は異なるものもある。ここでは、湖南省博物館・湖南省文物考古研究所・長沙市博物館等『長沙楚墓』（文物出版社、二〇〇〇年版）に従う。
（9）史樹青『長沙仰天湖出土楚簡研究』、群聯出版社、一九五五年版、二七～二八頁。
（10）李学勤「談近年来新発見的幾種戦国文字資料」、『文物参考資料』一九五六年第一期。
（11）『金匱論古綜合刊』第一期、香港亜洲石印局、一九五七年版。
（12）郭若愚「長沙仰天湖戦国竹簡文字的摹写和考釈」、『上海博物館集刊』第三期、上海古籍出版社、一九八六年版。
（13）湖北省文物考古研究所・北京大学中文系『望山楚簡』、中華書局、一九九五年版、一二二頁考釈六九。
（14）李家浩「釈「弁」」、『古文字研究』第一輯、中華書局、一九七九年版。
（15）張桂光「楚文字考釈二則」、『江漢考古』一九九四年第三期。

(16) 張桂光「郭店楚墓竹簡《老子》釈注商榷」、『江漢考古』一九九九年第二期。
(17) 李零「読郭店楚簡《老子》」、「郭店老子国際研討会」論文、アメリカ・ダートマス学院、一九九八年版。李零氏はその後さらに、「「使」は、簡文では「吏」・「弁」と混同しやすく、整理者は「弁」と釈し、「辨」と読んでいる。おそらく「吏」と釈し、「使」と読み、簡文では「用」〔用いる〕の意味である」と指摘している（「郭店楚簡校読記」、『道家文化研究』第一七輯、生活・読書・新知三聯書店、一九九九年版）。
(18) 荊門市博物館『郭店楚墓竹簡』、文物出版社、一九九八年版、一八三頁注釈三。
(19) 李零「郭店楚簡校読記」、『道家文化研究』第一七輯、生活・読書・新知三聯書店、一九九九年版。陳偉『郭店竹書別釈』、湖北教育出版社、二〇〇二年版、一五～一七頁。
(20) 前掲注（18）同『郭店楚墓竹簡』、一五二頁注釈一七。
(21) 同書、一一四頁注釈一六。
(22) 陳偉「郭店竹書別釈」、『江漢考古』一九九八年第四期。
(23) 李零『簡帛古書与学術源流』、生活・読書・新知三聯書店、二〇〇四年版、一七〇頁。
(24) 徐在国「上博楚竹書（三）《周易》釈文校正」、簡帛研究網、二〇〇四年四月二四日。孟蓬生「上博竹書（三）字詞考釈」、簡帛研究網、二〇〇四年四月二六日。
(25) 陳偉『包山楚簡初探』、武漢大学出版社、一九九六年版、二九～三〇頁。
(26) 前掲注（18）同『郭店楚墓竹簡』、一一三頁。
(27) 高明『帛書老子校注』、中華書局、一九九六年版、三九九頁。
(28) 劉信芳『荊門郭店竹簡老子解詁』、芸文印書館、一九九九年版、二〇頁。
(29) 「踰」の字のこの字義は字書には見えないが、于鬯『香草校書』国語三（中華書局、一九八四年版、九三二頁）においてすでに指摘されている。
(30) 陳偉「《鄂君啓節》之「鄂」地探討」、『江漢考古』一九九六年第二期。
(31) 高亨『古字通仮会典』、斉魯書社、一九八九年版、四九九～五〇一頁。なお、『爾雅』釈訓に「鬼之為言帰也」とあり、声訓〔字音によって字義を解説すること〕を用いているようである。

(32) 同書、六五三頁。
(33) 李圃編『古文字詁林（三）』、上海教育出版社、二〇〇一年版、六六六頁。
(34) 湖北省荊沙鉄路考古隊『包山楚簡』、文物出版社、一九九一年版、二三頁。
(35) 前掲注（18）同『郭店楚墓竹簡』、一六九頁。
(36) 周鳳五「郭店楚簡識字札記」、『張以仁先生七秩寿慶論文集』、学生書局、一九九九年版。
(37) 郭沂「従郭店楚簡《老子》看老子其人其書」、『哲学研究』、一九九八年第七期。
(38) 龐樸「初読郭店楚簡」、『歴史研究』一九九八年第四期。
(39) 顧史考「郭店楚簡儒家逸書的排列調整芻議」、『中国典籍与文化論叢』第六輯、中華書局、二〇〇〇年版。
(40) 李家浩「包山楚簡研究（五篇）」、「第二届国際中国古文字学研討会提出論文」、香港中文大学、一九九三年印刷刊行。『第二届国際中国古文字学研討会論文集続編』にはただその中の第一篇のみを収め、「包山楚簡的旌旆及其他」と名付けている（後に、『李家浩集』、安徽教育出版社、二〇〇二年版に収録）。その他の部分は、「包山遣冊考釈（四篇）」という名称で、『古籍整理研究学刊』二〇〇三年第五期に収録されている。「面」は包山簡の整理者の解釈である。李氏は会議論文中に改めて「銜」と釈しており、『包山遣冊研究（四篇）』ではまた改めて「面」と釈する説に従っている。李氏が述べている「甬車」は、筆者は改めて「用車」と読む。前掲注（25）同『包山楚簡初探』、一八二頁参照。
(41) 前掲注（38）同「初読郭店楚簡」。廖名春「郭店楚簡儒家著作考」、『孔子研究』一九九八年第三期。
(42) 陳偉「《語叢》一・三中有関「礼」的幾条簡文」、『郭店楚簡国際学術研討会論文集』、湖北人民出版社、二〇〇〇年版。
(43) 李天虹「釈楚簡文字「叓」」、『華学』第四輯、紫禁城出版社、二〇〇〇年版。
(44) 劉国勝「信陽長台関楚簡《遣策》編聯二題」、『江漢考古』二〇〇一年第三期。
(45) 李家浩「関於郭店《老子》乙組一支残簡的拼接」、『中国文物報』一九九八年一〇月二八日第三版。
(46) 陳偉『新出楚簡研読』、武漢大学出版社、二〇一〇年版、三一五頁。
(47) 「長」の字は何有祖氏の解釈に従う（「上博五《君子為礼》試読」、武漢大学簡帛網、二〇〇六年二月一九日）。陳剣氏による解釈は、「談談《上博（五）》的竹簡分篇・拼合与編聯問題」（武漢大学簡帛網、二〇〇六年二月一九日参照）に見える。
(48) 前掲注（47）陳剣「談談《上博（五）》的竹簡分篇・拼合与編聯問題」。

(49)「去席」の「去」は、周波氏の解釈に従う。「上博五札記（三則）」、武漢大学簡帛網、二〇〇六年二月二六日。
(50)前掲注（47）陳剣「談談《上博（五）》的竹簡分篇・拼合与編聯問題」。
(51)前掲注（46）同『新出楚簡研読』、四六頁参照。
(52)崔仁義『荊門郭店楚簡《老子》研究』、科学出版社、一九九八年版。
(53)李零「参加「新出簡帛国際学術研討会」的幾点感想」、『上博楚簡三篇校読記』、中国人民大学出版社、二〇〇七年版。
(54)陳剣「上博簡《子羔》・《従政》篇的拼合与編連問題小議」、武漢大学簡帛網、二〇〇三年一月八日、後に『文物』二〇〇三年第五期に掲載。前掲注（47）陳剣「談談《上博（五）》的竹簡分篇・拼合与編聯問題」。
(55)沈培「《上博（六）》和《上博（八）》竹簡相互編聯之一例」、復旦大学出土文献与古文字研究中心ウェブサイト、二〇一一年七月一七日。
(56)復旦吉大古文字専業研究生聯合読書会「上博八《王居》・《志書乃言》校読」、武漢大学簡帛網、二〇一一年七月二〇日。

第四章　出土文献の研究

出土した竹簡に記されている内容はさまざまである。比較的短い行政的な文書もあれば、断片的な占いの言葉などもある。ただ、最もまとまった研究対象として注目されているのは、文献（典籍）であろう。

本章では、出土文献を紹介する。まず、原著の第八章に当たる前半部分（第一節～第三節）では、『漢書』芸文志の図書分類に従って内容別に分類した後、それぞれの編纂時期について考察し、またその地域性についても注目する。原著の第九章に当たる後半部分（第四節）では、具体的な出土文献を取り上げ、その内容を概説する。数多くの出土文献が紹介されているため、多くの知見を得ることができ、また楚簡の内容がいかに豊かなものであるかが実感できる。

書籍は楚簡冊の中で数量が多く、内容も豊富で多岐にわたるため、強い関心を集めている。歴史のプロセスの中で蓄積され、また淘汰され、とりわけ「秦火の劫」（秦代に『詩』『書』などの書籍が焼き捨てられたこと、いわゆる焚書）を経たことにより、先秦の古典籍の大部分は後世に伝わらなかった。そのため、先秦の書物の著述・編纂・伝播やその影響などの様々な状況について、全体的、具体的な理解が欠乏することとなった。

これまでに発見された楚の書籍の簡冊は、この局面を大きく転換させた。これらの発見によって、先秦の楚の地で流伝していた書籍の種類について初歩的な認識が得られ、関連する典籍のテキストの様相についても、基本的な理解が得られることとなった。また、これらの文献の学派の傾向、著述・編纂年代、作者などの問題についても手がかりが得られ、議論が展開されている。すでに発見された書籍が、先秦の文献史・学術史・思想史を書き改めると言うのは、少し楽観的かもしれない。しかし、楚簡の書籍が発見される前に比べると、これらの領域の認識が著しく増大し、かつ改善しているのは、まぎれもない事実である。

本章では、書籍の簡冊を論述の対象とする。まず、書籍の類別、著述・編纂年代、作者が属する諸侯国について検討し、その後、いくつかの書籍を取り上げてみたい。

第一節　類別

書籍の数量が増大するにつれ、その分類も行われるようになった。『漢書』芸文志に記されている「六略」は、中国で現存最古の図書分類であり、戦国時代とはそれほど時代が離れていない。そのため、学者はしばしばそれを座標として、簡帛の古典籍を整理している。[1] 今、これらの経験を参考にして、楚簡冊の書籍の概況を俯瞰してみたい。

一、六芸

『漢書』芸文志は「六芸略有り」と言い、その顔師古注に「六芸は、『六経』なり」とあるが、実際には、易・書・詩・礼・楽・春秋・論語・孝経・小学の九種が含まれている。易・書・礼・春秋・論語の類は出土文献の中にすでに体系的なテキストや篇目が見られ、詩・楽は現在、間接的に発見されたものがあるのみである。上海博物館の説明によると、購入・収蔵された楚簡の中には『説文解字《せつもんかいじ》』に類似する内容が含まれているとのことであり、これは「小学」類に属するものかもしれない。

二、諸子

『漢書』芸文志には、儒家・道家・陰陽家・法家・名家・墨家・縦横家・雑家・農家・小説家の十種が含まれている。楚簡の中で比較的確定できるものは儒家文献と道家文献であり、上博楚簡『慎子』〔整理者は『慎子曰恭倹』と名付けている〕は法家の文献、郭店楚簡『語叢（四）』は縦横家の文献である可能性があり、信陽楚簡と上博楚簡『鬼神之明』は墨家の文献と見なせるかもしれない。

三、詩賦

『漢書』芸文志には、屈原賦の類、陸賈賦の類、荀卿賦の類、雑賦、歌詩が含まれている。上博楚簡『李頌』『蘭賦』『有皇将起』などはおそらく賦に属し、また『采風曲目』と『逸詩』は歌詩に属するものであると考えられる。

四、兵書

上博楚簡『曹沫之陳』はこの類に属する。

五、術数

『漢書』芸文志は、天文・暦譜・五行・蓍亀《しき》〔めどき〔筮竹に用いられた茎〕と亀の甲による占い〕・雑占・形法〔地勢の吉凶を占う方法〕の六種に分けている。九店楚簡の日書は択吉〔吉日を選ぶ〕の術を主体としているために五行に属し、また『相宅』は形法に属するようである。

六、方技

現在、発見されている楚簡の中には見られない。

後世の学派の区分から見ると、六芸はすべて儒家に属し、諸子にもまた儒家がある。実は、これらの経籍は二つに分けられる。一つは、儒家が整理した殷周の古典籍、すなわち易・書・詩・礼・楽・春秋であり、通常「六経」と呼ばれるものである。もう一つは、儒家自身の著作、たとえば『論語』『孝経』や儒学のその他の著作、およびこれらの経籍を研究して学ぶための工具書（小学）である（書物を読む際に補助的に使われる書物を総称して「工具書」と言い、字形・字義・字音に関する書物は「小学」の書に属す）。

『漢書』芸文志の六芸の中の「春秋」は、おおむね後世の史部に相当する。楚簡冊の中の歴史に関する典籍には、紀実性（事実を記録する性質）がかなり強い編年体の文献があり、現在知られているものは清華簡『繫年』のみである。ここに記されている事柄は、西周初年から始まり、下は戦国前期に至る。この文献は、『漢書』芸文志の春秋経、および『漢書』芸文志には収録されていない西晋初年出土の『竹書紀年』に近い[2]。

【「語」について】

楚簡冊の中のこれらとは別の類の史書は、『漢書』芸文志に著録されている『国語』と類似する。典籍の一種としての「語」は、『国語』楚語上の「荘王使士亹傅大子葴」章に見えるものが最も早い。士亹《しび》が太子の師傅（教育を担当する官）に就任する際、申叔時に諮問した。申叔時が提示した教育計画の中では、「之に『語』を教えて、其の徳を明らかにして、先王の務を知りて明徳を民に用いしむ」とある。韋昭注には、「『語』は、国を治むるの善語なり」とある。韋昭の『国語解叙』の中には『国語』の主旨についての多くの論述があり、左丘明が「故に復《ま》た前世は穆王以来、下は魯悼《ろとう》・智伯《ちはく》の誅に迄《いた》るまで、邦国の成敗、嘉言善語、陰陽律呂、天時人事、逆順の数を采録し、以て『国語』を為《つく》る」と指摘している。楚簡の中にはこのような文献が多くある。たとえば、上博楚簡の『昭王毀室』は、楚の昭王が新しく建てた宮殿を壊し、ある君子（一定の身分を備えた人物）の父母を合葬させたという内容である。また『昭王与龔之脽』は、呉の軍隊が楚の都の郢に攻め込んだ戦争中に、楚の昭王が「暴骨」（骨を曝されるの意）された「楚邦の良臣」に対して同情するという内容を記している。『柬大王泊旱』は、楚の簡王（柬大王）とその臣下が大旱魃の前に、「楚邦」の「常故」（常法）を堅持し、滅私奉公するという故事を記している。この他、楚国の故事を記した『荘王既成』『君人者何必安哉』、晋・斉の故事を記した『姑成家父』『鮑叔牙与隰朋之諫』も、これらとおおむね類似する。このような内容は、申叔時が述べる「先王の務を知りて明徳を民に用いしむ」にも、韋昭注で述べる「国を治むるの善語」や韋昭『国語解叙』で述べる「邦国の成敗、嘉言善語」にも合致する。

李零氏はすでに、上博楚簡の中の『昭王毀室』のような文献は、「語」の範疇に属すると指摘している。李氏は、

> 「語」は「事」を主とし、典故類の史書（事語とも呼ばれる）であり、……以前の我々の印象としては、古代の史書は「春秋」が最も重要であるが、出土・発見されたものから見ると、「語」の重要性はさらに大きくなった。なぜなら、このような史書は、その「故事性」が「記録性」に勝り、これは一種の「再回顧」と「再創造」であるからである。

と述べている。(3)

比べ合わせて言うと、いわゆる「事語」類の史書の命名については、「語」は「事語」よりも適切であると考えられる。「事語」という書名については、劉向『戦国策書録』に、

校する所の中〔皇室の図書館〕の『戦国策』の書は、中書〔皇室の図書館の蔵書〕の余巻〔残巻〕にして、錯乱して相い糅《じゅう》莒《きょ》〔混乱するの意〕す。又た国別有る者は八篇、少《やや》足らず。……中書は本号〔もとの篇目〕にして、或いは『国策』と曰い、或いは『国事』と曰い、或いは『短長』と曰い、或いは『事語』と曰い、或いは『長書』と曰い、或いは『修書』と曰う。臣向以為《おもえ》らく戦国の時、遊士の用いらるる所の国を輔《たす》け、之が為に策謀し、宜しく『戦国策』を為すべし。

とある。「事語」は、前漢末年の皇室の蔵書の中では『戦国策』のような古典籍の題名の一つにすぎず、しかも劉向には採用されなかった。書としての「語」といえば、『国語』楚語上の中に申叔時が述べているものがあり、『国語』は『史記』に再び引証され、[4]出現する時期は比較的早く、また来歴も比較的はっきりしている。また、「語」に含まれている意味は、韋昭の解説と『国語』のこの例によると、かなり明確である。おおむね言説あるいは講述という意味であり、大きな問題もなく使用できる。

「国語」の「国」は、国別で構成された文献を指す可能性があり、[5]あるいは国家の事業を述べたものを指す可能性もある。韋昭は『国語解叙』において「邦国の成敗、嘉言善語」と言い、また『国語』楚語上の注では「国を治むるの善語」と述べていることから、後者の可能性が高いと見られる。劉向が目にした『戦国策』類の古典籍には「国策」「国事」と名付けられたものがあり、もともと国別のものは八篇のみである。これらの「国」の字は国別を指しているのではなく、国事を指しており、「国語」の名と対応していると考えられる。長沙馬王堆三号墓から出土し、整理者が『春秋事語』と名付けた一書が、国別で排列されているものではないことも、[6]その証明を補うものである。『国語』楚語上には、申叔時が「之に『語』を教えて、其の徳を明らかにして、先王の務を知りて明徳を民に用いしむ」と述べていることを記し、その「語」はまさしく「国語」を指していると考えられる。

「国語」類の文献といえば、我々は古代の史官の記言〔言論を記すこと〕の伝統を連想しやすい。王樹民氏は、次のように指摘している。

「語」はもともと古代の記言の史書の一種である。『礼記』玉藻に「動けば左史之を書し、言えば右史之を書す」と言い、古代の史書にはもともと記言と記事の二種の形式があったことを表している。そのうち記言の書は、内容とその性質が異なることによって多種の名称がある。〔『国語』〕楚語上は、申叔時が太子の教導の方法を論じている時に、「之に令を教えて、物官を訪《はか》らしむ。之に語を教えて、其の徳を明らかにして、先王の務を知りて明徳を民に用いしむ。之に故志を教えて、廃興する者を知りて戒懼せしむ。之に訓典を教えて、族類を知りて比義することを行わしむ」と述べている。いわゆる「令」「語」「故志」「訓典」は、すべて言論を記した書物である。……「志」と「語」は貴族が重要な事件と見なしているものや当時の人の言論であり、側近の臣下によって随時記載され、参考のためにこれを保存する。事を記すことも、言を記すこともでき、おおむね「語」は言を記すことを主とし、「志」は言と事とをともに重視している。記されている「語」は、教育の意義を多く備えることに重点が置かれ、それゆえ「其の徳を明らかにする」ことができ、政権が安定し、文化が発達している各国では、おおむねすべてこのような書がある。……春秋時代には、各国の『語』はその国の統治者によって直接支配され、戦国時代に至ると、しだいに民間に流入し、これによって異なる伝本が存在する。(7)

実は、古代の人々が考える史官の記言は、『尚書』の類である。たとえば、『礼記』玉藻の鄭玄注に、「其の書、『春秋』『尚書』は其の存する者なり」とある。また、『漢書』芸文志にも、「左史は言を記し、右史は事を記す。事を『春秋』と為し、言を『尚書』と為す。帝王之に同じからざる靡《な》し」とある。『国語』に至っては、韋昭は『国語解叙』において、史官によって記されたものとは言わないだけでなく、その上、特に解釈して、「〔語は〕実に経芸と並びに陳《の》べ、特《た》だ諸子の倫に非ざるなり」と述べている。早期の「語」は史官が記したものなのかどうかについては、現時点では論じがたい。『国語』と竹書の「国語類」の文献について言うならば、主に後人が伝聞によって記したものであり、当時の実録ではないと考えられる。その史料の信憑性については完全に信用することはできない。たとえば、上博楚簡『姑成家父』と『左伝』成公十七年に記されている三郤《さんげき》の事件とを比べると、その原因、経過、結末は、異なるところが多い。これらのうち、どちらが信頼できるのか。それとも多くの箇所に重要な違いがあることから、両者ともに簡単に信じてはならないのか。これについては深く考える必要がある。

上博楚簡『容成氏』、清華簡『楚居』は、おそらく楚簡冊の史書の別の一種であると考えられる。前者は、太古から殷周王朝までの変遷について述べ、後者は、季連《きれん》・鬻熊《いくゆう》から悼王《とうおう》までの楚君の居住地と移った地について述べている。両者とも史実に依拠する部分があるが、明らかに伝説の要素もあり、すべてを史実と見なすことはできないと考えられる。

第二節　著述・編纂年代

楚簡冊の古典籍の著述・編纂年代の推定は、非常に複雑な問題である。古典籍の形成はしばしば長いプロセスを経るため、著述・編纂年代の推測は、その始まりの年代を検討することであり、またその中のキーポイントとなる部分を検討することでもある。

墓葬から出土した書籍は、墓葬年代に基づいてその下限を確定することができる。つまり、埋葬された年よりも遅くなることはないのである。長台関一号墓の埋葬年代は戦国中期後半であり、(8)郭店一号墓の埋葬年代は前三〇〇年頃であり、(9)出土した竹簡の年代は各墓の埋葬年代よりも遅くなることはない。以前、ある学者は『老子』の成立年代は秦漢に至るのではないかと疑っていたが、郭店楚簡『老子』の出土により、遅くとも前三〇〇年より前には、比較的成熟した『老子』のテキストが存在していたことが明らかとなった。馬王堆帛書『五行』は前漢初期の遺物であるが、郭店楚簡の中に『五行』が含まれていたことから、この文献は前三〇〇年頃にはすでに成立していたことが証明された。

文献ごとの具体的な成立年代については、証拠を注意深く調べ、熟考して証明しなければならない。また、上博楚簡や清華簡のような散逸した文物については、もし各簡冊が同じところから出土したならば（この可能性は比較的高い）、同じ竹書の中で最も遅い篇章が、その書籍群の年代の下限であると見なすことができる。

【人物による考察】

竹簡の中の人物・事件に関する記述は、その年代を推定するための鍵となる。『史記』六国年表によると、魯の穆公は前四〇七年に即位し、前三七七年に没した。そのため、郭店楚簡『魯穆公問子思』の成立は、前四〇七年以降であり、特に前三七七年以降に成立した可能性が最も高い（本篇の冒頭部分に「魯穆公問於子思曰」と書かれており、「穆公」は魯の君主の諡号《しごう》であるため）。

上博楚簡の中に記されている人物では、孔子およびその弟子に関する篇章が最も多く、『孔子詩論』『民之父母』『子羔』『魯邦大旱』『仲弓』『季康子問於孔子』『君子為礼』『弟子問』『孔子見季桓子』『子道餓』『顔淵問於孔子』などがある。これらの竹書は、孔子の成年（およそ前五二〇年）以後のものであり、特に孔子の没年（前四七九年）以後に成立した可能性が最も高い（孔子の弟子が記録した孔子の言論であり、孔子が没した後に編纂されたものである可能性が非常に高いため」。

また、上博楚簡には楚国の君臣に関する記述も多くある。楚王の在位の順序によると、第六分冊の『荘王既成』と第七分冊の『鄭子家喪』が最も早く、その次は第六分冊の『申公臣霊王』『平王問鄭寿』『王子木蹠城父』（原題『平王与王子木』）、その次は第四分冊の『昭王毀室』『昭王与龔之脽』、そして第四分冊の『柬大王泊旱』が最も遅い（原著執筆当時の情報。第九分冊には、荘王よりさらに早い成王に関する文献『成王為城濮之行』が含まれている）。これらの竹書の成立年代は、楚王の在位の順序と対応している可能性があるが、相反している可能性もあり、またおおよそ同じ年代に成立したものもあるかもしれない。現時点での資料と認識では、具体的に探究することは難しい。

竹書に記載されている人物については、年代がはっきりせず、ただ推測するしかないものもある。上博楚簡『慎子曰恭倹』の慎子は、『戦国策』楚策二に見える楚の頃襄王の傅に任命された人物であり、慎到とは別人であると推測される。竹書が書写された年代は、おそらく楚の懐王の在位期間（前三二八年～前二九九年）あるいは頃襄王の即位から楚の東遷の前まで（前二九八年～前二七九年）であると見られる。竹書の中で述べられている「苟《いやしく》も世に用いらるるを得れば、均しく分けて広く施す（苟得用於世、均分而広施）」などの言葉は、太子の身分と関係があるようである。したがって、慎子が太子の傅に任命された時期、すなわち前三〇〇年以前に書かれたものである可能性が最も高い[10]。

上博楚簡の第八分冊の『命』に記されている内容は、整理者は楚の恵王の時代の事柄であると見なしており、また同じく第八分冊の『王居』の楚王は、整理者は楚の昭王と見なしている。『命』には葉公《しょうこう》子高の子と令尹子春との対話が記されており、令尹子春は子高を「先大夫」と呼び、葉公子高の子は父を「亡僕（父）」と呼んでいる。『左伝』において、子高に関する最後の記事は哀公十七年（前四七八年）に見え、これは楚の恵王十一年に相当する。恵王の在位期間は五七年であり（前四八九～前四三二）、『命』に記されている内容は恵王の時代のことであるという説には従うべきであろう。『命』では、葉公子高が令尹子春に対して「今視日は楚の令尹為《た》り（今視日為楚令尹）」（「視日」の解釈は諸説あるが、ここでは子春に対する尊称であると見られる）と言っており、これは子春が令尹に任命されて間もない頃のことであると考えられる。そうであれば、同じく令尹子春のことを記した『王居』の「王」は、恵王であると考えられ、恵王の父である昭王と考えることは不可能である。

【事件による考察】

上博楚簡の第七分冊の『君人者何必安哉』は、范戊が「白玉三回」という譬えを引いて、君王を諫めるという内容が記されている。整理者は、

> 本篇の事件は楚の昭王の時期に発生した。なぜなら、第九簡で楚の霊王を「先君」と称しており、「楚霊王」の在位期間は前五四〇年から前五二九年までであることから、本篇は前五二九年以後の事件であると考えられる。また、第四簡には、「君王楚を有《たも》つも、侯子三人、一人門を杜《とざ》して出でず（君王有楚、侯子三人、一人土（杜）門而不出）」とある。楚の霊王の後には三人の子があり、本篇の事件と合致するのは楚の昭王である。……文中で「君王」と呼ばれているのは楚の昭王であると考えられる。昭王の在位期間は、前五一五年から前四八九年までである。

と言う。また、

文中に見える「范乗」は、すなわち歴史上の人物で、楚の大夫であった「范無宇」である。「范乗」は、郏敖・

霊王・平王・昭王などの四朝を経験した楚国の老臣であり、政治的な影響力が強い人物である。と述べている。[11]整理者は、この故事の上限は、文中で明確に言及されている霊王であると指摘しており、これは確認できる。しかし、この諫めている者と史書に記されている范無宇あるいは申無宇との間に、どのような直接的つながりがあるのかについては証拠が乏しい。同時に、「侯子三人」には異なる解釈が存在し、また歴代楚王の子の人数も明確に記載されていないことが多い。それゆえ、竹書の「君王」が昭王であると言うには、必要な証拠が不足している。劉信芳氏は、竹書の内容から分析して、次のように述べている。

この楚王は暗愚な君主ではなく、「約束自己」〔自分を戒める、節度を守るの意〕であり、「人」〔貴族〕に「敖」と蔑称されているが、彼は王室を脅かす貴族に手を下すことができなかったことから、楚の王室が「微弱」〔弱まっているの意〕である時期の楚王の一人であると考えられる。「君王 年を長らえずと雖も、可なり〔君王雖不長年、可也〕」とあり、在位期間が短い楚王の一人である可能性がある。以上の条件を満たすことができる王について、現在、十分証明できる文献はない。ただ相対的に勢力が弱く、また在位期間が短いという条件から見れば、霊王以後、平王・昭王・恵王・簡王、および宣王・威王・懐王である可能性は低く、声王・悼王・粛王の三人の楚王のいずれかであろう。[12]

人物の身分や事件の年代などの要素が欠落している文献については、内容の分析がその成立年代を検討するほぼ唯一の方法である。筆者が指摘したいことは、この「君王」が「約束自己」であるとは言いがたいということである。そのあらゆる行為も、必ずしも「微弱」と概括できるものであるとは言えない。范戊が説明する「三回」は、前の二回は君王の私生活、すなわち音楽・舞踏や女色に近づいていないことに言及しており、三回目は重要な習俗あるいは重大な祭祀に属するものである。したがって、簡文で示されている節約は、君王個人のことだけでなく、国家の行為に属するものも含まれている。范戊の話がその後、「安邦」〔国を安定させる〕、「利民」〔民の利益をはかる〕というレベルに達しているのは、そのためである。これは、当時の楚王がまさに今、重大な改革を推進していることを想起させる。また、現存の資料から見ると、この君王は呉起を任用して変法〔法律や制度を変えること〕に励んだ悼王である可能性が高い。『韓非子』和氏に、

昔者《むかし》、呉起 楚の悼王に教うるに楚国の俗を以てす。曰く、「大臣太《はなは》だ重く、封君太だ衆《おお》し。此《か》くの若《ごと》くなれば、則ち上は主に偪《せま》りて、下は民を虐《しいた》ぐ。此れ国を貧しくし兵を弱むるの道なり。封君の子孫 三世にして爵禄を収め、百吏の禄秩を纔滅《さいげん》し、不急の枝官を損《へ》らし、以て選練の士に奉ぜしむるに如《し》かず」と。悼王 之を行うこと期年にして薨ず。呉起 楚に枝解せらる。

とある。また、『淮南子』道応訓に、

呉起 楚の令尹と為り、魏に適《ゆ》き、屈宜若に問いて曰く、「王 起の不肖なるを知らずして、以て令尹と為す。先生 試みに起の人を為さんとするを観よ」と。屈子曰く、「将に奈何《いかん》せんとす」と。呉起曰く、「将に楚国の爵を衰《そ》ぎて其の制禄を平らかにし、其の有余を損らして其の不足を綏《やす》んじ、甲兵を砥礪《しれい》し、時に利を天下に争わんとす」と。屈子曰く、「宜若 之を聞く、昔善《よ》く国家を治むる者は、其の故を変えず、其の常を易《か》えず。今子 将に楚国の爵を衰ぎて其の制禄を平らかにし、其の有余を損らして其の不足を綏んぜんとす。是れ其の故

を変え、其の常を易うるなり。之を行う者に利あらず。宜若 之を聞きて曰く、「怒は、逆徳なり。兵は、凶器なり。争は、人の本とする所なり」と。今子 陰《ひそ》かに逆徳を謀り、好んで凶器を用い、人の本とする所を始むるは、逆の至りなり。且つ子 魯兵を用い、宜しく志を斉に得べからずして、志を得たり。子 魏兵を用い、宜しく志を秦に得べからずして、志を得たり。宜若 之を聞く、人を禍《わざわい》するに非ざれば、禍を成す能《あた》わず。吾固《もと》より吾が王の数《しば》しば天道に逆らい、人理に戻《もと》るも、今に至るまで禍無きことに惑えり。差《ああ》 夫子を須《ま》つか」と。

とある。これらの記載は、竹書に述べられている内容と似通っている。范茂が君王を批判している内容やその激しさの程度については、呉起の変法という大きな背景の下に置いて、ようやく適切な解釈ができるのである。楚の悼王の在位期間は二一年である（前四〇一年～前三八一年）。楊寛氏の考証によると、呉起が魏から楚に入ったのは、前三九〇年頃、すなわち魏の武侯六年、楚の悼王十二年前後のことである。[13] このようであれば、本篇に描写されている年代は、楚の悼王の後期の十二年から二十一年まで（前三九〇年～前三八一年）の間であると考えられる。

もし以上の推測が誤っていなければ、現時点で公開済みの上博楚簡から言うと、『慎子曰恭倹』は成立年代が最も遅い一篇であると考えられる。その成立年代（前三〇〇年以前のある時期）は、上博楚簡の著述・抄写年代の下限であると見なすことができる。これは郭店楚簡の年代と類似している。

第三節　作者が属する諸侯国

竹書の作者については、我々の関心を引きつつも非常に困惑させる問題である。学術史上、きわめて重要な文献については、多くの学者が検討しているが、定論に至ることが難しい。たとえば、郭店楚簡『五行』や上博楚簡『孔子詩論』などがそれである。多くの竹書については、作者の属する諸侯国を考察しても、必ずしも作者本人がわかるとは限らない。ただ、このような考察にも意味があり、さらに達成可能な目標であると言うことはできる。

いわゆる「楚簡」は、文書、卜筮禱祠記録、遣策、書籍を含んでいる。前の三つは楚人が制作したものであることは確実であるが、書籍の様相はかなり複雑であり、その最初の作者は楚人かもしれないが、楚国以外の人である可能性もある。

【王名による考察】

まず、竹簡に連続して抄写されている上博楚簡『昭王毀室』と『昭王与龔之脽』の二篇を取り上げてみたい。この二篇の主要人物は、楚の昭王である。『昭王毀室』の冒頭には、「昭王 室を死沮の滸に為《つく》る（昭王為室於死沮之滸）」とあり、楚の昭王は「死沮之滸」という地方に宮室を建設している。『昭王与龔之脽』の冒頭には、「昭王 逃宝に蹠《ゆ》く（昭王蹠逃宝）」とあり、楚の昭王は「逃宝」という地方に赴いている。整理者は、「昭王はすなわち楚の昭王である」と述べているが、これはもちろん正しい。『昭王毀室』には、楚国の司法簡の中にしばしば見られる「視日」という語が出てくる。包山楚簡と江陵磚瓦廠三七〇号墓から出土した竹簡の中には、「視日」に送られた訴状が速やかに楚王の処理を得ているというものがある。「視日」の適切な意味は未詳であるが、おそらく楚国の高級官吏に対する敬称であると考えられる。『昭王与龔之脽』の中で、昭王は、「呉王は挺して郢に至る。楚邦の良臣の骨を暴く所、吾は未だ以て其の子を憂うること有らず（呉王挺至於郢。楚邦之良臣所暴骨、吾未有以憂其子）」と述べている。[14] これは昭王が楚の君主の身分であることを直接明示している。

『昭王毀室』『昭王与龔之脽』と類似するものとして、上博楚簡『柬大王泊旱』の冒頭には、「柬大王」と述べられている。整理者は、柬大王とはすなわち楚の簡王であると指摘する。この問題に関する詳細な考証については、以前、朱徳熙氏、裘錫圭氏、李家浩氏が作成した望山一号墓竹簡の釈文と考釈が参考になる。望山一号墓の一〇号簡には、「為悼固与禱柬大王、聖……」と記されており、その「考釈」において次のように指摘している。

八八号、一一〇号、一一一号の各簡にはいずれも「聖王・⿱卲心王」という文があり、一〇九号簡にはまた「聖⿺辶亘王・⿱卲心王」とある。……聖⿺辶亘王は聖王のフルネームであろう。柬大王、聖王、⿱卲心王は、続いて即位した三人の楚王である。『史記』楚世家に、「恵王卒《しゅっ》し、子の簡王中 立つ。……簡王卒し、子の声王当 立つ。声王六年、盗 声王を殺し、子の悼王熊疑 立つ」とある。「柬」「簡」の二字は古くは通じている。柬択の「柬」（『説文解字』に「柬は、分別して之を択《えら》ぶなり」とある）は、古典籍では「簡」に作ることが多い。「声」「聖」の二字も古くは通じており、たとえば『左伝』文公十七年の経の「声姜」は、『公羊伝』では「聖姜」に作る。『史記』衛世家の「声公訓」は、『史記索隠』では『世本』を引用して「聖公馳」に作る。『史記』管蔡世家の「蔡声侯」は、『戦国策』楚策四では「蔡聖侯」に作る。「⿱卲心」の字は「心」に従い「卲」声に従うが、字書には見られない。「卲」はもともと「刀」に従って声を得ており、古音は「悼」ときわめて近く、「⿱卲心」は「悼」の異体字であると考えられる（考釈六参照）。それゆえ、簡文の柬大王、聖王、⿱卲心王は、すなわち『史記』楚世家の簡王、声王、悼王であることは間違いない。寿県の楚王墓から出土した曾姬壺には「聖𧻚之夫人曾姬無恤」と称されており、「𧻚」と「⿺辶亘」とは同字の異体字であると考えられる。劉節氏は、「聖𧻚夫人は声桓夫人である」と見なし（『古史考存』一三三頁）、「聖」は「声王」を指すと考えているようであり、その見解は正しい。柬大王が簡王とも呼ばれているのは、聖⿺辶亘王が聖王とも呼ばれているのと同じである。古典籍の中では、楚の頃襄王は襄王とも呼ばれている。『墨子』貴義には、「子墨子 南に楚に遊び、楚の献恵王に見《まみ》えんとするも、献恵王は老を以て辞す」とあり、蘇時学〔清人、『墨子刊誤』の著者〕は「献恵王はすなわち楚の恵王である。当時、すでに二字の謚号があったのであろう」と述べている。『文選』の注に引用されている『墨子』や『渚宮旧事』ではいずれも「献書恵王」に作っているが、これはおそらく後人が恵王はもともと献恵王と呼ばれていたことを知らず、憶測で改めたのであろう。(15)

また、新蔡葛陵簡の甲二一号簡には、「祈福於昭王・献恵王・柬大王……」と記されている。(16)簡王は昭王の孫で、恵王の子である。(17)これは、朱徳熙氏らが「柬大王」は古典籍に見られる「簡王」であるという分析に対して、別の角度から実証したものである。

注目すべきは、この三篇の竹書は、いずれも直接「昭王」あるいは「柬大王」と称しているが、その前に国名がつけられていないことである。これは明らかに自国の人の身分によって自国のことを述べたものである。前述の通り、望山楚簡、新蔡楚簡は楚国の昭・恵〔献恵王〕・簡〔柬大王〕・声〔聖王〕・悼〔悊王〕の諸王について述べている。包山楚簡の中では、楚国の先王である昭王以外に、武王・粛王・宣王・威〔愄〕王の謚号が記されている。そのうち、包山楚簡の中の粛・宣・威〔愄〕の三王は、楚国の官文書にもその謚号が記されている。その他の楚国の先王は、楚の貴族の卜筮禱祠記録にその謚号が見える。これらはいずれも楚人が自ら自国の先王について述べたものであることから、諸王の謚号を直接呼び、その前に国名をつける必要がないのである。上博楚簡『昭王毀室』などの三篇の昭王・簡王の二王に対する呼称と、望山・包山・新蔡楚簡の中の呼称とは完全に一致しており、これはその作者が後者と同じく楚人であることを証明している。

その後、陸続と刊行されている上博楚簡の中に、このような状況が再び現れている。たとえば、第六分冊の中の『荘王既成』『申公臣霊王』『平王問鄭寿』『王子木蹠城父』〔原題『平王与王子木』〕、第七分冊の中の『鄭子家喪』『君人者何必安哉』、第八分冊の中の『命』『王居』などである。そのうち『命』には、「視日」という楚人の特殊な呼称が四度出現し、前述の推測を検証することができる。

【呼称による考察】

上博楚簡の中には、その他の諸侯国の故事を記したものがあり、その中にも国君に対する呼称がある。これは、この問題をさらに理解するのに役立つ。

その例として、まず、『鮑叔牙与隰朋之諫』を取り上げてみたい。これは、斉の桓公の事跡を記した文献である。整理者はもともと二つの篇に分け、それぞれ『競建内之』と『鮑叔牙与隰朋之諫』と名付けた。[18] 陳剣氏はそれらをあわせて一篇とし、『鮑叔牙与隰朋之諫』と総称しており、[19] この見解は正しいと考えられる。この篇の一号簡（もと『競建内之』一号簡）は上端が欠損しており、およそ二字分が欠け、三字目は下側の一つの横画が残っている。整理者は三字目を「王」と見なし、周の荘王ではないかと考えている。本篇は終始、周王とはかかわりがないことから、その説には従うことはできない。整理者はまた、この時は周王が衰え、列国はみな王を僭称して自ら立っているのかもしれない、と述べる。整理者は、この「王」は斉侯を指すと考えているようである。しかし、下文では明らかに斉侯を「公」と称していることから、この説も採用することはできない。わずかに下側の一つの横画が残っている文字は「二」の字であると推測でき、その下の四字目「坴」は「睦」と読むことができる。この二字を下文と連続して読むと、「二睦隰朋与鮑叔牙従」となる。このような状況の下では、欠損している一字目、二字目はおそらく「公□」であろう。いずれにせよ、この一号簡の冒頭に「斉□（謚号）公」の三字が出現する可能性はないと考えられる。つまり、この竹書の中の斉の桓公に対する呼称は、直接「公」と呼び、その上に国名は加えられていないのである。たとえば、『競建内之』の一号簡には「公問二大夫」とあり、[20] 三号簡には「公曰」とあり、『鮑叔牙与隰朋之諫』の七号簡には「公乃身命祭有司」とある。[21] 謚号がないということ以外に、前述の『昭王毀室』などの三篇のように、国君の呼称の前に国名がつけられていないのは、斉人が斉国のことを述べたものであることを示している。

同様の例として、上博楚簡の第五分冊には『姑成家父』という一篇がある。[22] その冒頭部分には、「姑成家父 厲公に事《つか》え、士と為り、予行し、迅強を尚《たっと》び、以て厲公に悪《にく》まる（姑成家父事厲公、為士、予行、尚迅強、以見悪於厲公）」とある。[23] 整理者が指摘するように、姑成家父は『左伝』や『国語』に見える苦成叔であり、厲公は晋の厲公であり、竹書に記載されているのは晋の三郤《さんげき》の難についてである。厲公を称する際に「晋」と言わないのは、前述のような『昭王毀室』などの三篇において昭王・簡王を称するのに「楚」がつけられないことと同じであり、晋人が晋国のことを述べたものであると考えられる。

また、郭店楚簡と上博楚簡の中には、魯の君主について言及しているものがいくつかある。郭店楚簡『魯穆公問子思』の冒頭の一句は、「魯の穆公 子思に問う（魯穆公問於子思）」である。[24] 上博楚簡『曹沫之陳』の冒頭には、「魯の荘公 将に大鐘を為《つく》らんとす（魯荘公将為大鐘）」と述べられている。[25] この二篇の中で、はじめて魯の君主の呼称が現れる時には、その前に国名がつけられている。その後には「公」「荘公」のような呼称が使用されている。これと前述の楚・斉・晋とは状況が異なる。おそらく作者は魯国以外の諸侯国の人か、あるいは魯国以外の諸侯国の人が手を加えたことによってこのようになったと見られる。[26]

上博楚簡の第六分冊の中の『競公瘧』一号簡には、「斉の競（景）公 疥《かい》且つ瘧《ぎゃく》し、歳を逾《こ》ゆるも已《や》まず（斉景公疥且瘧、逾歳不已）」とある。景公の前に国名がつけられているのは、『鮑叔牙与隰朋之諫』の形式と対照的であり、前述の『魯穆公問子思』『曹沫之陳』と類似している。これは斉人によって書かれたものではないと考えられる。

習慣あるいは必要性から書かれたものであったとしても、ある環境の中に置かれた人は、その環境の中の人あるいは事物を述べる際に、通常、親しい立場に立つはずであり、したがって、その環境とそれとは別の環境とを区別する修飾語を省略することができる。逆の場合も同様である。類似の状況は、『国語』の中にも見える。たとえば、魯の成公については、魯語上の「晋人殺厲公辺人以告」の章では直接「成公」と呼ばれているが、周語中の「簡王八年魯成公来朝」の章では「魯成公」と呼ばれている。魯の襄公については、魯語下の「襄公如楚」などの章では「襄公」と呼ばれ、晋語八の「魯襄公使叔孫穆子来聘」の章では「魯襄公」と呼ばれている。晋の文公については、晋語四の「文公在狄十二年」などの章では直接「文公」と呼ばれ、「元年春公及夫人嬴氏至自王城」の章では直接「公」と呼ばれ、魯語上の「晋文公解曹地以分諸侯」の章では「晋文公」と呼ばれている。楚の恭王については、楚語上の「恭王有疾」の章では直接「恭王」と呼ばれ、晋語六の「厲公六年伐鄭」の章では「楚恭王」と呼ばれている。同じ人物に対する呼称に区別があるのは、各章の作者によるものであるとしても、後世の編者によるものであるとしても、その基本的な原因は、各国の「語」が各国の立場に立った上で記述されたものだからである。(27)

これは、竹書の呼称の意味に関する前述の推測を証明するものである。

第四節　文献概要

ここでは、楚簡の書籍をいくつか取り上げ、簡単な解説を附して、これらの古典籍の様相を示す。以下、儒家文献、道家文献、その他の学派の文献、国語類文献、日書の順に紹介する。

（一）儒家文献

1.『金縢』

本篇は、清華簡の第一分冊に収録されている。(28) 一四枚の竹簡に書写されており、八号簡・一〇号簡の上端がやや欠損している以外、その他はすべて完簡である。簡文と『尚書』金縢とは内容がほぼ同じであるが、本篇の最終簡の背面下部には「周武王有疾周公所自以代王之志」などの字が書かれているため、これが当時の篇題であったと見られる。釈文は、整理者によるものと、陳民鎮氏の集釈に収録されている諸学者の成果を参照されたい(29)。

2.『周易』

上博楚簡『周易』は、これまでに見られる中で最も早い時期の『周易』のテキストである。現存は五八枚。三四卦が含まれ（『周易』は全六四卦）、字数は約一八〇〇字あまり、二五個の卦画がある。完整簡の長さは四四センチメートル、上中下の三道編縄である。一卦につき二～三本の竹簡が使用されている。竹書の卦画は陽爻を「一」で示し、陰爻を「八」で示している。卦ごとに卦名・卦辞・爻題・爻辞の順で構成され、その字句は馬王堆帛書本や伝世本と比べると異なるところがある。卦名・卦辞の間、および爻辞の後に、赤色・黒色の符合が使用されている。釈文は陳仁仁「戦国楚竹書《周易》校注」を参照されたい(30)。

3.『六徳』

本篇は、郭店楚簡の文献である。整理者によると、竹簡は全四九枚、そのうち完整簡は三九枚であり、一〇枚は残欠している。本篇は、六位（父・夫・子・君・臣・婦）と六職（教・使・受・率・事・従）と六徳（聖・智・仁・義・忠・信）について説き、その基本的な観念は伝世の儒家文献に見えるが、このような文献ははじめて発見されたものである。学者たちの釈文や編聯についての見解には相違がある。釈文・解釈については、筆者の理解や(31)、『楚地出土戦国簡冊［十四種］』を参照されたい(32)。篇題は、整理者による仮題である。

4.『顔淵問於孔子』

本篇は、上博楚簡の第八分冊の文献である。復旦大学・吉林大学古文字専業研究生聯合読書会は、整理者の釈文や編聯に対して重要な修訂を加えている。(33) 本篇は伝世文献には見えず、篇題は整理者による仮題である。現存簡から見ると、内事・内教・至名の三事について述べている。

(二) 道家文献

1.『老子』

本篇は、郭店一号墓から出土したものである。現存七一枚、字数は一七五〇字。今本『老子』の五分の二が不足している。形制や契口の位置が異なることにより、整理者は甲・乙・丙の三つの組に分けた。甲組は三九枚、簡長は三二・三センチメートルである。乙組は一八枚、簡長は三〇・六センチメートルである。丙組は一四枚、簡長は二六・五センチメートルである。

2.『太一生水』

本篇は、郭店一号墓から出土したものである。竹簡は全一四枚、完簡と残簡がそれぞれ半分ずつである。完整簡の長さは二六・五センチメートル、現存三〇五字。本篇は宇宙生成について論じており、道家の佚文である。竹簡の形制や字体は『老子』丙組と同じであり、もとは同一の巻に編まれていた可能性がある。篇題は、整理者による仮題である。釈文・編聯については、拙著『郭店竹書別釈』を参照されたい。(34)

（三）その他の学派の文献

1.『語叢（四）』

本篇は、郭店一号墓から出土したものである。全二七枚、竹簡の長さは一五・一～一五・二センチメートル。現存四〇三字で、二七号簡の背面には一四字が書かれている。簡文は常用の言葉を収録し、主に諫言や謀略について論じられている。篇題は、整理者による仮題である。釈文・編聯については、『楚地出土戦国簡冊［十四種］』を参照されたい(35)。

2.『鬼神之明』

本篇は、上博楚簡の第五分冊に収録されており、『融師有成氏』とあわせて一巻である。全八枚。本篇は一号簡から始まり、五号簡の上半分で終わる。その後の墨節によって分けられており、次の『融師有成氏』が続けて書写されている。内容は、鬼神に「明」があるかどうかという問題について論じるというものであり、篇題は、整理者による仮題である。整理者や多くの研究者は墨家の文献と見なしているが、異なる見解もある(36)。釈文については、祝升業氏の集釈を参照されたい(37)。

（四）国語類文献

1.『王子木蹠城父』〔原題『平王与王子木』〕

本篇の主要部分は、上博楚簡の第六分冊に収録されている。竹簡は全五枚。沈培氏は、一号簡のはじめの字「智」は『平王問鄭寿』の六号簡に接続すると推定している(38)。凡国棟氏は、一号簡と二号簡の間に五号簡を挿入している(39)。上博楚簡の第八分冊が刊行された後、沈培氏はさらに『志書乃言』の八号簡、すなわち最後の一簡が本篇の末尾の簡であることを指摘した(40)。釈文は、拙著『新出楚簡研読』を参照されたい(41)。整理者が「平王与王子木」と仮に名付けた篇題は、冒頭部分の語句ではなく、本篇の内容を表したものでもない。そこで、はじめの語句に基づいて、仮に篇題を名付けた。

2.『姑成家父』

本篇は、上博楚簡の第六分冊に収録されている。竹簡は全一〇枚。春秋時代の晋の三郤の乱について記し、その内容は『左伝』（成公十七年）と比べると異なる部分がある。篇題は、整理者による仮題である。沈培氏によって竹簡の排列が調整されている(42)。釈文は、拙著『新出楚簡研読』を参照されたい(43)。

（五）その他

1.『桐』〔原題『李頌』〕

本篇は、上博楚簡の第八分冊に収録されている楚辞《そじ》類の作品である。主要部分は一号簡の表面と背面、二号簡の表面に書かれている。三号簡の背面に記されている内容は、二号簡の下部の内容と関係があるが、その表面に記されているのは他の一篇（『蘭賦』）である。整理者は『李頌』を仮題とするが、復旦吉大古文字専業研究生聯合読書会は、「新たな釈文によって見れば、全篇の簡文と「李」とは関係がなく、「桐」を詠ずる一篇の小賦である」と指摘する(44)。ここでは、「桐」と仮に名付ける。釈文は、復旦吉大古文字専業研究生聯合読書会の校読を参照されたい。

2.『告武夷』

本篇は、九店五六号墓から出土したものであり、全篇は二簡に筆写されている。戦争で非業の死を遂げた人々のために祈禱する文辞であると見られる。篇題は、整理者による仮題である。釈文は、『楚地出土戦国簡冊［十四種］』を参照されたい(45)。

3.『四時十干宜忌』

本篇は、九店五六号墓から出土し、吉日を選ぶ時に用いる『日書』に属す。三七号簡から四〇号簡の上欄〔この数簡はすべて上下二欄に分かれている〕と四一号簡・四二号簡に書かれている。篇題は、内容に基づく仮題である。釈文は、拙稿「九店楚日書校読及其相関問題」を参照されたい(46)。

【注】

（1）李零『簡帛古書与学術源流』、生活・読書・新知三聯書店、二〇〇四年版、一九三～二一一頁。駢宇騫・段書安『二十世紀出土簡帛総述』、文物出版社、二〇〇六年版、一八三～二九四頁。

（2）李学勤「清華簡《繫年》及有関古史問題」、『文物』二〇一一年第三期。

（3）前掲注（1）同『簡帛古書与学術源流』、二〇二頁。

（4）『史記』の「十二諸侯年表序」「太史公自序」に見える。

（5）王樹民氏は、「当時流伝した各国の『語』を集め合わせ、一書として編成し、『国語』となった。つまり列国の語という意味である」と述べている（王樹民「国語的作者和編者」、『国語集解』、中華書局、二〇〇二年版、六〇二頁）。

（6）馬王堆漢墓帛書整理小組「馬王堆漢墓出土帛書《春秋事語》釈文」、『文物』一九七七年第一期。張政烺「《春秋事語》解題」、『文物』一九七七年第一期。

（7）前掲注（5）同「国語的作者和編者」、六〇一～六〇二頁。

（8）彭浩「楚墓葬制初論」、『中国考古学会第二次年会論文集』、文物出版社、一九八二年版。

(9) 彭浩「郭店一号墓的年代及相関的問題」、『本世紀出土思想文献与中国古典哲学研究論文集』、輔仁大学出版社、一九九九年版。
(10) 陳偉『新出楚簡研読』、武漢大学出版社、二〇一〇年版、二九一～二九三頁。
(11) 馬承源編『上海博物館蔵戦国楚竹書(七)』、上海古籍出版社、二〇〇八年版、一九一～一九二頁。
(12) 劉信芳「竹書《君人者何必安哉》試説(之二)」、復旦大学出土文献与古文字研究中心網、二〇〇九年一月六日。
(13) 楊寛『戦国史』、上海人民出版社、一九九八年増訂第三版、一九三～一九六頁。
(14)「暴」は、陳剣氏の解釈に従う(陳剣「上博竹書《昭王与龔之脽》和《柬大王泊旱》読後記」、簡帛研究網、二〇〇五年二月一五日)。昭王のこの話の背景になっているのは、前五〇六年に呉の軍隊が郢〔楚の都〕に侵入した戦争である。詳細は、『左伝』定公四年および『史記』楚世家の昭王十年参照。
(15) 湖北省文物考古研究所・北京大学中文系『望山楚簡』、中華書局、一九九五年版、九〇頁～九一頁考釈二四。
(16) 河南省文物考古研究所『新蔡葛陵楚墓』、大象出版社、二〇〇三年版、一八七頁。
(17) 楚王の世系については、『史記』楚世家参照。献恵王が恵王であることについては、『望山楚簡』九一頁に引用されている蘇時学の説を参照。
(18) 馬承源編『上海博物館蔵戦国楚竹書(五)』、上海古籍出版社、二〇〇五年版、図版一七～三九頁、釈文考釈一六三～一九一頁。
(19) 陳剣「談談《上博(五)》的竹簡分篇・拼合与編聯問題」、武漢大学簡帛網、二〇〇六年二月一九日。
(20)「二」については、何有祖氏は「士」と見なしており、これも一つの解釈である(何有祖「上博五楚竹書《競建内之》札記五則」、武漢大学簡帛網、二〇〇六年二月一八日)。
(21)「有司」については、原釈文では下につなげて読んでいる。句読点を変更した理由については、拙稿「《鮑叔牙与隰朋之諫》零識(続)」(武漢大学簡帛網、二〇〇六年三月五日)参照。
(22) 前掲注(18)同『上海博物館蔵戦国楚竹書(五)』、図版六九～七八頁、釈文考釈二三九～二四九頁。
(23)「迅」の解釈については、沈培「上博簡《姑成家父》一個編聯位置的調整」(武漢大学簡帛網、二〇〇六年二月二二日)参照。原釈文と異なる解釈については、拙稿「《苦成家父》通釈」(武漢大学簡帛網、二〇〇六年二月二六日)参照。
(24) 荊門市博物館『郭店楚墓竹簡』、文物出版社、一九九八年版、一四一頁。

(25) 馬承源編『上海博物館蔵戦国楚竹書(四)』、上海古籍出版社、二〇〇四年版、二四三頁。
(26)『魯邦大旱』の冒頭部分には、「魯邦大旱、哀公謂孔子」とある(馬承源編『上海博物館蔵戦国楚竹書(二)』、上海古籍出版社、二〇〇二年版、二〇四頁)。その状況と『魯穆公問子思』『曹沫之陳』とは異なる。なぜなら、前文にすでに「魯邦」と書かれており、その後に「哀公」の呼称を用いる際には「魯」字が省略された可能性が考えられるからである(すなわち作者は魯人ではない)。もしくは、作者がもともと「哀公」の呼称を使い慣れている(作者は魯人である)という可能性もある。
(27)『国語』呉語および越語の呼称はこれとは異なる。たとえば、呉語の「呉王夫差起師伐越」章では「呉王夫差」と称し、越語上の「越王句践栖於会稽之上」章では「越王句践」と称しており、他国の語とは来源が異なるようである。これについて姚鼐は、「また一国の事柄を省略して掲載するものは、周・魯・晋・楚のみである。斉・鄭・呉・越は、始めから終わりまで一つの事柄であり、その体裁も異なる。『国語』の編纂者は、自分が得たテキストによって詳細なものも簡略なものも収録している」と指摘している(『惜抱軒文集』巻五「弁鄭語」)。王樹民氏はさらに、「おおむね周・魯・晋・鄭・楚の各語はその多くが当時の人によって記されたものであり、その時代は比較的早い。斉・呉・越の三語は後から書き足されたものであり、戦国時代中期以前の人が書いたものであると考えられる」と見なしている(前掲注(5)同『国語集解』の「前言」参照)。
(28) 李学勤編『清華大学蔵戦国竹簡(壹)』、中西書局、二〇一〇年版、図版七五~八四頁、釈文注釈一五七~一六二頁。
(29) 陳民鎮「清華簡《金縢》集釈」、復旦大学出土文献与古文字研究中心ウェブサイト、二〇一一年九月二〇日。
(30) 陳仁仁『戦国楚竹書《周易》研究』、武漢大学出版社、二〇一〇年版、二三三~二七九頁。
(31) 陳偉『郭店竹書別釈』、湖北教育出版社、二〇〇二年版、一〇九~一三四頁。
(32) 陳偉編『楚地出土戦国簡冊[十四種]』、経済科学出版社、二〇一〇年第二印本、二三五~二四四頁。
(33) 復旦吉大古文字専業研究生聯合読書会「《上博八・顔淵問於孔子》校読」、復旦大学出土文献与古文字研究中心ウェブサイト、二〇一一年七月一七日。
(34) 前掲注(31)同『郭店竹書別釈』、一三一~一三二頁。
(35) 前掲注(32)同『楚地出土戦国簡冊[十四種]』、二六二~二六八頁。
(36) 李承律「上博楚簡《鬼神之明》鬼神論与墨家世界観研究」、『文史哲』二〇一一年第二期、李鋭「論上博簡《鬼神之明》篇的学派性質——兼説対文献学派属性判定的誤区」、『湖北大学学報』二〇〇九年第一期。
(37) 祝升業「上博(五)《鮑叔牙与隰朋之諫》等五篇竹書集釈」、武漢大学二〇〇七年碩士学位論文、一一〇～一二二頁。
(38) 沈培「《上博(六)》中《平王問鄭寿》和《平王与王子木》応是連続抄写的両篇」、武漢大学簡帛網、二〇〇七年七月一二日。
(39) 凡国棟「《上博六》楚平王逸篇初読」、武漢大学簡帛網、二〇〇七年七月九日。
(40) 沈培「《上博(六)》和《上博(八)》竹簡相互編聯之一例」、復旦大学出土文献与古文字研究中心ウェブサイト、二〇一一年七月一七日。
(41) 前掲注(10)同『新出楚簡研読』、二八〇～二八六頁。
(42) 前掲注(23)同「上博簡《姑成家父》一個編聯位置的調整」。
(43) 前掲注(10)同『新出楚簡研読』、二二八～二四一頁。
(44) 復旦吉大古文字専業研究生聯合読書会「上博八《李頌》校読」、復旦大学出土文献与古文字研究中心ウェブサイト、二〇一一年七月一七日。
(45) 前掲注(32)同『楚地出土戦国簡冊[十四種]』、三一六～三一七頁。
(46) 陳偉「九店楚日書校読及其相関問題」、『人文論叢』一九九八年巻、武漢大学出版社、一九九八年版。

附録　用語解説

（1）竹簡《ちっかん》……紙が発明される前の書写素材で、竹の札を「竹簡」、木の札を「木簡」と言う。竹簡の上端から下端までの長さを「簡長」と言い、竹簡の幅を「簡寛」という。簡長、簡寛はセンチメートル単位で示す。

（2）簡牘《かんとく》……一行の文字が書かれている竹片・木片を「簡」あるいは「札」と呼び、二行以上の文字を書くことができるものを「牘」と呼ぶ。一般的に「竹簡」「木牘」の意味で簡牘と呼ばれるが、包山楚墓からは竹牘も発見されている。「簡」「牘」「簡牘」は時折、ほぼ同じ意味で使用される。そのため、たとえば湖南省の里耶地方で出土した秦代の木牘は「里耶秦簡」と呼ばれている。

（3）簡帛《かんぱく》……簡牘と帛書の総称。帛書とは、文字が書かれた絹の布。これまで発見されたものに、長沙子弾庫戦国楚帛書、馬王堆漢墓帛書などがある。

（4）竹黄《ちくおう》・竹青《ちくせい》……竹片の内側部分を竹黄、外皮部分を竹青と言う。一般的に、竹黄の面に文字が書写され、それを表面《おもてめん》〔中国語では「正面」〕と言う。竹青の面は、竹簡の背面に当たり、「簡背」と略称する。

（5）完簡《かんかん》・整簡《せいかん》・完整簡《かんせいかん》……欠損がなく完全な形を保っている竹簡。いくつかの残簡を接合することで、完全に復原できた簡を含む。

(6) 簡端《かんたん》（簡首《かんしゅ》・簡尾《かんび》）……簡牘の上端（「簡首」とも呼ばれる）と下端（「簡尾」とも呼ばれる）を指す。平斉《へいせい》、梯形《ていけい》、弧形《こけい》（円端《えんたん》）の三種に分類できる。

①平斉……簡の両端が角をもった方形状になっているもの（例、郭店楚簡『老子』乙組一六号簡）。

②梯形……簡の両端が角を落とした台形状になっているもの（例、同『性自命出』三七号簡）。

③弧形（円端）……簡の両端が丸い円形状になっているもの（例、上博楚簡『魯邦大旱』三号簡）。

① ② ③

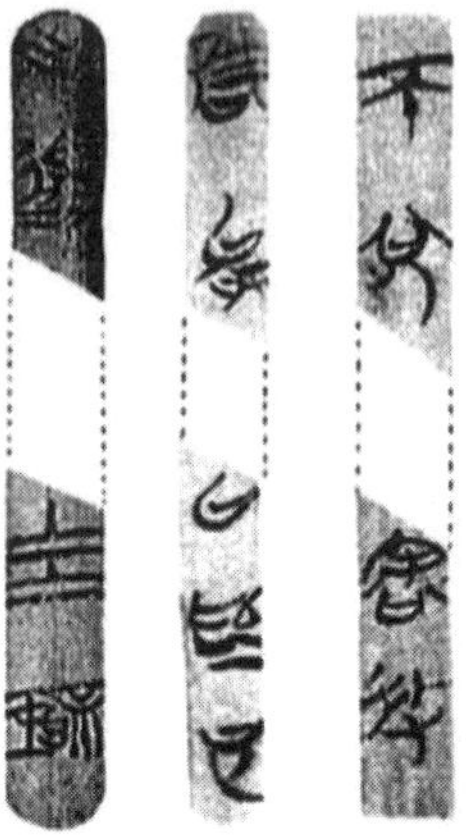

(7) 契口《けいこう》……竹簡を固定するための切れ込み。竹簡を綴じる際、この切れ込みに糸や紐を引っかけていたと考えられる。竹簡の右側面に位置するものを右契口、左側面に位置するものを左契口という。右契口のものが圧倒的に多い。一般的に、竹簡の右側に切れ込みを入れ、左契口に見えるものは、実は書写の際に右契口の竹簡を転倒させたためであるという見解もある。二つの契口は上・下で区別し（上契口・下契口）、三つ以上のものは数字で示す（第一契口・第二契口・第三契口）。

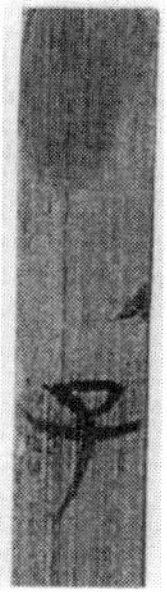

右契口（上博楚簡『曹沫之陳』九号簡）

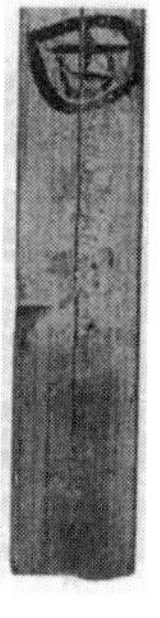

左契口（同一五号簡）

（8）劃痕《かっこん》……竹簡の背面に斜めに刻まれたひっかき傷状の線。「簡背劃痕」とも言う。一般的に、数枚の竹簡にわたってつけられており、竹簡の誤排列を防ぐために加えられたものであると考えられる。そのため、編聯する際の有力な手がかりとなる。

（9）墨線《ぼくせん》・劃線《かくせん》……竹簡上に墨で引かれた線。劃痕と同じ役割のものや、分欄に用いられるものなどがある。たとえば、包山楚簡一七号簡の背面には次のような墨線が見える。

（10）編縄《へんじょう》・編綫《へんせん》（編線《へんせん》）……竹簡を綴じる紐。厳密に言えば、粗い麻糸で作られた綴じ紐を編縄、細い絹糸で作られた綴じ紐を編綫と言う。一般的に、両道《りょうどう》（二道）と三道《さんどう》とがある。また、綴じ紐の間の距離を「編距《へんきょ》」と言う。

①両道……竹簡を上・下二本の紐で綴じたもの。両道編ともいう。

②三道……竹簡を上・中・下三本の紐で綴じたもの。三道編ともいう。

（11）編綴《へんてつ》……綴じ紐を用いて、いくつかの竹簡を並べて綴じること。これまで出土した楚簡には編綴された状態が残っている例はなく、漢簡によく見られる。たとえば、前漢の『労辺使者過中界費』（肩水金関遺跡から出土、左図。馬建華『河西簡牘』重慶出版社、二〇〇二年、三四頁）など。

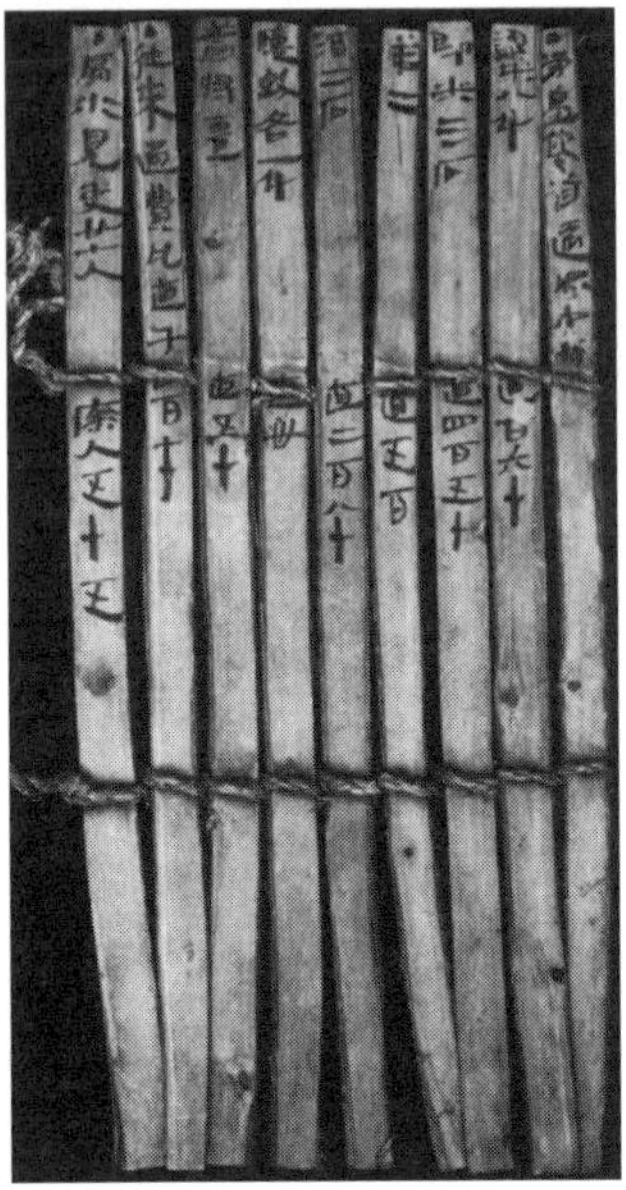

（12）編痕《へんこん》……竹簡に残った綴じ紐のあと。たとえば、郭店楚簡『語叢（四）』は二つの編痕がはっきりと確認できる。

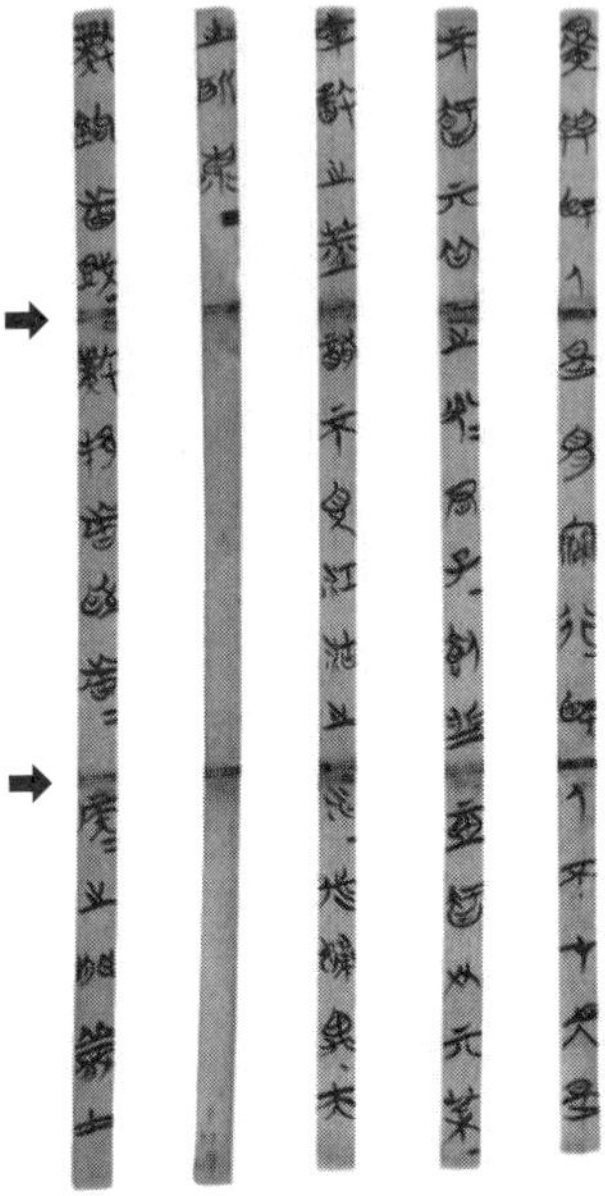

（13）編連《へんれん》（編聯《へんれん》）……竹簡を排列すること。竹簡発見当時、編綴のための綴じ紐が朽ちて、排列がバラバラになっていることが多い。その際、竹簡の整理者（原釈文担当者など）は、竹簡の形状や筆写された文字、内容から判断して排列する。

（14）残簡《ざんかん》……欠損がある竹簡。発掘時にすでに破損していたものや、盗掘されて流出した時に破損したものなどがある。たとえば、信陽楚簡は左図のように欠損がかなり深刻である。

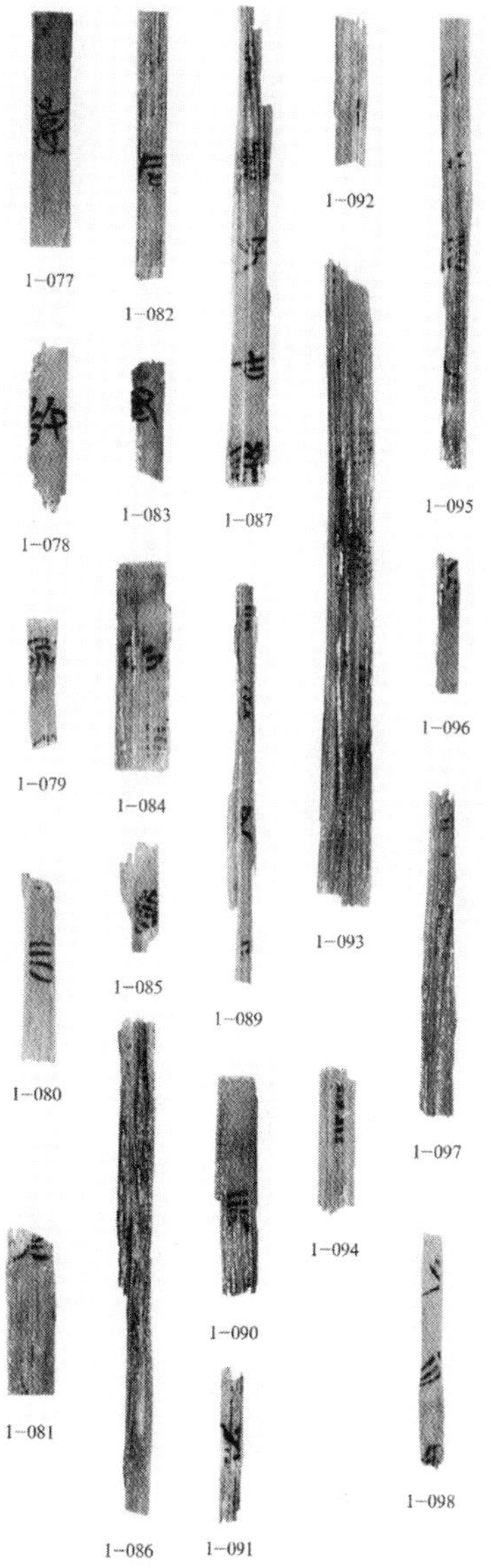

（15）叉口《しゃこう》・茬口《しこう》……簡牘の折れたところ、断裂面を指す。

（16）綴合《てつ(てい)ごう》……残った簡牘同士を接合して復原すること。たとえば、郭店楚簡の残簡二〇は、『老子』乙組一〇号簡の下部に綴合することができる（第三章第四節、『老子』の綴合参照）。

乙組一〇号簡　残簡二〇

綴合された残簡の番号の間に「＋」を挿入して、「1＋2」などと表記する。初期の整理で別の簡牘同士が誤って接合されている場合があり、綴合の分析も必要である。

(17) 遥綴《ようてつ》……残簡の折れたところが直接接合しないものの、文脈によって位置が確定できるもの。たとえば、郭店楚簡『老子』乙組一一号簡は二つの残簡からなり、中間部分の残簡がないために直接綴合できない。しかし、馬王堆帛書本や伝世本『老子』と対照させると、以下のように遥綴できる。

(18) 冊《さつ》（簡冊《かんさつ》）……竹簡を紐で綴じたもの。狭義としては、書籍類の冊を「竹書」という。竹簡を綴じ直す場合、本来の排列を間違えることを「錯簡《さっかん》」と言う。欠落している竹簡を「脱簡」と言う。

(19) 首簡《しゅかん》・末簡《まっかん》（尾簡《びかん》）……巻あるいは篇としての簡冊について、冒頭の一枚を首簡、最後の一枚を末簡（尾簡）と言う。たとえば、上博楚簡『周易』では、一卦（卦画・卦名・首符・卦辞・爻題・爻辞・尾府）につき竹簡二・三本が使用されているが、その最初の簡を「首簡」、最後の簡を「末簡」「尾簡」という。

（20）簡号《かんごう》（編号《へんごう》）……次の二つの意味がある。

①釈文を作成する際に附された竹簡の番号。これと区別して、発掘する際に加えられた番号を「出土編号」という。二回以上の整理を経て、異なる番号が附されている竹簡資料もある。たとえば、郭店楚簡には「出土号」と「整理号」があり、龍崗秦簡牘には「考古編号」「整理編号（考釈号）」「再整理編号」がある。綴合した残簡を分析する際には、上段・下段あるいはA段・B段などと称する（第三章第四節「二、綴合の分析」の『君子為礼』9A・9Bの綴合参照）。

②竹簡の排列を示すために、もともと竹簡に記されていた漢数字。たとえば、武威で出土した後漢の『儀礼』には、その表面に数字が加えられている。以下の（図1）は武威漢簡『儀礼』甲本「服伝」の三〇～四三号簡の下部の数字、（図2）は甲本「泰射」一〇一～一一四号簡までの下部の数字。戦国竹簡については、竹簡の背面に数字を記した例が多く、表面に数字を加えている例は少ない。たとえば（図3）の上博楚簡『卜書』は、表面に数字がある例である（右から一・二・七・八号簡。三～六号簡および九～一〇号簡の竹簡の下部は欠損しており、数字の部分も失われている）。

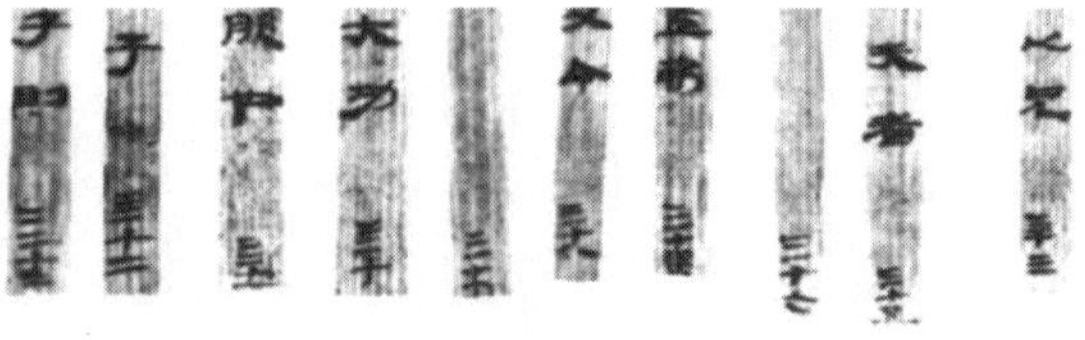

43 42 41 40 39 38 37 36 35 33

（図１）

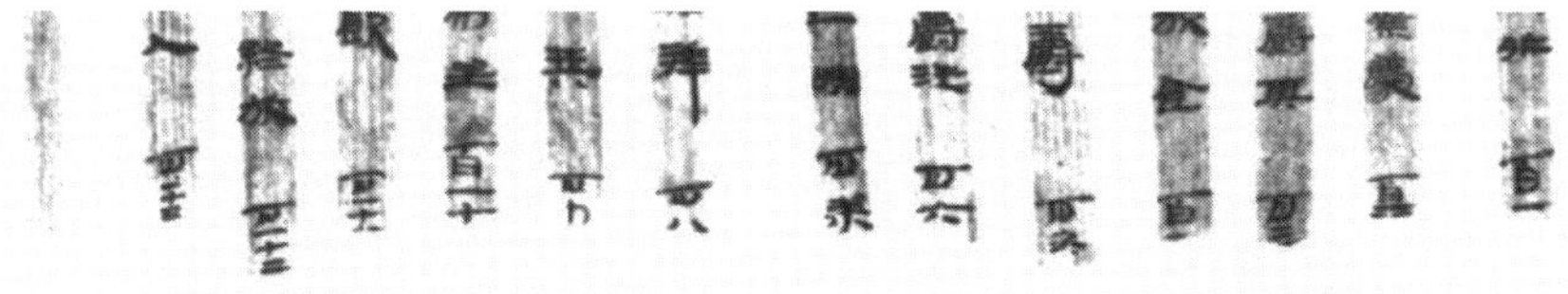

114 113 112 111 110 109 108 107 106 105 104 103 102 101

（図２）

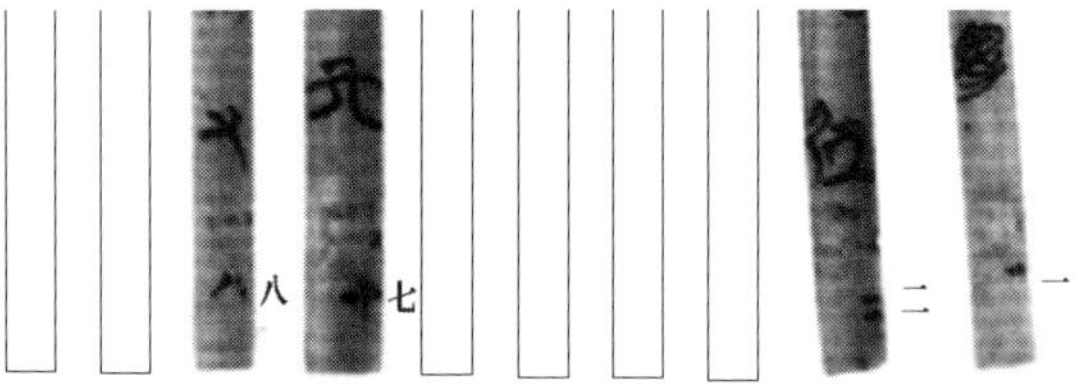

（図３）

（21）天頭《てんとう》・地脚《ちきゃく》……竹簡の上端・下端に残っている書写されていない空白を指す。

（22）満写簡《まんしゃかん》・通欄《つうらん》……天頭と地脚の有無にかかわらず、上端もしくは上端に近い部分から、下端もしくは下端に近い部分まで文字が筆写されている簡牘。

（23）分欄《ぶんらん》・分段書写《ぶんだんしょしゃ》……一本の簡牘に、上下あるいは二段以上にわたって段組で筆写したもの。たとえば、九店楚簡『四時十干宜忌』はその例である（第一章第四節（五）参照）。楚簡の例は残簡が多いため、ここでは秦代の簡牘を例に挙げる。睡虎地秦簡『日書』甲種（竹簡番号は、右から六四～六七）の分欄書写は、次のようになっている（武漢大学簡帛研究中心等編『秦簡牘合集（壹）』、武漢大学出版社、二〇一四年、七八三頁）。

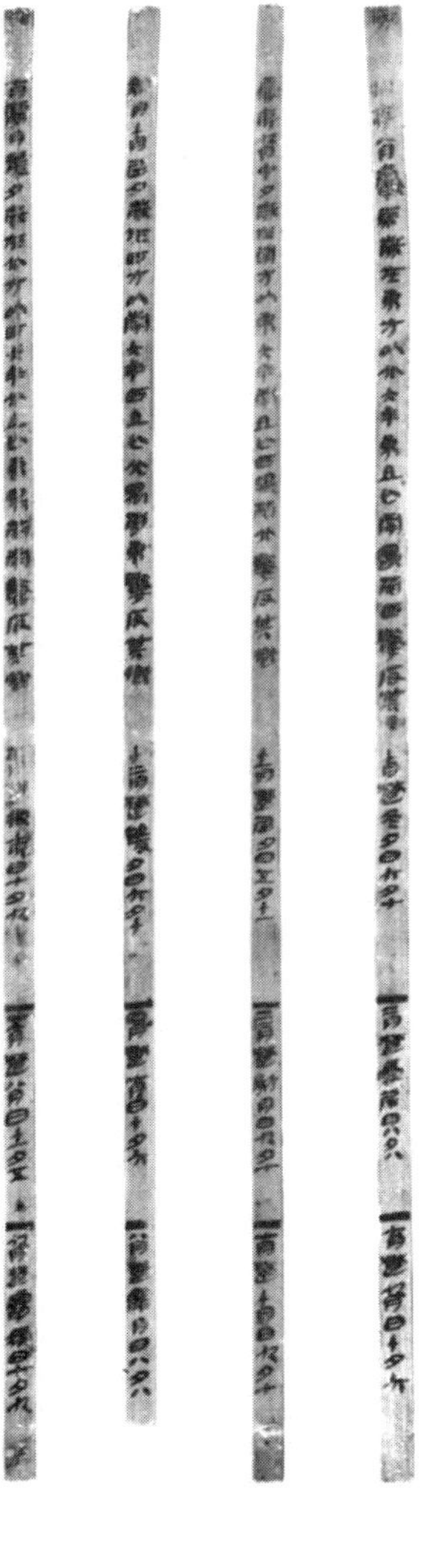

また、分欄になっている木牘としては、たとえば里耶秦簡の「九九」のような例がある（湖南省文物考古研究所編『里耶発掘報告』彩版一八、岳麓書社、二〇〇七年）。

（24）留白簡《りゅうはくかん》……簡牘の上端部と下端部、もしくはその一方に文字が筆写されていない一定の空白をもつ簡。全く文字が書かれていない竹簡は「空白簡」「白簡」と言う。

篇や章の末尾にあたる簡については、篇末または章末の文字の後を空白にする例が多く見られる。たとえば、郭店楚簡『老子』甲組は、次のようになっている。

『老子』甲組三二号簡

同三九号簡（甲組の最終簡）

また、郭店楚簡『語叢（一）』九号簡・三七号簡は、天頭の下に一字が書かれるのみで、大部分が空白となっている。

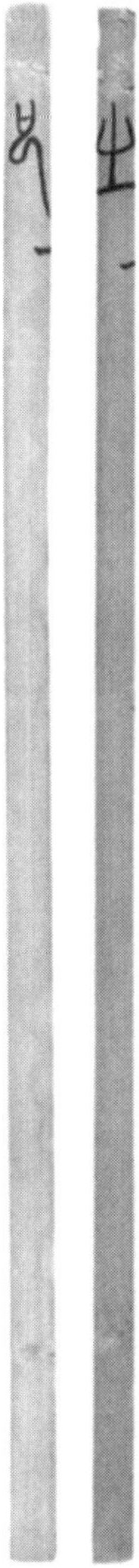

中間部分に空白がある例として、たとえば包山楚簡「受幾」二七号簡には二つの空白が見える。

(25) 句読符《くとうふ》……句読点や章・篇の末尾を示す。代表的なものは、次の二つである（第一章第四節参照）。

①点状《てんじょう》 符《ふ》号《ごう》（例、郭店楚簡『語叢（四）』一～二号簡）

②塊状《かいじょう》 符《ふ》号《ごう》……方形状の墨点。墨釘《ぼくてい》とも言う（例、郭店楚簡『老子』甲組一～二号簡）。

言以…………

このほか、章を分ける符号として、たとえば郭店楚簡『緇衣』の各章の終わりに次のような符号が加えられている（次の例は、二〇～二三章の終わりに記されたもの）。

（第二〇章）……（第二一章）……（第二二章）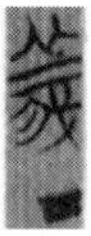……（第二三章）

（26）重文符号《じゅうぶんふごう》……同一字を繰り返して読むことを示す符号。踊り字。多くの場合、「-」「=」で表示される（第一章第四節参照）。

①一字を繰り返すもの。たとえば、郭店楚簡『性自命出』三四号簡には次のような例がある。

喜斯…………………………

②二字を繰り返すもの。たとえば、郭店楚簡『太一生水』二号簡には次のような例がある。

是以………………

③多字を繰り返すもの。たとえば、郭店楚簡『五行』二〇～二一号簡には次のような例がある。

不智…………

(27) 合文符《ごうぶんふ》号《ごう》……合文を示す符号。合文とは、表記法の一形式として、あるいは書記労力の軽減のために、異なる二字（例外的に三字の場合もある）の漢字を一字に合して表記したもの。その結果、一字一音節という漢字の特性に反し、一字が二つの音節をもつという特殊な状況を示す。合文で表記される二字には、次のような例がある。

①二字をそのまま合した例

（包山一号簡「之月」を合して書いたもの。一一号簡では分けて書かれている。）

（包山四号簡「之日」を合して書いたもの。一一号簡では分けて書かれている。）

②点画の一部を共有する例

↓「上下」

③偏旁を共有する例

「子」を共有している例。

「孔=」↓「孔子」

「孫=」↓「子孫」

合文は多くの場合、重文と同じ「=」で表示され、合文か重文かは文脈によって判別する。

また、一つの短画のみを用いて合文符号とする例もある。

→「小人」（郭店楚簡『尊徳義』二五号簡）

→「君子」（同『性自命出』二〇号簡）

→「土地」（同『六徳』四号簡）

(28) 墨鉤《ぼっこう》……かぎ状の符号（鉤状符号）。句読点や章・篇の末尾を示す。たとえば、郭店楚簡『成之聞之』の最終簡（四〇号簡）に「」、同『六徳』の最終簡（四九号簡）に「」と記されている。竹簡全体の様子は、次のとおり。

(29) 墨節《ぼくせつ》……横に引かれた墨線。篇・章の末尾を示す。たとえば、郭店楚簡『唐虞之道』の最終簡（二九号簡）に「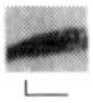」、上博楚簡『緇衣』二四号簡（残簡）に「」と記されている。竹簡全体の様子は、次のとおり。

なお、篇末符号の場合は、原則として墨釘（または墨鉤・墨節）以下が文字のない留白となる。

（30）発掘簡《はっくつかん》……考古学者や作業員らによって遺跡や古墓から掘り出された簡牘資料。

（31）盗掘簡《とうくつかん》・流散簡《りゅうさんかん》・非発掘簡《ひはっくつかん》……「発掘簡」に対し、遺跡や古墓から私的に掘り出された簡牘を指す。法律に反した発掘であることから「盗掘」と言い、考古学の発掘ではないために「盗掘簡」「非発掘簡」という。また、一般的に骨董市場に流出して散逸するため、「流散簡」ともいう。これらの簡牘資料は、博物館や大学などが入手、保存、整理を行っている。

一般的に、入手した博物館や大学の名前が附される。たとえば、戦国竹簡については、上海博物館が入手したものを「上海博物館蔵戦国楚竹書」（略称「上博楚簡《しゃんはくそかん》」「上博簡《しゃんはくかん》」）、清華大学が入手したものを「清華大学蔵戦国竹簡」（略称「清華簡《せいかかん》」）と言う。秦漢の簡牘については、湖南大学（前身は岳麓書院）が入手したものを「岳麓書院蔵秦簡」（略称「岳麓秦簡《がくろくしんかん》」）と言い、北京大学が入手したものを「北京大学蔵西漢竹書」「北京大学蔵秦簡牘」（略称「北大漢簡《ほくだいかんかん》」「北大秦簡《ほくだいしんかん》」、「北大簡《ほくだいかん》」）と言う。

（32）研究機関ウェブサイト…近年、各種研究機関がウェブサイトを運営しており、そこには論文や札記などが掲載されている。本書で取り上げられている主なウェブサイトとURLは以下の通り。

・簡帛研究（山東大学）http://www.jianbo.org/　http://www.bamboosilk.org/
・簡帛網（武漢大学）http://www.bsm.org.cn/
・復旦大学出土文献与古文字研究中心　http://www.gwz.fudan.edu.cn/Default.asp

【参考文献】
・籾山明・佐藤信編『文献と遺物の境界――中国出土簡牘史料の生態的研究』、六一書房、二〇一一年、同（二）、東京外国語大学アジア・アフリカ言語文化研究所、二〇一四年。
・横田恭三『中国古代簡牘のすべて』、二玄社、二〇一二年五月。
・湯浅邦弘『竹簡学――中国古代思想の探究』、大阪大学出版社、二〇一四年五月。
・中国出土資料学会編『地下からの贈り物――新出土資料が語るいにしえの中国』、東方書店、二〇一四年六月。
・冨谷至『木簡・竹簡が語る中国古代――書記の文化史（増補新版）』、岩波書店、二〇一四年一一月。
・高村武幸『秦漢簡牘史料研究』、汲古書院、二〇一五年。
・出土資料と漢字文化研究会編『出土文献と秦楚文化』（既刊第九号）。

参考文献

（一）資料

河南省文物考古研究所『新蔡葛陵楚墓』、大象出版社、二〇〇三年版。
河南省文物研究所『信陽楚墓』、文物出版社、一九八六年版。
湖北省博物館『曾侯乙墓』、文物出版社、一九八九年版。
湖北省荊沙鉄路考古隊『包山楚簡』、文物出版社、一九九一年版。
湖北省荊沙鉄路考古隊『包山楚墓』、文物出版社、一九九一年版。
湖北省荊州地区博物館「江陵天星観一号楚墓」、『考古学報』一九八二年第一期。
湖北省文物考古研究所・北京大学中文系『九店楚簡』、中華書局、二〇〇〇年版。
湖北省文物考古研究所・北京大学中文系『望山楚簡』、中華書局、一九九五年版。
湖北省文物考古研究所『江陵九店東周墓』、科学出版社、一九九五年版。
湖北省文物考古研究所『江陵望山沙冢楚墓』、文物出版社、一九九六年版。
湖南省博物館・湖南省文物考古研究所・長沙市博物館・長沙市文物考古研究所『長沙楚墓』、文物出版社、二〇〇〇年版。
黄岡市博物館・黄州区博物館「湖北黄岡両座中型楚墓」、『考古学報』二〇〇〇年第二期。
荊門市博物館『郭店楚墓竹簡』、文物出版社、一九九八年版。
荊門市博物館「荊門郭店一号楚墓」、『文物』一九九七年第七期。
李学勤編『清華大学蔵戦国竹簡（壹）』、中西書局、二〇一〇年版。
李学勤編『清華大学蔵戦国竹簡（貳）』、中西書局、二〇一一年版。
馬承源編『上海博物館蔵戦国楚竹書（一）』、上海古籍出版社、二〇〇一年版。
馬承源編『上海博物館蔵戦国楚竹書（二）』、上海古籍出版社、二〇〇二年版。

馬承源編『上海博物館蔵戦国楚竹書（三）』、上海古籍出版社、二〇〇三年版。

馬承源編『上海博物館蔵戦国楚竹書（四）』、上海古籍出版社、二〇〇四年版。

馬承源編『上海博物館蔵戦国楚竹書（五）』、上海古籍出版社、二〇〇五年版。

馬承源編『上海博物館蔵戦国楚竹書（六）』、上海古籍出版社、二〇〇七年版。

馬承源編『上海博物館蔵戦国楚竹書（七）』、上海古籍出版社、二〇〇八年版。

馬承源編『上海博物館蔵戦国楚竹書（八）』、上海古籍出版社、二〇一一年版。

馬承源編『上海博物館蔵戦国楚竹書（九）』、上海古籍出版社、二〇一二年版。

中国科学院考古研究所『長沙発掘報告』、科学出版社、一九五七年版。

（二）研究書（学位論文を附す）

曹建国『楚簡与先秦《詩》学研究』、武漢大学出版社、二〇一〇年版。

陳仁仁『戦国楚竹書《周易》研究』、武漢大学出版社、二〇一〇年版。

陳斯鵬『簡帛文献与文学考論』、中山大学出版社、二〇〇五年版。

陳偉『包山楚簡初探』、武漢大学出版社、一九九六年版。

陳偉『郭店竹書別釈』、湖北教育出版社、二〇〇二年版。

陳偉『新出楚簡研読』、武漢大学出版社、二〇一〇年版。

陳偉編『楚地出土戦国簡冊［十四種］』、経済科学出版社、二〇〇九年出版、二〇一〇年第二刷出版。

池田知久『郭店楚簡老子の新研究』、汲古書院、二〇一一年版。

崔仁義『荊門郭店楚簡《老子》研究』、科学出版社、一九九八年版。

丁四新『郭店楚墓竹簡思想研究』、東方出版社、二〇〇〇年版。

丁四新『郭店楚竹書《老子》校注』、武漢大学出版社、二〇一〇年版。

丁原植『郭店竹簡老子釈析与研究』、万巻楼、一九九八年版。

馮勝君『郭店簡与上博簡対比研究』、線装書局、二〇〇七年版。

工藤元男『占いと中国古代の社会――発掘された古文献が語る』、東方書店、二〇一一年版。

顧史考『郭店楚簡先秦儒書宏微観』、学生書局、二〇〇六年版。

郭沂『郭店竹簡与先秦学術思想』、上海教育出版社、二〇〇一年版。

韓禄伯『簡帛老子研究』、学苑出版社、二〇〇二年版。

何琳儀『戦国文字通論』（訂補）、江蘇教育出版社、二〇〇三年版。

黄人二『上海博物館蔵戦国楚竹書（一）研究』、高文出版社、二〇〇二年版。

季旭昇編『《上海博物館蔵戦国楚竹書（一）》読本』、万巻楼、二〇〇四年版。

季旭昇編『《上海博物館蔵戦国楚竹書（二）》読本』、万巻楼、二〇〇三年版。

季旭昇編『《上海博物館蔵戦国楚竹書（三）》読本』、万巻楼、二〇〇五年版。

季旭昇編『《上海博物館蔵戦国楚竹書（四）》読本』、万巻楼、二〇〇七年版。

李承律『郭店楚簡儒教の研究――儒系三篇を中心にして』、汲古書院、二〇〇七年版。

李家浩『著名中年語言学家自選集・李家浩巻』、安徽教育出版社、二〇〇二年版。

李零『郭店楚簡校読記』（増訂本）、北京大学出版社、二〇〇二年版。

李零『簡帛古書与学術源流』、生活・読書・新知三聯書店、二〇〇四年版。

李零『李零自選集』、広西師範大学出版社、一九九八年版。

李零『上博楚簡三篇校読記』、中国人民大学出版社、二〇〇七年版。

李明曉『戦国楚簡語法研究』、武漢大学出版社、二〇一〇年版。

李天虹『郭店竹簡《性自命出》研究』、湖北教育出版社、二〇〇二年版。

李学勤『中国古代文明十講』、復旦大学出版社、二〇〇三年版。

廖名春『出土簡帛叢考』、湖北教育出版社、二〇〇四年版。

廖名春『郭店楚簡老子校釈』、清華大学出版社、二〇〇三年版。

廖名春『新出楚簡試論』、台湾古籍出版、二〇〇一年版。

劉楽賢『戦国秦漢簡帛叢考』、文物出版社、二〇一〇年版。

劉信芳『包山楚簡解詁』、芸文印書館、二〇〇三年版。
劉信芳『楚系簡帛釈例』、安徽大学出版社、二〇一一年版。
劉信芳『簡帛五行解詁』、芸文印書館、二〇〇〇年版。
劉信芳『荊門郭店竹簡老子解詁』、芸文印書館、一九九九年版。
劉釗『郭店楚簡校釈』、福建人民出版社、二〇〇三年版。
劉釗『出土簡帛文字叢考』、台湾古籍出版、二〇〇四年版。
劉釗『古文字考釈叢稿』、岳麓書社、二〇〇五年版。
彭浩『郭店楚簡《老子》校読』、湖北人民出版社、二〇〇〇年版。
彭裕商・呉毅強『郭店楚簡老子集釈』、巴蜀書社、二〇一一年版。
濮茅左『楚竹書《周易》研究』、上海古籍出版社、二〇〇六年版。
裘錫圭『中国出土文献十講』、復旦大学出版社、二〇〇四年版。
商承祚『戦国楚竹簡匯編』、斉魯書社、一九九五年版。
史樹青『長沙仰天湖出土楚簡研究』、群聯出版社、一九五五年版。
宋華強『新蔡葛陵楚簡初探』、武漢大学出版社、二〇一〇年版。
魏啓鵬『楚簡《老子》柬釈』、万巻楼、一九九九年版。
魏啓鵬『簡帛《五行》箋釈』、万巻楼、二〇〇〇年版。
武漢大学簡帛研究中心・荊門市博物館編著『楚地出土戦国簡冊合集（一）郭店楚墓竹書』、文物出版社、二〇一一年版。
武漢大学簡帛研究中心・河南省文物考古研究所編著『楚地出土戦国簡冊合集（二）葛陵楚墓竹簡・長台関楚墓竹簡』、文物出版社、二〇一三年版。
蕭毅『楚簡文字研究』、武漢大学出版社、二〇一〇年版。
楊沢生『戦国竹書研究』、中山大学出版社、二〇〇九年版。
虞万里『上博館蔵楚竹書《緇衣》研究』、武漢大学出版社、二〇一〇年版。
曾憲通『古文字与出土文献叢考』、中山大学出版社、二〇〇五年版。

鄭剛『楚簡道家文献弁証』、汕頭大学出版社、二〇〇四年版。
中山大学古文字研究室楚簡整理小組『戦国楚簡研究（一）』、一九七五年謄写版。
中山大学古文字研究室『戦国楚簡研究（二）』『戦国楚簡研究（三）』『戦国楚簡研究（四）』『戦国楚簡研究（五）』『戦国楚簡研究（六）』、一九七七年謄写版。
朱徳熙『朱徳熙古文字論集』、中華書局一九九五年版。

程鵬万『簡牘帛書格式研究』、吉林大学博士学位論文、二〇〇六年。
単育辰『楚地戦国簡帛与伝世文献対読之研究』、吉林大学博士学位論文、二〇一一年。
雷黎明『楚簡新見字義研究』、華東師範大学博士学位論文、二〇一〇年。
劉嬌『西漢以前古籍中相同或類似内容重復出現現象的研究』、復旦大学博士学位論文、二〇〇九年。
王穎『包山楚簡詞匯研究』、厦門大学博士学位論文、二〇〇四年。
魏宜輝『楚系簡帛文字形体訛変分析』、南京大学博士学位論文、二〇〇三年。
禤健聡『戦国楚簡字詞研究』、中山大学博士学位論文、二〇〇六年。
張富海『郭店楚簡《緇衣》篇研究』、北京大学碩士学位論文、二〇〇二年。
張静『郭店楚簡文字研究』、安徽大学博士学位論文、二〇〇二年。
張新俊『上博楚簡文字研究』、吉林大学博士学位論文、二〇〇五年。

（三）工具書

白於藍『簡牘帛書通仮字字典』、福建人民出版社、二〇〇八年版。
程燕『望山楚簡文字編』、中華書局、二〇〇八年版。
何琳儀『戦国古文字典――戦国文字声系』、中華書局、一九九八年版。
李守奎『楚文字編』、華東師範大学出版社、二〇〇三年版。
石泉編『楚国歴史文化辞典』、武漢大学出版社、一九九六年版。

滕壬生『楚系簡帛文字編（増訂本）』、湖北教育出版社、二〇〇八年版。

張光裕『郭店楚墓竹簡・文字編』、芸文印書館、一九九九年版。

張光裕・袁国華共編『包山楚簡文字編』、芸文印書館、一九九二年版。

張守中『郭店楚簡文字編』、文物出版社、二〇〇〇年版。

（四）日本語翻訳時の主要参考文献

浅野裕一・湯浅邦弘編『諸子百家〈再発見〉――掘り起こされる古代中国思想』、岩波書店、二〇〇四年。

浅野裕一編『古代思想史と郭店楚簡』、汲古書院、二〇〇五年。

浅野裕一編『竹簡が語る古代中国思想（一）――上博楚簡研究』、汲古書院、二〇〇五年、同（二）、二〇〇八年、同（三）、二〇一〇年。

高村武幸『秦漢簡牘史料研究』、汲古書院、二〇一五年。

中国出土資料学会編『地下からの贈り物――新出土資料が語るいにしえの中国』、東方書店、二〇一四年。

冨谷至『木簡・竹簡が語る中国古代――書記の文化史（増補新版）』、岩波書店、二〇一四年。

中村未来『戦国秦漢簡牘の思想史的研究』、大阪大学出版会、二〇一五年。

籾山明・佐藤信編『文献と遺物の境界――中国出土簡牘史料の生態的研究』、六一書房、二〇一一年、同（二）、東京外国語大学アジア・アフリカ言語文化研究所、二〇一四年。

湯浅邦弘編『上博楚簡研究』、汲古書院、二〇〇七年。

湯浅邦弘『竹簡学――中国古代思想の探究』、大阪大学出版会、二〇一四年。

横田恭三『中国古代簡牘のすべて』、二玄社、二〇一二年。

出土資料と漢字文化研究会編『出土文献と秦楚文化』（既刊第九号）。

全釈漢文大系（集英社）

新釈漢文大系（明治書院）

監訳者あとがき

一九九三年、湖北省荊門市郭店村で「郭店楚墓竹簡」が発見され、一九九八年にその全容が『郭店楚墓竹簡』（文物出版社）として公開された。また、一九九四年には、上海博物館が香港で戦国時代の楚簡「上博楚簡」を購入し、二〇〇一年から『上海博物館蔵戦国楚竹書』（上海古籍出版社）として公開を始めた。

これらは、戦国時代の「楚」地域からの出土文献であったため「楚簡」と呼ばれたが、その中には、『周易』『書経』『詩経』『礼記』『老子』など伝世の主要な古典と密接な関係を持つ諸文献の他、儒家・道家・兵家系などの知られざる思想文献が大量に含まれていた。これまで主として伝世文献に頼って進められてきた中国古代思想の探究は、ここに大きな転機を迎えたのである。

そして、こうした新出土文献の発見から約二〇年。一つの課題が浮上した。それは、次の世代の研究者や一般読者に向けて、わかりやすく「楚簡」を概説するという仕事である。この二〇年の研究の蓄積は膨大なものがあり、その足跡を追うだけでも相当な時間と力量を要するようになった。そろそろ、この二〇年を振り返り、竹簡研究の歴史と意義を平易に解説する必要が痛感されるのである。

そうした要求に見事に応えてくるのが、陳偉氏の『楚簡冊概論』（湖北教育出版社、二〇一二年）である。中国では近年、出土簡牘に関する概説書がいくつか出版されている。たとえば、王子今・趙寵亮『簡牘史話』（社会科学文献出版社、二〇一二年）は簡牘に関する基本事項を初学者向けに紹介した書であり、駢宇騫『簡帛文献綱要』（北京大学出版社、二〇一五年）は出土簡帛に関する詳細な概説書である。

ただし、前者は漢代の簡牘が主対象であり、現在注目されている戦国時代の竹簡についての解説はわずかである。また、後者は竹簡・帛書の詳細を知るのに有効な書であるが、専門に特化しすぎた内容となっていて、入門書としては、かなりハードルが高い。

一方、陳偉氏の概説書は、湖北省・湖南省などで出土した「楚簡」をメインとしながらも、竹簡全体に視野を広げ、初学者にも理解しやすいよう平易に書かれている。しかも単なる平板な概説書ではなく、陳偉氏の研究成果が十分に盛り込まれている。中国の各大学でも、入門書として講義に使用されるケースが多く、すぐれた概説書になっていると評価できる。

日本では、郭店楚簡、上博楚簡、清華大学蔵戦国竹簡などの出土文献の研究は盛んに行われており、一般読者の関心も徐々に高まってきているが、これらを総合的かつ平易に概説した入門書はまだ刊行されていない。

そこで、この『楚簡冊概論』を日本語版として刊行することを企画し、陳偉教授と東方書店にご相談したところ、ご快諾をいただき、このたびの出版となった。まずは、翻訳を御了承いただいた陳偉教授とこの企画の意義をお認めいただいた東方書店に心より御礼を申し上げたい。

本書の構成について解説しておく。原著は、緒論に続き、本文全九章三三四頁からなる大冊である。目次と概要を示すと次のようになる。

緒論
第一章　発現与研究
第二章　整理与解読

第三章　中央与地方

全七節。主に包山楚簡を用いて戦国時代の楚の「邑」「里」「州」「県と郡」「封邑」「楚王と中央官庁」「文書制度」について検討する。第六節までは各種の行政単位の設置とその職権などについて述べ、第七節は楚王を中心とする中央と地方との間の公文書制度を総合的に考察している。

第四章　身分・名籍与土地制度

全五節。第三節までは、包山楚簡に見える「人」、「臣・妾・奴・俈」、「倌」と「客」の社会的身分について考察し、第四節では包山楚簡の中の登記名簿である「典」を取り上げて考察している。また、第五節では戦国時代の楚の田土の授与・没収や土地紛糾などの問題について分析している。

第五章　司法制度

全三節。戦国時代の楚の司法制度を取り上げ、訴訟の理由と当事者、訴訟の具体的な流れ（「告」（起訴）→召喚して「将」（審問）・「執」（禁錮）→「聴獄」（法廷尋問）→事実を述べるための「盟」（誓い）と「証」（証言）→「断」（裁判）と「成」（訴訟の和解）などを含む）、および司法組織の三つの問題について考察している。

第六章　卜筮与禱祠

全四節。包山楚簡・望山楚簡・葛陵楚簡などの資料を総合的に活用して、「卜筮」と「禱祠」の具体的な内容を説明しつつ、楚の慣例に従う占いと背く占い、卜筮の規則、神々のシステム（「天神」「地祇」「人鬼」の三類について叙述）、享祭の制度などについて考察している。

第七章　喪葬記録

全三節。第一節では「遣策」と「賵書」とを区別して説明し、第二節では遣策の内容を考察して、遣策が棺椁のどの部分に置かれるのかについて検討している。第三節では曾侯乙墓竹簡・望山楚簡・包山楚簡などの資料に記されている副葬物の「車」の種類と規格について考察し、また曾侯乙墓竹簡に記されている車陣の復原を試みている。

第八章　典籍（上）

第九章　典籍（下）

この全体を翻訳すると膨大な量になることが予想されたため、このうち、「各論」に相当する第三章～第七章については今回割愛し、緒論と第一章、第二章、第八章、第九章を翻訳の対象とし、改めて全四章に再編した。したがって本書は、抄訳ではあるが、原著の「総論」となる部分はほぼ訳出できたと感じている。

ところで、陳偉氏についてはすでに多くの日本人研究者もご存じのことと思われるが、改めて本書との関係にも留意しながら簡潔に紹介しておこう。

陳偉氏は、一九五五年、中国湖北省の生まれ。武漢大学歴史系を卒業、同大学において博士学位を取得。一九八八年に同大学講師に採用され、同副教授を経て、一九九七年に教授に就任、現在に至っている。この間、日本の早稲田大学や京都大学、アメリカのシカゴ大学などに客員教授として赴任した経歴を持つ。歴史学と古文字学を併用した研究手法で竹簡研究を推進し、『包山楚簡初探』『郭店竹書別釈』などの代表作は中国国内で高い評価を受けている。また近年も、『楚地出土戦国簡冊［十四種］』『楚地出土戦国簡冊合集』『秦簡牘合集』などの大冊を次々と刊行。まさに、この分野の第一人者と言える研究者である。

本書が訳出した『楚簡冊概論』は、こうした陳偉氏の膨大な研究成果に裏打ちされた概説書であり、かつまた、武漢大学という地の利を活かした楚簡牘の入門書でもある。

そして実は、本書の翻訳にあたった三名のメンバーは、陳偉氏と浅からぬ縁がある。まず、私が陳偉氏とはじめて面識を得たのは、二〇〇一年七月、立正大学で開催された中国出土資料学会の例会においてであった。この例会で、私は「郭店楚簡『六徳』の思想」と題する研究発表を行ったが、その例会のゲスト発表者が陳偉氏であり、発表題目は「楚簡与楚史研究」であった。ただこの時は、たまたま同じ例会で発表したという程度の認識であったが、その後もご縁が続くこととなる。

その例会から五年後の二〇〇六年六月、武漢大学で大規模な国際学会「新出楚簡国際学術研討会」が開催された。三日間集中で約百名の研究者が新出楚簡について研究発表するというもので、私もこの学会に招かれて研究発表を行った。思えば、国際学会において中国語で発表したのは、この時がはじめてであった。その三日間、こうした巨大な学会を見事に運営される陳偉氏の姿に感銘を受けた。と同時に、武漢大学が楚簡研究の拠点であることを改めて知った。

これ以来、陳偉氏との研究交流が続くこととなるのであるが、さらに不思議なご縁が生じた。

本書の訳者の一人、草野友子は、大阪大学大学院文学研究科の中国哲学研究室で学び、博士後期課程を修了、「中国新出土文献の思想史的研究」で博士（文学）の学位を取得。その後、日本学術振興会特別研究員に採用されたのを機に、海外での研究を決意。相談を受けた際、私が真っ先に思い浮かんだのは、武漢大学の陳偉氏のもとで学ぶことであった。そこで、二〇一一年一一月～二〇一二年一一月の一年間、武漢大学簡帛研究中心に在外研究者として滞在し、その際、陳偉氏より直接指導を受けることとなった。本書の各章にほぼ該当する内容を陳偉氏の講義で学んだという。

また、もう一人の訳者である曹方向は、武漢大学歴史学院簡帛研究中心博士生修了、「上博簡所見楚国故事類文献校釈与研究」で博士（歴史学）の学位を取得。二〇一三年、安陽師範学院文学院講師に着任、二〇一四年一一月より日本学術振興会外国人特別研究員に採用され（大阪大学、湯浅受入）、現在に至っている。草野友子が武漢大学に滞在中、ちょうど曹方向は大学院生として在学していた。

このように、翻訳を担当した我々は、三者三様ながら陳偉氏とのご縁があり、このたびの翻訳の機会を得たのは、一つの運命のように感じている。翻訳作業については、本書の第一章・第二章・第三章を草野が、第四章を曹が翻訳し、湯浅が全体を監訳した。また、翻訳の過程で陳偉氏とも随時連絡を取りつつ、推敲を重ねた。

なお、本書の企画段階から校正作業に至るまで、東方書店の川崎道雄氏には大変お世話になった。ここに厚く御礼を申し上げたい。

楚簡研究、新出土文献研究は、中国古代思想研究全体にとっての大きな推進力となっている。本書が日中の学界の現状と未来とに、いささかでも貢献できれば幸いである。

二〇一六年九月　　湯浅　邦弘

原著者紹介

陳　偉（ちん　い）

1955年、中国湖北省黄梅生まれ。武漢大学歴史系卒業、同大学において博士学位を取得。現在、武漢大学教授、同大学歴史学院院長、簡帛研究中心主任。歴史学・古文字学専攻。主著に、『包山楚簡初探』『郭店竹書別釈』『新出楚簡研読』、編著に、『楚地出土戦国簡冊［十四種］』、『楚地出土戦国簡冊合集』『秦簡牘合集』など。

監訳者紹介

湯浅　邦弘（ゆあさ　くにひろ）

1957年、島根県出雲市生まれ。大阪大学大学院修了。博士(文学)。現在、大阪大学大学院教授。主著に、『竹簡学――中国古代思想の探究』（大阪大学出版会)、『中国出土文献研究――上博楚簡与銀雀山漢簡』（台湾・花木蘭文化出版社)、『戦国楚簡与秦簡之思想史研究』（台湾・万巻楼)、編著に、『上博楚簡研究』（汲古書院）など。

訳者紹介

草野　友子（くさの　ともこ）

1981年、京都府京都市生まれ。2009年、大阪大学大学院博士後期課程修了。博士（文学)。日本学術振興会特別研究員を経て、2014年、京都産業大学文化学部特約講師に着任、現在に至る。共著に、『概説中国思想史』『名言で読み解く中国の思想家』『テーマで読み解く中国の文化』（ミネルヴァ書房)、主要論文に、「上博楚簡『競建内之』『鮑叔牙与隰朋之諫』の関係とその思想」（『日本中国学会報』第59集、2007年)、「上博楚簡『成王為城濮之行』の構成とその特質」(『中国出土資料研究』第18号、2014年)、「上博楚簡『陳公治兵』の基礎的検討」（『中国研究集刊』第60号、2015年）など。

曹　方向（そう　ほうこう）

1985年、中国湖南省岳陽生まれ。2013年、武漢大学歴史学院簡帛研究中心博士生修了。博士（歴史学)。2013年、安陽師範学院文学院講師着任、2014年11月から2016年9月まで、日本学術振興会外国人特別研究員として大阪大学で研究に従事。共著に、『秦簡牘合集（貳)』（武漢大学出版社)、主要論文に、「上博簡《君人者何必安哉》補釈」（『出土文献』第7輯、2015年)、「戦国文字と伝世文献に見える「文字異形」について――「百」字を例として」（『漢字学研究』第4号、2016年）など。

竹《ちっ》簡《かん》学《がく》入《にゅう》門《もん》　楚《そ》簡冊《かんさつ》を中心《ちゅうしん》として

二〇一六年一二月一〇日　初版第一刷発行

著　者●陳偉
監訳者●湯浅邦弘
訳　者●草野友子・曹方向
発行者●山田真史
発行所●株式会社東方書店
東京都千代田区神田神保町一―三　〒一〇一―〇〇五一
電話〇三―三二九四―一〇〇一
営業電話〇三―三九三七―〇三〇〇
組　版●鷗出版（小川義一）
装　幀●EBranch 冨澤崇
印刷・製本●株式会社平河工業社

定価はカバーに表示してあります

ISBN978-4-497-21613-7　C1022